La collection « Contours littéraires »
est dirigée par Bruno Vercier,
maître de conférences à l'Université de la Sorbonne Nouvelle

Drame et Tragédie

Jean-Marie Thomasseau

HACHETTE

ISBN 2-01-019550-7

Introduction

Du tragique et de la tragédie

Le mot « tragique » ne figure pas dans les dictionnaires de philosophie. Cette absence peut surprendre ; elle n'est nullement fortuite. En effet, si la philosophie élude ce principe anthropologique de ses catégories, c'est que, la plupart du temps, elle se dessaisit sur l'œuvre d'art du soin d'en exprimer la substance. Ce faisant, elle révèle à la fois la difficulté majeure d'une définition abstraite et formelle du tragique, et elle nie la possibilité d'une philosophie qui, pour l'instruction des hommes, suivrait la « logique du pire » (cf. sur ce sujet l'ouvrage de C. Rosset portant ce titre, P.U.F., 1971).

Dans un texte fondamental de la revue *Esprit*, le philosophe P. Ricœur reconnaît la réalité et la validité de ce défaussement :

> L'essence du tragique (s'il en est une), ne se découvre que par le truchement d'une poésie, d'une représentation, d'une création de personnages, bref le tragique est d'abord montré *sur* des œuvres tragiques, opéré *par* des héros qui existent pleinement dans l'imaginaire. Ici, la tragédie instruit la philosophie. (« Aux frontières de la philosophie » ; « Sur le tragique », mars 1953, p. 449).

Semble ainsi dévolu à la praxis théâtrale, et en premier lieu à la tragédie, le soin d'exprimer, *sui generis*, une part de l'ineffable ou de « l'innommable » philosophique. Ce spectacle d'une révolte de la pensée et des sentiments devant les contradictions de l'être et les contingences d'une destinée, montré sur un lieu d'élection et dans un temps privilégié, lie de fait et indéfectiblement l'esthétique tragique à la métaphysique, en même temps qu'elle l'inscrit dans le tissu de l'existence et de l'histoire. Sans que l'on puisse pour autant superposer exactement tragique et tragédie, le déroulement d'une tragédie devient en somme une démonstration de l'existence du tragique.

Comme pour accommoder à la vue une notion confuse, il s'agit alors de donner à voir le « spectacle » de la douleur, dans des conditions telles que les souffrances montrées s'assortissent aussi du plaisir libérateur de les contempler. Sortie des ténèbres antérieures de récits légendaires et mythiques, l'angoisse tragique, sous sa forme première, apparaît bien comme un mode de connaissance de soi et du monde. Même si la mort n'impose pas toujours, au bout du chemin, sa limite essentielle, la tragédie grecque, en posant l'équivalence entre la souffrance et la lucidité, réveille d'emblée, et spectaculairement, les interrogations essentielles suscitées par le sentiment de l'humaine condition. L'expression de cette souffrance se conjugue alors parfaitement avec la formule contemporaine de V. Jankélévitch selon laquelle « il y a tragédie chaque fois que l'impossible au nécessaire se joint » (*L'Alternative*, Alcan, 1938, p. 150).

Quelle est cependant la cause de cette souffrance qui s'impose au héros tragique comme une nécessité ? Hors des conditions originelles propres à la tragédie grecque, Henri Gouhier, dans *Le Théâtre et l'Existence*, propose, à la suite de Hegel, un dénominateur commun aux tragédies de toutes les époques : « Il y a tragédie, écrit-il, par la présence d'une transcendance, quelle que soit cette transcendance » (Aubier, 1952 ; nouv. éd., Vrin, 1973, p. 34-35) ; « un événement n'est pas tragique par lui-même, précise-t-il, mais par ce qu'il signifie et cette signification est tragique lorsqu'elle introduit le signe d'une transcendance » (*Ibid.*). Giraudoux semble confirmer ce constat dans une définition qu'il donne de la tragédie et qui atteste aussi la présence d'attaches indéfectibles entre l'homme et les forces qui le précèdent et le dépassent :

> Qu'est-ce que la tragédie ? C'est l'affirmation d'un lien horrible entre l'humanité et un destin plus grand que le destin humain ; c'est l'homme arraché à sa position horizontale de quadrupède par une laisse qui le retient debout, mais dont il sait toute la tyrannie et dont il ignore la volonté.
>
> (« Bellac et la tragédie » *in* : *Littérature*, coll. Idées, Gallimard, 1967, p. 228).

Seule varie, entre les conceptions du philosophe et celles de l'auteur de théâtre, la longueur du mou accordée à « la laisse » ; pour Gouhier, la transcendance qui joue de la fatalité et pèse sur les épaules de l'homme tragique va jusqu'à lui laisser l'exercice de son entière liberté ; pour Giraudoux, la bride est tenue plus serrée. Les différences de conception du tragique se mesureront souvent, de l'Antiquité à nos jours, à cette longueur de lien.

Si l'on s'accorde sur le fait d'admettre cette définition minimale de la nature de l'expression tragique, il conviendrait encore d'y ajouter une nécessité, celle de la poésie. La charge sonore et lyrique des mots, les rythmes et les harmonies donnent en effet aux questions posées et aux cris lancés vers le ciel toute leur amplitude. La poésie, en servant de révélateur et d'amplificateur aux décrets de la transcendance et aux réponses apportées par l'homme, devient à la fois le moyen et la substance élective du tragique. « Une tragédie en prose est concevable : pas une tragédie prosaïque » précise encore H. Gouhier à ce propos (*Ibid.*, p. 67).

L'acte tragique, ainsi commenté et amplifié, se révèle identique à la nature irréversible et meurtrière des mots. Mais, pour que ces actes et ces paroles puissent atteindre toute leur funeste transparence et rendre le phénomène tragique intelligible par tous, les personnages se trouvent placés dans un monde lavé de toutes les scories du quotidien, celui des rois et des puissants. Le *Dictionnaire de l'Académie* de 1694, dans sa courte définition de la tragédie, résumait l'essentiel de ces composantes : « Poème dramatique, pièce de théâtre, qui représente une action grande et sérieuse entre personnes illustres, et qui ordinairement finit par la mort de quelqu'un des principaux personnages. »

Pour que cette épreuve de vérité tragique puisse atteindre toutefois aux effets les plus absolus, elle s'est, depuis les origines, déroulée selon des rites précis d'écriture et de représentation. En conséquence, des arts poétiques extrêmement normatifs ont continuellement escorté le genre avec le souci de le codifier, comme pour maintenir sur lui la double prise des institutions et de la croyance dans un idéal de perfection esthétique. C'est ainsi que le premier d'entre eux, la *Poétique* d'Aristote, bien qu'écrit au IVe siècle, longtemps après les représentations d'Eschyle, de Sophocle et d'Euripide, est resté dans l'histoire comme un texte fondateur, continuellement commenté et interprété. La définition de la tragédie qu'on y trouve demeure, encore aujourd'hui, un des points de départ obligé de toute réflexion sur le genre tragique :

> La tragédie est donc l'imitation d'une action noble, conduite jusqu'à sa fin et ayant une certaine étendue, en un langage relevé d'assaisonnements dont chaque espèce est utilisée séparément selon les parties de l'œuvre ; c'est une imitation faite par des personnages en action et non par le moyen d'un narration, et qui, par l'entremise de la pitié et de la crainte, accomplit la purgation des émotions de ce genre.
>
> (1449 b 25 ; trad. M. Magnien, Livre de Poche, 1990).

L'abondance et l'extrême rigorisme de tous les arts poétiques qui glosèrent cette définition et l'ensemble des données fragmentaires de la *Poétique* installèrent alors jusqu'au XVIIIe siècle l'idée d'une forme quintessenciée à atteindre qui serait l'expression d'un tragique pur dont on sentait bien qu'il était difficile de tracer les contours, ce qui eut pour effet, au bout du compte, de fossiliser la forme de la tragédie dans la convention et l'académisme. Lorsque cette forme sembla avoir épuisé tous ses possibles et se fut comme vidée de sa substance, s'imposa la nécessité d'une autre forme : celle du drame.

Les dérives du drame

L'apparition du mot drame est ainsi parfaitement datée. Il s'impose avec une tonalité polémique au milieu du « siècle des Lumières », au moment où Rousseau constate dans sa *Lettre à d'Alembert sur les spectacles* (1758) que la tragédie ne « mène qu'à une pitié stérile qui se repaît de quelques larmes et n'a jamais produit un acte d'humanité ». Quelques années plus tard, en 1762, le terme « drame » entre « officiellement » dans le *Dictionnaire de l'Académie* avec la définition suivante : « Pièce de théâtre en vers ou en prose, d'un genre mixte entre la tragédie et la comédie, dont l'action, sévère par le fond, souvent familière par la forme admet toutes sortes de personnages ainsi que tous les sentiments et tous les tons. »

Le drame se trouve alors en concurrence ouverte avec la tragédie dont il remet en question à la fois l'éthique et l'esthétique. Théoriciens et créateurs, bien qu'encore attachés au prestige des catégories en place (Diderot intitulera encore ses premiers drames « comédie » ou « tragédie bourgeoise ») souhaitent, essentiellement sous l'impulsion de Diderot, L.-S. Mercier, Beaumarchais, imposer par les voies du pathétique, de l'illusion réaliste, du tableau, de la peinture des conditions, une troisième voie entre la comédie et la tragédie, celle de la pièce « sérieuse ». En fait, ce clivage entre drame et tragédie apparaît aujourd'hui comme essentiel dans l'histoire du théâtre dans la mesure où, pour la première fois, se trouvent théoriquement prises en compte les exigences du spectaculaire. L'axe de l'écriture se déplace alors nettement du textuel vers le visuel.

C'est pourquoi les romantiques, après que le terme a été un moment détourné du côté du mélodrame, l'adopteront, avec un sens plus polémique encore, dans leur lutte contre la tragédie. Ils souhaitent alors, à l'imitation des dramaturges élizabéthains, fondre « sous un même souffle le grotesque et le sublime, le terrible et le bouffon, la tragédie et la comédie », pour faire du drame « le caractère propre de la troisième époque de poésie, de la littérature actuelle » (V. Hugo, Préface de *Cromwell*). Après ces « batailles » dont la plus spectaculaire, celle d'*Hernani*, reste seule dans les manuels, le terme de drame sert encore en 1838 à Hugo, avec le même sens, lorsqu'il affirme dans la Préface de *Ruy Blas* : « Le drame tient de la tragédie par la peinture des passions et de la comédie par la peinture des caractères. Le drame est la troisième grande forme de l'art. »

Le caractère englobant du terme le conduisit à voir rapidement repoussées très loin les limites de son aire et à y voir inclus toutes les pièces et les sous-genres pratiquant le mélange des styles et des inspirations ou visant à offrir un spectacle total. Victor Hugo lui-même, dans son *William Shakes-*

peare, rend compte en 1864 de l'extraordinaire élargissement de sens du mot drame et de ses ultimes dérives :

> C'est une étrange forme de l'art que le drame. Son diamètre va des *Sept Chefs devant Thèbes* au *Philosophe sans le savoir*, et de Brid'oison à Œdipe. Thyeste en est Turcaret aussi. Si vous voulez le définir, mettez dans votre définition Électre et Marton.
> Le drame est déconcertant. Il déroute les faibles. Cela tient à son ubiquité. Le drame a tous les horizons. Qu'on juge de sa capacité. L'épopée a pu être fondue dans le drame, et le résultat, c'est cette merveilleuse nouveauté littéraire qui est en même temps une puissance sociale, le roman. [...]
> Tel est l'élargissement possible du drame.
> Le drame est le plus vaste récipient de l'art. Dieu et Satan y tiennent ; voyez Job [...]
> Le drame c'est la vie, et la vie c'est tout. L'épopée peut n'être que grande, le drame est forcé d'être immense.
>
> (Livre IV, 1).

Au bout du compte, comme le rappelle M. Lioure, « si le drame échappe à une définition rigoureuse, c'est qu'il se définit essentiellement par son refus de la notion même de genre » (*Le Drame*, A. Colin, 1962, p. 9). C'est ainsi que Brecht, dant un même esprit de controverse, reprenant comme en écho la terminologie hugolienne, utilisera le terme « dramatique » pour qualifier le théâtre de l'illusion du XIXe siècle et le mettre en opposition dialectique avec celui d'« épique » qu'il choisira pour définir les objectifs esthétiques de son théâtre. C'est aussi le terme de drame, avec l'acception particulière en allemand de théâtre écrit par opposition à théâtre joué, qu'utilisera dans les années 50 le critique allemand P. Szondi dans sa *Théorie du drame moderne* (trad. P. Pavis, l'Âge d'homme, 1983) lorsqu'il se proposera d'analyser, dans l'ensemble du théâtre européen à dater de la Renaissance, la tension dialectique entre Forme et Contenu.

Drame et tragédie : une problématique des genres

C'est bien là au fond le cœur de la difficulté. La tragédie et le drame se trouvent depuis plus de deux siècles au centre de la problématique sur les genres. Chez les créateurs, la contestation qui a débuté avec Diderot, L.-S. Mercier, Beaumarchais, s'est poursuivie avec les romantiques, les symbolistes puis les surréalistes ; on la retrouve enfin aujourd'hui faussement résolue car le terme de tragédie, devenu obsolète, n'évoque plus que des souvenirs scolaires, et le terme de drame, devenu lâche de texture, s'apparente à un mot fourre-tout qui, selon son étymologie, désigne l'acte ou l'action ou des genres théâtraux précisément datés comme le drame bourgeois ou le drame romantique ou enfin toute œuvre dramatique qui échappe aux codes classiquement définis de la tragédie et de la comédie. L'œuvre théâtrale, quelle qu'elle soit, s'affichant aujourd'hui, selon la formule de U. Eco, comme de plus en plus « ouverte », les termes de drame et de tragédie, en conséquence, ne se trouvent plus que très rarement utilisés dans les nouvelles créations.

Du côté de la critique, la problématique sur les genres retrouve cependant une nouvelle acuité après les travaux des structuralistes qui, en réhabilitant la rhétorique, ont montré que le système des genres pouvait reposer sur des critères qui échappent aux habituelles poétiques normatives (voir à ce sujet, dans la même collection, l'ouvrage de Dominique Combe : *Les Genres littéraires*). Ce n'est ainsi pas un hasard si les tragédies de Racine se sont trouvées au centre d'enjeux fondamentaux lors de la violente polémique qui opposa, de 1963 à 1966, R. Picard à R. Barthes. Les notions de genre et partant de « drame » et de « tragédie », malgré leur érosion, restent sur la sellette.

Elles le restent d'autant plus que, dans l'écriture des manuels, depuis Lanson et Brunetière, elles sont comme définitivement installées au cœur du dispositif institutionnel et éditorial. De ce fait, se trouve admis un cloisonnement académique étanche entre la comédie et la tragédie, entre la tragédie et le drame. Cette vision traditionnelle d'une littérature théâtrale sécable facilite certes la pédagogie, mais renvoie les formes « bâtardes » soit à la marginalité, soit à leur spécificité propre en dehors des équilibres artificiellement construits du domaine français. La position paraît aujourd'hui difficilement tenable d'autant que la notion de tragique continue de se dérober. Cette façon de procéder renvoie en somme à une attitude herméneutique qui consiste à considérer le tragique grec comme originel, et partant, seul authentique. En conséquence, la réflexion aristotélicienne qui l'a accompagnée sera considérée, elle aussi, comme fondatrice. L'ensemble des productions dramatiques qui ont suivi seront donc jugées à l'aune de ces canons où le mythe de l'origine fondatrice garde la meilleure part, ce qui a longtemps provoqué chez les créateurs la pratique d'une imitation cherchant à retrouver idéalement une parfaite homologie avec les modèles grecs, ou avec l'idée qu'on s'en faisait. Chez les critiques et les historiens enfin, une taxinomie des genres s'est organisée en fonction des valeurs d'un classicisme littéraire proposant comme modèle une manière d'expression intemporelle de l'homme universel.

Une autre voie paraît possible, que le présent ouvrage cherchera à explorer. En admettant la résistance et donc la vitalité de la notion de tragique, il s'agira de suivre, en la serrant au plus près dans le déroulement historique, la variabilité du tragique et des formes qui l'ont exprimée. Cette attitude demandera de rester attentif tant aux apports spécifiques de chaque époque qu'aux invariants formels qui perdurent, et d'observer, comme le précise P. Pavis commentant P. Szondi, « l'histoire à *l'œuvre dans l'œuvre*, l'histoire travaillant et créant des formes nouvelles » (*Voix et images de la scène*, P.U.L., 1982, p. 67).

Cette option présente à nos yeux plusieurs avantages. Elle permet dans un premier temps d'abandonner, ou du moins de relativiser, les habituelles visions idéalistes, cycliques ou providentialistes de l'histoire littéraire. Elle fait aussi le pari, dans un esprit systémique, que l'analyse des incessantes navettes qui relient les contenus aux formes permettra de mieux définir les formes et les contenus saisis dans l'élan du mouvement historique qui les enserrent et qu'elles constituent, et non dans le statisme d'une improbable essence intemporelle.

Dans ce droit fil, cette option considérera aussi que l'action tragique spectaculairement dite et montrée, ne s'apparente jamais, dans quelque époque que ce soit, à une stase, à un état critique final. La forme et le contenu ne se figent jamais dans un substrat inamovible. En effet, le héros tragique lutte toujours pour la fin du tragique et son dépassement. C'est ainsi que l'exploration des formes qui, *in cauda*, esquivent le tragique ou se présentent comme son au-delà ou sa dérision nous paraît faire partie intégrante de l'étude d'un tragique toujours tendu vers sa propre négation. Ainsi par exemple du drame satyrique qui terminait la tétralogie des représentations du théâtre grec, de l'exodium et de l'hilaro-tragédie du théâtre latin, des parodies du théâtre romantique, ainsi aussi du « théâtre de l'absurde » qui a capté l'au-delà dérisoire du tragique pour en métamorphoser la nature, ainsi enfin, dans le théâtre français et européen, de toutes les formes considérées comme « bâtardes » du tragique comme les tragicomédies de l'âge baroque, les « tragedies » et les « histories » de l'époque élizabéthaine, les « comedias » du Siècle d'or espagnol ou les mélodrames de l'époque romantique.

En somme, l'on sera amené, dans les réflexions qui suivent, à dépasser le clivage traditionnellement instauré par l'historicisme académique français entre drame et tragédie, et à affronter la gageure d'étudier conjointement, dans la diachronie, les imbrications des deux genres en les considérant comme deux parties indissociables d'une même entité. Peut-être, en dernière analyse, l'étude de leurs frontières souvent communes et toujours mouvantes permettra-t-elle quelques débuts de certitudes. Elle donnera du moins l'occasion de reposer, de façon nouvelle, d'anciennes questions.

1

Tragédie et drame grecs

LE MYTHE DES ORIGINES

La démarche intellectuelle qui consiste à rechercher les origines d'un phénomène n'obéit qu'en apparence à la simple nécessité de savoir. Elle révèle, en réalité, toute une série d'enjeux qui mettent en cause la vision que l'historien, qui entame cette recherche pour une société donnée, entretient de l'éthique, de l'esthétique et du sens à donner à cette histoire. La carence de certitudes, dans le domaine du théâtre grec, permet en outre, à des concepts implicitement et universellement admis, de s'affermir à nouveau dans l'inconscient collectif.

Au premier rang de ces dogmes heuristiques, l'idée que chaque mouvement littéraire, théâtral ou social, connaît trois phases inéluctables : une naissance hors d'un chaos primitif, une acmé, une décadence. Un genre connaîtrait donc une évolution plus ou moins rapide dans laquelle il se débarrasserait peu à peu de scories gênantes pour parvenir enfin à donner des œuvres de statut achevé, dont les qualités essentielles répondraient avant tout à des critères de pureté. Puis, après un bref palier pendant lequel s'élaboreraient des « chefs-d'œuvre », le mouvement, par l'action malencontreuse d'agents adventices – pour le théâtre il s'agit la plupart du temps d'adjonctions spectaculaires – subirait alors une lente décadence, génératrice d'un nouveau chaos duquel naîtrait un autre mouvement qui, à son tour, suivrait l'orbe d'un même destin. Se trouve de la sorte accréditée l'idée d'un déroulement historique itératif, segmenté en dents de scie, dont le déterminisme, et ceci est patent pour la tragédie, ferait en outre correspondre la plénitude de la création à l'existence de régimes politiques forts (Pisistrate pour la naissance de la tragédie, le siècle de Périclès pour Sophocle, celui de Louis XIV pour Racine). La pureté de l'œuvre créée se trouve ainsi *de facto* liée à la notion de l'ordre. De même, ordre et pureté présideront ensemble à la partition par genres. La bâtardise apparaîtra alors comme le vice rédhibitoire de toute création, ce qui portera censeurs et pédagogues, dans l'exercice de la taxinomie, au mépris systématique des formes composites. La tragi-comédie et, pour le théâtre grec, le drame satyrique feront essentiellement les frais de cette réorganisation axiologique du passé.

Aussi, les fondements épistémologiques d'une histoire littéraire et théâtrale s'adossant sur de tels postulats paraissent aujourd'hui contestables. En effet, s'élabore en conséquence un double mouvement de l'esprit d'apparence contradictoire : croire en art à la fois à la notion de progrès (ce qui était déjà le cas d'Aristote) et partant de décadence et, dans le même temps, offrir aux générations futures le modèle à toujours imiter, sans pouvoir jamais l'égaler, d'un produit de l'esprit idéalement fini.

Chercher enfin à expliquer la nature et le fonctionnement du théâtre en acquérant quelques certitudes sur le déroulement de ses manifestations originelles participe de cette croyance illusoire à laquelle notre éducation nous a préparés et qui est, dans l'acte de comprendre, la tentation de substituer la recherche des filiations à l'analyse du phénomène en soi et d'écarter, au nom de valeurs « littéraires », l'étude du spectaculaire. Dans ce dernier cas, il est vrai, peut jouer l'argument d'autorité d'Aristote qui affirmait dans *La Poétique* : « Quant au spectacle qui exerce la plus grande séduction, il est totalement étranger à l'art et n'a rien à voir avec la poétique » (1450 *b*15 ; voir bibliographie, note sur la traduction de M. Magnien).

Au bout du compte, quels que soient les présupposés d'allure idéaliste, évolutionniste, providentialiste, qui président au choix des valeurs de la « postérité » et à cette recherche toujours conjecturale des origines, ils débouchent la plupart du temps, d'une façon un peu mécaniste, sur le constat d'une tragédie grecque lumineuse s'imposant à de légendaires ténèbres antérieures. Du même coup, se trouve accréditée l'existence d'un bref et mythique âge d'or du genre tragique qui pourra servir désormais d'étalon esthétique.

Pourtant, la nature composite, fragmentaire et disparate de ce qui reste de ce théâtre et des théories d'Aristote, beaucoup plus tardives et elles aussi très parcellaires, ne saurait désormais conduire à la seule béate analyse de quelques pièces canoniquement choisies. C'est là, paradoxalement, que les conjectures sur la question des origines peuvent se révéler précieuses, dans la mesure où, précisément, elles n'isoleront plus la tragédie de ses contextes sociaux, religieux, et des autres manifestations spectaculaires qui l'accompagnaient, surtout du drame satyrique qui mettait un point final à la tétralogie.

Le « chant du bouc »

Les hypothèses sur l'origine de la tragédie continuent de foisonner et suscitent à peu près toutes de vives controverses. L'ensemble de ces conflits de conjectures trouve son point d'orgue dans l'interprétation à donner au mot « tragédie » lui-même. Traditionnellement, on l'interprète par *tragoedia*, « chant du bouc », sans avoir aucune certitude sur le sens à donner à cette formule, ni sur le rôle tenu par le bouc.

L'idée première est de relier ce bouc à un rite sacrificiel dont il aurait été la victime, la deuxième à des chants de danseurs costumés en boucs. Cette dernière explication fait état d'un rapprochement possible entre l'origine de la tragédie et celle du drame satyrique, en songeant aux satyres, considérés comme les compagnons habituels de Dionysos. Il se trouve toutefois que ces derniers, dans les représentations que l'on peut en avoir, étaient avec leur queue, leurs sabots et leurs oreilles plus chevalins que chèvre-pieds ; Dionysos lui-même, malgré son surnom de *Tragéphore* (porteur de peau de bouc), tardivement attesté semble-t-il, et celui d'*Aigobolos* (qui frappe les chèvres), se reconnaissait surtout à sa nébride, peau de faon, qui l'apparentait plus à ces animaux qu'aux boucs. En effet, les représentations de satyres en capridés n'apparaissent que très tard, à l'époque hellénistique et romaine. S'agirait-il alors du bouc offert comme récompense au gagnant du concours ? ou du bouc d'un sacrifice propitiatoire ? voire d'un bouc émissaire, porteur des miasmes de tout un peuple ?

La thymélée, l'autel au centre de l'orchestra, serait alors comme le reliquat d'un axe chthonien sacrificiel autour duquel le chœur aurait suivi en cadence des parcours circulaires alternés mimant les sinuosités du Labyrinthe (F. Robert, « Les Origines de la tragédie », *in* : *Le Théâtre tragique*, C.N.R.S., Paris, 1965, 2e éd.). Cette dernière interprétation suit en somme l'esprit des grandes tendances actuelles qui expliquent la naissance de la tragédie par des célébrations héroïques liées à des rites funéraires absorbés au bout du compte par le culte de Dionysos. Ces mêmes hypothèses tendraient aussi à considérer que les quatre grandes formes du théâtre grec, dithyrambe, drame satyrique, tragédie et comédie, auraient des origines séparées. Le dénominateur commun de l'ensemble resterait toutefois la référence à Dionysos. Ainsi les dithyrambes auraient eu dès l'abord partie liée avec les danses rituelles, cycliques et extatiques, pratiquées dans certains cultes au seul dieu de l'Olympe fils d'une mortelle ; l'on verrait en outre les premiers éléments constitutifs du drame satyrique dans les rituels agraires chthoniens, grotesques et phalliques, avec leurs cortèges orgiaques de satyres et de ménades célébrant les rites de la résurrection de la nature au printemps. L'on retrouverait une origine à peu près similaire pour une comédie née, semble-t-il plus tardivement, de *Kômoi*, défilés burlesques de jeunes gens barbouillés de lie de vin lors des dionysies rustiques. La tragédie, du moins dans son inspiration plus que dans sa forme spectaculaire, serait alors plus volontiers rattachée au culte des héros et des morts, voire à une inspiration « chamanique » comme quelques interprétations d'ordre anthropologique le pensent aujourd'hui. Pour autant, l'on ne se défait pas non plus de l'idée que les autres formes dramatiques aient à certains moments croisé son itinéraire, y abandonnant quelques traces.

D'autres érudits enfin restent encore proches d'explications de type purement linguistique en proposant de remonter par exemple à une racine pré-hellénique désignant « le marché ». S'opposerait ainsi à la tragédie, théâtre de la ville, la comédie, théâtre des champs. Dans le même ordre d'idée, l'on pourrait aussi penser que *Tragoedia*, le chant du bouc, pourrait avoir subi l'attraction paronymique de *Trugodia*, la chanson des vendanges. Se trouverait accréditée de cette façon la légende longtemps véhiculée par les ouvrages anciens traitant des origines de la tragédie. Ainsi, comme le raconte longuement Chamfort dans son *Précis de l'art théâtral dramatique des anciens et des modernes* (1808, ch. 4, p. 31 et *sq.*), Dionysos aurait confié à Icarius le secret de la culture de la vigne et de la fabrication du vin. Un bouc ayant fait des dégâts dans ses vignes, Icarius aurait sacrifié l'animal à son bienfaiteur au milieu des louanges des paysans témoins qui aussitôt auraient dansé en rond autour de l'autel en l'honneur de Dionysos *trugo-daimon* (dieu barbouillé de lie).

Le mythe expliquant le chant du bouc et la façon dont l'histoire l'a véhiculé ne se trouve finalement pas si éloigné des conjectures les plus savantes d'aujourd'hui. Toutefois, comme pour ces dernières, si la tradition décrit le pittoresque du rituel religieux, elle n'explique à aucun moment le passage du cultuel au culturel, du rite hiérogamique à la forme dramatique, elle ne dit rien non plus du passage de l'allégresse roborative des réjouissances orgiaques à l'expression tragique, puis enfin à cette forme théâtrale appelée tragédie. Pour risquer une hypothèse, l'on doit revenir alors à des explications plus proches de la rhétorique et de la poétique, explications dont les incidentes donneront aussi des indications sociologiques et anthropologiques.

D'Aristote à Nietzsche

❐ ***Le témoignage d'Aristote*** sur les origines, un des rares de l'Antiquité, peut-être parce qu'il suit de deux siècles les premières manifestations du genre, paraît d'emblée lui aussi sujet à caution. En effet, Aristote affirme d'abord dans sa *Poétique* que la tragédie « remonte à ceux qui conduisaient le dithyrambe » (1449 *a* 11), avant d'écrire quelques lignes plus loin qu'elle tire « son origine du drame satyrique » (1449 *a* 20). La contradiction, que par bien des moyens l'on peut chercher à ignorer ou à réduire, montre assez en tout cas que, dans l'esprit d'Aristote, il semble difficile de séparer les origines du dithyrambe, forme archaïque qui a certainement précédé, de celles du drame satyrique et de la tragédie qui ont suivi et connu dès la fin du VIe siècle une évolution parallèle, autonome mais complémentaire. En fait, cette contradiction liminaire d'Aristote peut aisément se résoudre dans la mesure où, dans sa conception évolutive de l'histoire des formes, il présente la tragédie comme la suite naturelle de l'épopée (1448 *b* 37).

Au début, donnant l'impulsion initiale, la *mimésis* : « L'épopée, et la poésie tragique comme aussi la comédie, l'art du poète de dithyrambe et, pour la plus grande partie celui du joueur de flûte et de cithare, se trouvent tous être, d'une manière générale des imitations » (1447 *a* 15). À ce même début aussi serait Homère, maître aède des origines, que Platon reconnaît comme tel et qu'Aristote définit comme le « poète par excellence » (1448 *b* 34), celui qui le premier a su « agencer les histoires comme dans les tragédies, en forme de drame autour d'une action une, formant un tout et menée jusqu'à son terme... » (1459 *a* 20 ; voir aussi 29 à 37). Cette dramatisation se serait d'abord opérée par un phénomène de concentration temporelle qui oblige à une unicité de l'action. Ainsi, à l'inverse de l'épopée, la tragédie ne se développera pas dans les dérives d'un temps aléatoire, mais en concentrant dans un court laps de temps une histoire mimée qui ait un début, un développement et une fin (1459 *a* 17 – 28). C'est Sophocle qu'Aristote prendra souvent en exemple, plus particulièrement son *Œdipe roi* qui lui paraît atteindre la perfection en ce domaine (1462 *b* 2 *sq.*). Et de conclure alors sur une supériorité de la tragédie « qui comporte tout ce que comporte l'épopée (puisqu'elle peut même avoir recours au mètre épique) avec en plus – et ce n'est pas une partie négligeable – la musique et le spectacle, moyens des plus manifestes de susciter le plaisir. » (1462 *a* 15).

Sans entrer pour lors plus avant dans l'étude des conceptions aristotéliciennes dont l'étude sera reprise avec plus de détails lorsque seront abordées leurs interprétations à l'époque de la Renaissance et du classicisme, il nous paraît essentiel, à propos des hypothèses sur les origines épico-lyriques de la tragédie, de relever en conclusion deux points déterminants pour la suite du propos. Tout d'abord, en faisant sortir la tragédie de l'épopée un peu comme un diamant d'une gangue, Aristote installe définitivement l'idée, qui fera longtemps florès dans l'historiographie des genres et les professions de foi de l'esthétique, d'une perfectibilité des arts et, partant, de l'idée de leur décadence. Dans la *Poétique* même, Aristote est ainsi déjà conduit à regretter les concessions, faites de son temps lors des représentations tragiques, à « la faiblesse de jugement du public » (1453 *a* 34), de même qu'au spectacle et au chant (1450 *b* 17) qu'il avait pourtant ailleurs considérés comme parties constitutives du genre. Enfin l'idée d'une tragédie parfaite et canonique, inscrite en filigrane dans la *Poétique*, a fortement contribué à rendre normatives, malgré leur forme inaboutie et leur nature contradictoire, ces règles d'écriture et la conception téléologique de l'esthétique et de l'histoire qui finalement s'en dégage. Cette béatification de l'œuvre d'Aristote, entreprise à la Renaissance, explique aussi, du moins pour partie, la longue ankylose de la création tragique après le classicisme français et, plus tard, la vénération que certains romantiques porteront au théâtre grec, suivant en cela Hegel qui voyait dans la tragédie le lieu idéal où se vérifiaient ses doctrines historicistes, son « scénario dialectique » de la logique et « la notion centrale du progrès conflictuel de la conscience » (G. Steiner, *Les Antigones*, Gallimard, 1986, p. 24 et *sq.*).

❒ ***Avec Nietzsche,*** la réflexion sur la tragédie et le sujet des origines reprend sur d'autres bases. Dans un moment précisément où les interrogations sur l'écriture et les pouvoirs du drame et de la musique se faisaient sensibles, Nietzsche, en étroite relation avec Wagner, tenta une explication d'ensemble. En effet, malgré le titre donné à son ouvrage, *La Naissance de la tragédie*, il s'affranchit d'emblée de la simple recherche des origines et de la stérile vénération néo-classique pour proposer une explication générale des pouvoirs de l'esprit créateur en faisant appel à deux catégories principales de nature opposée : l'apollinien et le dionysiaque. Leur symbiose explique à ses yeux l'exceptionnelle réussite de la tragédie grecque. Placé sous le signe du dieu solaire, le courant apollinien est tout fait de mesure, de clarté, d'harmonie et de lucidité, alors que le dionysiaque, lié aux forces souterraines et incontrôlées qui sourdent des profondeurs de la terre et des êtres, porte l'homme au refus des conventions et à l'ivresse, à n' être plus artiste, mais en définitive « lui-même œuvre d'art » (Gallimard, coll. « Idées. » 1970, p. 26).

En illustrant sa thèse, Nietzsche cite comme exemple un Homère apollinien et un Archiloque dionysiaque, retrouvant du même coup les catégories habituelles de l'épique et du lyrique et l'idée d'une tragédie née de la jonction de ces deux genres. Mais ce qui distingue l'hypothèse de Nietzsche des autres, c'est qu'il ne s'agit point pour lui d'un simple accouplement dialectique, mais d'une véritable fusion sous l'égide de « l'esprit de la musique », ce qui à ses yeux est essentiel puisque se constitue ainsi, du moins chez Eschyle et Sophocle, au-delà en somme des catégories aristotéliciennes, une manière de drame total dans lequel, selon les canons rêvés de l'esthétique du romantisme, pourraient fusionner tous les arts. Cette précision explique la critique longue et sévère que Nietzsche mène d'Euripide, l'accusant d'avoir, sous l'influence du socratisme, « privé la tragédie de son fondement » (*op. cit.* p. 85) et de l'avoir ainsi réduite à une « *épopée dramatique*, domaine apollinien dont est exclu tout effet tragique » (*Ibid.*). Jugement essentiel pour notre propos puisqu'il insiste à nouveau sur la nécessité de ne pas mécaniquement superposer le tragique à la tragédie et porte à se souvenir aussi des catégories qu'Aristote lui-même discernait déjà dans les tragédies de son époque : « quatre espèces de tragédies [...] : la tragédie complexe, dont l'ensemble est occupé par la péripétie et la reconnaissance ; la tragédie comportant un événement pathétique [...] ; la tragédie de caractère [...] ; la quatrième étant le spectacle... » (1456 *a* 33), distinctions tendant à montrer la mixité du tragique au Ve siècle, et l'aspect illusoire de sa pureté formelle.

TRILOGIES ET TÉTRALOGIES

Toutefois, que ce soit chez Aristote, Nietzsche, et aujourd'hui chez la plupart des analystes du théâtre grec, persiste l'idée d'une tragédie parfaite, parangon de l'expression tragique et close sur sa propre perfection. C'est à notre sens fonder sur un redoutable porte-à-faux l'étude du tragique grec en isolant la tragédie des autres formes dramatiques présentées dans les concours lors du temps marqué des fêtes dans la cité. En effet, l'auteur qui concourait aux Grandes Dionysies ou aux Lénéennes proposait des pièces qui s'inscrivaient toutes dans un ensemble. Cet ensemble portait le nom de tétralogie ; il comprenait trois tragédies (la trilogie) et se terminait toujours, au moins jusqu'au IVe siècle, par la représentation d'un drame satyrique ; c'est cet ensemble qui était couronné. On ne sait rien du pourquoi des nombres trois et quatre, mais on voit bien alors tout ce qu'il y a d'artifice, même si dès Sophocle la tendance est, semble-t-il, de composer des trilogies qui ne développent pas le même sujet, à privilégier l'étude d'une seule des tragédies représentées en lui conférant le statut artificiel de chef-d'œuvre unique, ainsi qu'on l'a fait par exemple avec *Les Perses* ou *Antigone* (voir à ce propos, G. Steiner, *op. cit.*).

La question qui, en revanche, a longtemps agité la critique historique, était de savoir si les trilogies, dont on attribue l'invention à Eschyle avec *L'Orestie*, étaient toujours en relation avec la même thématique ; le récit mythique segmenté en trois temps forts eût ainsi été rendu, avec ce souci d'ordre didactique, plus lisible. Finalement les spécialistes semblent être arrivés à la conclusion que chaque poète, du moins à partir de Sophocle, disposait d'une grande latitude dans le choix des sujets de sa trilogie. Une telle conclusion, jointe à la perte malheureuse de trop nombreuses pièces, explique peut-être le fait que l'on se soit contenté de lire et de représenter les tragédies isolément, sans jamais ou presque tenir compte de la présence du drame satyrique.

Le drame satyrique, dont l'invention et l'introduction en Attique au temps de Pisistrate (VIe siècle) est à peu près unanimement attribuée soit à Choirilos, soit à Pratinas de Phlionte qui en aurait composé trente-deux, semble en effet gêner considérablement la représentation idéalisée que nous nous faisons de la « tristesse majestueuse » et du sublime de l'harmonie tragique grecque. Une taxinomie, exercée au nom de valeurs pseudo-littéraires, provoque ainsi des jugements hâtifs et des ostracismes hasardeux pour la rigueur historique. Le drame satyrique apparaît dès lors souvent défini dans les manuels comme « quelque chose de fort irrévérencieux plus proche de la comédie que de la tragédie ; de toute façon un genre littérairement secondaire » (P. Gion, *Histoire Générale des Littératures,* 1961, I, p. 125). Le fait que la quasi-totalité de ces pièces soient perdues explique peut-être cette amnésie et ces exclusives sans les justifier tout à fait. En tout cas, l'oubli ou le mépris systématique après avoir faussé les perspectives poussent désormais à la nécessité de porter un autre regard sur ces pièces qui mettaient un point final jubilatoire à l'expression tragique et que Démétrios de Phalène appelait, selon une pertinente traduction de Egger, des « tragédie en belle humeur ».

Les tragédies en belle humeur

Distincts des dithyrambes, drames lyriques incantatoires qui se donnaient sans acteur, sans masques, où les cinquante membres du chœur tenaient le rôle primordial, les drames satyriques (*satyricoï*), reproduisaient à l'identique la structure d'ensemble de la tragédie avec prologue, *parodos*, épisodes, *stasima* et *exodos*. L'ensemble toutefois était bien plus court avec un chœur habituellement composé de satyres. De ce chœur de faces camuses se détachait nettement le vieux Silène, que la tradition donnait comme le père nourricier de Dionysos, et qui devenait dans ce type de drame, avec sa truculence, sa paresse et sa lascivité, un personnage à part entière. Le drame satyrique se jouait toutefois sous le signe d'une double inspiration : celle de la tragédie par la noblesse et le sérieux de quelques personnages, le pathétique de certaines scènes, celle de la comédie par le côté drolatique, burlesque et obscène du reste de l'intrigue, rythmée à un certain moment par la saltation de la *sikinnis*, danse voisine de la *phallika* des défilés orgiaques en l'honneur de Dionysos. L'ensemble enfin, qui se déroulait semble-t-il dans une alternance de décor marin et champêtre avec généralement la présence d'une caverne, se terminait dans l'euphorie d'un dénouement allègre qui n'en demeure pas moins ambigu.

Toutes ces pièces sont perdues sauf deux, *Le Cyclope* d'Euripide, qui suivait *Médée* et qui était une reprise du mythe odysséen montrant Ulysse aveuglant Polyphème dans sa caverne, et *Les Limiers* de Sophocle, dont il ne reste que quelques fragments assez longs et qui retracent un épisode de l'enfance du dieu Hermès : le vol des vaches d'Apollon et la découverte à cette occasion de la lyre et de la musique par le dieu de la lumière. Nous sont parvenus aussi quelques courts fragments très mutilés de drames satyriques d'Eschyle : *Les Tireurs de filet*, qui terminaient une tétralogie sur la légende de Persée – dans l'extrait qui demeure, on voit le Silène débiter de paillardes fadaises à Danaé, mère de Persée – ; *Les Pèlerins*, dont le véritable sujet est difficile à préciser ; un troisième encore qui mettait en scène une allégorie de la Justice, pouvoir dont ont sait l'importance dans l'ensemble du théâtre d'Eschyle. On suppose enfin que les quelques vers qui restent d'une pièce intitulée *L'Inachos*, étaient ceux d'un drame satyrique relatant la délivrance d'Io par Hermès. Se trouvent aussi attestée la présence d'un *Sphynx*, placé après *Les Sept contre Thèbes* et dans lequel, croit-on le Silène se moquait du monstre, celle encore d'un *Prométhée boute-feu* figurant après *Les Perses*. Devant de tels sujets, l'on se prend à rêver de la coda bouffonne qui mettait un point final à *L'Orestie*. Vraisemblablement inspiré du IVe chant de *L'Odyssée*, ce drame satyrique, intitulé *Protée*, montrait Ménélas en Égypte arrachant des prédictions à ce dieu de la mer que ses métamorphoses prédisposaient à être un des personnages favoris des drames satyriques.

Aristote, dans sa *Poétique*, ne parle qu'une fois du drame satyrique, au moment où il évoque les origines de la tragédie (1449 *a* 20). Le texte, puisqu'il y est aussi question du comique, mérite d'être cité dans son entier :

> La tragédie gagna encore en ampleur après avoir abandonné – puisque, tirant son origine du drame satyrique, elle a connu une évolution – les histoires brèves et le langage comique : longtemps après, on lui conféra toute sa gravité, et au tétramètre se substitua le mètre iambique ; tout d'abord, en effet, on avait utilisé le tétramètre parce que la poésie était liée au drame satyrique et plus proche de la danse ; mais quand les échanges parlés furent introduits, la nature trouva d'elle-même le mètre approprié : le mètre iambique est en effet celui qui convient le mieux aux échanges parlés.

Si ces affirmations d'Aristote peuvent paraître contestables d'un point de vue strictement historique puisque le drame satyrique, en préservant sa nature et ses codes, a continué à vivre en même temps que la tragédie dans les tétralogies, elles n'en sont pas moins intéressantes d'un point de vue formel car, en filigrane, elles laissent entendre que l'expression tragique serait le produit d'un lent tamisage d'une configuration dramatique mêlée, dans laquelle le comique aurait eu aussi sa part.

Le drame satyrique ainsi ne serait pas seulement un about adventice grossièrement modelé et malencontreusement fiché dans la plénitude d'une suite tragique pour servir de pause et permettre un retour plus harmonieux à l'équilibre. On pourrait voir dans sa presque nécessaire présence à l'époque classique d'autres raisons moins techniquement utilitaires. Cette intervention du comique de gros sel en point d'orgue et en contrepoint du tragique pourrait d'abord apparaître comme la remise en cause implicite de la fragmentation de la sensibilité, en montrant « le sublime et le grotesque » comme l'avers et l'envers d'une même réalité, niant du même coup la dichotomie formelle et morale entre la noblesse du tragique et la trivialité du comique, telle qu'Aristote lui-même l'a mise en place. D'autre part, ainsi que le remarque R. Pignarre (*Introduction au Théâtre de Sophocle*, Flammarion, 1964), la plupart des drames satyriques, dont nous connaissons le sujet sans connaître leur texte, développent des thèmes prométhéens et « mettent l'accent sur tout ce qui est naissance, enfance, création, découverte, invention, génie et ingéniosité », comme si la part de l'homme s'affirmait dans cet espace de l'imaginaire en trouvant un temps affranchi du malheur et de ses limites essentielles que sont les lois écrites et non écrites de l'éthique et de la mort. Le drame satyrique, en faisant aussi la part belle au ludique, au spectaculaire, à la danse, à la musique, à une manière de poésie « baroque » dans la structure et l'écriture, confère *de facto* une texture particulière à la notion de catharsis.

L'étude du tragique ne peut ainsi à notre sens être entreprise sans la prise en compte de ce phénomène particulier sur lequel la réflexion des Grecs s'est déjà attardée : l'ambivalence de l'acte représenté.

LA DÉRISION ET« L'INATTENDU DES DIEUX »

Ce dialogue entretenu dans le théâtre grec entre le versant tragique et parodique d'une même action apparaît dès l'abord dans les pratiques liées au culte de Dionysos et de Déméter. Lorsque les initiés revenaient du temple d'Éleusis, ils étaient attendus sur le pont de Céphise par les moqueries et les sarcasmes d'une population en liesse. De cette procession carnavalesque, brandissant des phallus ou des kteis (κτέϛ), représentations du sexe féminin, fusaient des lazzis et se multipliaient les gestes obscènes. On rencontre par exemple l'équivalent de ces calembredaines et de ces duels oratoires rudes et grossiers dans *Les Thesmophories* d'Aristophane où l'on trouve un malheureux Euripide se défendant âprement, contre des viragos, de ses déclarations misogynes. Ces railleries, de portée rituelle, portèrent le nom de *géphyrisme*, terme dérivé du mot désignant le pont.

Sur ce pont de Céphise, les initiés répondaient à leur tour aux provocations et s'engageait un *agôn*, un combat oratoire, dont le chœur des *Grenouilles* d'Aristophane peut suggérer une idée assez juste. Le ton de cette comédie donne aussi la mesure de l'irrespect à l'égard des dieux et des mythes tel qu'on pouvait le pratiquer dans les drames satyriques. L'on peut en effet y voir un Dionysos, lassé du spectacle de lamentables tragédies, aller aux enfers arbitrer un conflit de prestige entre Eschyle et Euripide. Au passage du Styx, le dieu et son serviteur Xanthias sont pris à parti par un chœur agressif de batraciens. S'engagent alors entre les protagonistes de scabreuses joutes oratoires, Dionysos répondant par des grossièretés et une série de pets sonores aux coassements des grenouilles. Comment ne pas être sensible aussi dans *Les Limiers* à la fantaisie de Sophocle, à cette façon de dédramatiser la souffrance pour la laisser se fondre dans les détours d'une enquête romanesque véhiculant les magies de l'enfance ? Magie que l'on rencontre avec autant de force dans *Le Cyclope* d'Eschyle. Dans ces scènes démesurées et spectaculaires, le personnage de l'ogre aviné, mangeur de chair humaine, prend aussi à certains moments des accents de sincérité et, à l'égard des dieux, ceux d'une robuste insolence :

> La terre est bien forcée, qu'elle le veuille ou non,
> de faire pousser l'herbe où mes bêtes s'engraissent.

Ensuite, je les offre en sacrifice, non aux dieux, à moi-même,
à la plus grande des divinités, à ma panse que voici.
(trad. M. Delcourt-Curvers).

Discours sur les dieux qui serait à rapprocher de celui que l'on rencontre dans l'*Alceste* d'Euripide, tragédie qui, bien que construite sur l'idée obsédante de la mort, connaît un dénouement heureux et merveilleux après avoir aussi développé des sujets de conte. À ces divers titres, cette dernière tragédie qui, selon Berlioz, « choquerait aujourd'hui les mœurs, les idées et les sentiments de tous les peuples civilisés » (*À travers chants*, 1862, Paris, Gründ, 1972, p. 155), prit la place du drame satyrique à la suite des *Crétoises*, de l'*Alcméon* et du *Télèphe*. Le discours final du coryphée échappe lui aussi d'une certaine façon à la banalité coutumière en se rapprochant au fond, dans sa tonalité, de ceux que l'on peut trouver dans un drame satyrique :

Les choses divines ont bien des aspects.
Souvent les dieux accomplissent ce qu'on n'attendait pas.
Ce qu'on attendait demeure inachevé.
À l'inattendu les dieux livrent passage.
Ainsi se clôt cette aventure.

L'on mesure, après la simple relecture de ces textes et de l'ensemble des fragments de drames satyriques connus, combien il est difficile de réduire le drame satyrique à la seule fonction de dégorgement des humeurs tragiques dans la tétralogie. L'ironie et l'esprit parodique qui l'animent paraissent certes en rupture avec l'esprit tragique, mais remettent moins en cause la forme tragique que les valeurs tragiques véhiculées par la fable. Elles ne sont pas totalement niées toutefois, mais inconfortablement installées dans un mouvement perpétuel allant de leur affirmation à leur dérision. Comme le relevait M. Bakhtine à propos d'*Alceste (L'Œuvre de F. Rabelais*, Paris, Gallimard, 1970, p. 127), « les deux aspects du monde – sérieux et comique – coexistent et se reflètent mutuellement ». Bakhtine précise encore que les éléments en jeu « sont nommément les aspects *intégraux* et non des images sérieuses et comiques isolées, comme dans le drame ordinaire de l'époque moderne ». L'expression du tragique chez les Grecs ne paraît pas ainsi close sur elle-même, mais comme ouverte à une liberté de lecture préservant les choix ultimes de l'homme, vers le sublime ou l'absurde. Même un législateur aussi pointilleux que l'abbé d'Aubignac avait, au XVIIe siècle, entrevu cette fonction en appelant ce genre la « tragédie satyrique ». D'une certaine façon, nous sommes déjà, avec cette inspiration dramatique qui refuse la partition entre tragique, comique et parodique, dans le droit fil de la dramaturgie contemporaine, ainsi que le révèle par exemple quelques répliques de S. Beckett dans *Fin de partie* :

> Nell : Rien n'est plus drôle que le malheur, je te l'accorde, mais...
> Nagg : Oh !
> Nell : Si, si, c'est la chose la plus comique au monde.

Dans la mesure où l'on considère, comme le précise A. Bonnard, que « l'objet de la tragédie, c'est la destruction et le dépassement du tragique » (*La Tragédie de l'homme*, à la Baconnière, 1951, p. 210), le drame satyrique des Grecs a bien répondu, d'une certaine façon, à cette attente. La présence permanente du chœur conjointement dans les tragédies, les comédies et les drames satyriques, bien que négligée en définitive par les épigones du théâtre grec, tient, à notre sens, dans cette dramaturgie particulière, un rôle décisif.

Le chœur

Le noyau originel de la tragédie attique et conjointement du drame satyrique semble bien avoir été cet ensemble choral engagé pour la célébration d'un culte solennel, chanté et dansé, rendu à la divinité. C'est très souvent le rôle principal tenu par le chœur qui donnait son titre à la tragédie, comme par exemple dans *Les Perses*, *Les Suppliantes*, *Les Troyennes*, *Les Bacchantes*, etc. La coutume voulait, semble-t-il, que le chœur chantât en vers psalmodiés l'hymne de louange en alternant strophes et antistrophes ; Stésichore y aurait plus tard ajouté l'épode, stance de mesure différente, pour briser la monotonie des échanges.

Ainsi, comme le rappelle G. Hoffmann (*Œdipe Roi*, coll. « Études littéraires », P.U.F., 1990, p. 42), « la tragédie grecque peut être définie esthétiquement par l'alternance constitutive du chanté/dansé et du parlé, par la conjonction du lyrique/chorégraphique et du dramatique ». Le chœur tragique fut d'abord composé de douze choreutes, puis de quinze à partir de Sophocle, et toujours spatialement séparé de l'action en se tenant sur le périmètre de l'orchestra. La tradition veut que ce soit Thespis, suivi en cela par Phrynicos, qui ait été le premier conducteur de chœur à sortir du cercle, créant ainsi un personnage et des ébauches de dialogues. Plus tard, le coryphée dialoguera aussi avec les principaux personnages. On trouve dans le livre des *Problèmes* (XIX, 48) du pseudo-Aristote un texte montrant que l'existence du chœur tragique, devenu plus tard simple spectateur, répondait autant à une nécessité formelle qu'à une inévitable partition sociale.

> En effet, sur la scène les acteurs imitent les héros, parce que, chez les Anciens, il n'y avait guère que les héros qui fussent des chefs et des rois ; le peuple était le vulgaire des hommes, qui composent le chœur. Voilà comment ce qui convient au chœur, c'est la plainte, c'est le calme de l'âme et le chant ; car ce sont là les dispositions les plus ordinaires des hommes.

Le dialogue social mis en place par la présence du chœur sur l'orchestra est en fait d'autant plus sensible que les choreutes étaient recrutés parmi les habitants de la ville où la représentation avait lieu.

Toutefois, aujourd'hui, l'helléniste P. Vidal-Naquet doute fortement que le peuple ait été réellement représenté par le chœur (Introduction aux *Tragédies* d'Eschyle, Gallimard, Folio, 1982, p. 20). Eschyle, en ajoutant un acteur supplémentaire, commença de marginaliser ce chœur mais lui conserva encore son statut de personnage collectif (*Les Perses*). Cet interlocuteur permanent, que Hegel définit, lui, comme le peuple en face des héros, et Schlegel comme le « spectateur idéalisé », ne cessa en fait jamais de modifier sa nature puis de subir un lent processus d'entropie. Chez Sophocle, il devint le commentateur privilégié et l'amplificateur pathétique de l'action ; chez Euripide le voyeur indiscret, sensible mais impuissant, de passions privées. Aristote relevait déjà cette différence d'utilisation qui porta par exemple Euripide dans *Iphigénie à Aulis* à mettre en scène un chœur que les personnages n'écoutent plus : « Le chœur doit être considéré comme l'un des acteurs, doit faire partie de l'ensemble et concourir à l'action, non comme chez Euripide mais comme chez Sophocle » (*Poétique*, 1456 *a* 25).

Peu à peu enfin, il disparut pour des raisons pécuniaires, mais surtout, au fond, parce que l'accord était devenu difficile entre le rappel lancinant des valeurs collectives dans la fixité des coutumes et l'affirmation du destin individuel revendiqué par les personnages. Ainsi, même chez Sophocle, le chœur est par exemple déjà absent lors du suicide d'Ajax. Dès ce moment le psychologisme lié à l'illusion réaliste condamna cette masse humaine, continuellement traversée de courants divers et servant quelquefois de porte-parole de l'auteur, à s'effacer progressivement parce qu'elle sembla devenir « un corps étranger » (Schiller), une manière de surmoi moralisateur qui brouillait l'action au lieu d'y participer, et ne servait qu'à assouplir encore la ductilité des foules.

Schiller, dans sa préface de *La Fiancée de Messine*, pièce dans laquelle il a cherché à réintroduire l'usage du chœur, analyse avec pertinence les fonctions essentielles de ce « mur vivant dont la tragédie s'entourerait pour s'isoler nettement du monde de la réalité et pour sauvegarder le caractère idéal de son domaine et sa liberté poétique » (trad. H. Loiseau, Paris, Aubier, 1942, p. 101). On sent ici tout ce que Brecht devra à cette conception déréalisante d'un chœur qui s'impose dans la tragédie attique non seulement comme le commentateur choisi de l'action, mais aussi comme le résonateur exemplaire donnant aux valeurs véhiculées par le groupe toute leur amplitude. Schiller va même jusqu'à penser que la présence du chœur est indéfectiblement liée à la nature intime de l'expression tragique puisqu'elle permet de créer l'équilibre parfait entre l'idéal et le réel, et qu'en somme le supprimer c'est abolir toute intensité poétique et dramatique au profit d'une forme appauvrie telle que l'est devenue à ses yeux la tragédie classique française.

Il semble bien, en effet, que ce soit le confident, sorte d'ombre portée du héros, qui se soit imposé plus tard comme substitut du chœur dans une tragédie française pourtant si soucieuse de reproduire les modèles antiques. Ce personnage souvent chlorotique traduit finalement assez bien l'état où le chœur avait été réduit à l'époque hellénistique. Enfin, à la fin du XIXe siècle, lorsque les techniques réalistes du théâtre de l'illusion commencèrent à être battues en brèche, les œuvres théâtrales passèrent par le prisme d'un personnage nouveau, le metteur en scène, qui, à sa manière, s'est accaparé les pouvoirs d'exégèse et d'interprétation réservés jusque-là au chœur dans la dramaturgie classique. Mais en projetant ses effets du hors-scène sur la scène, « la lecture » interprétative d'un seul a, en somme, tant décuplé les pouvoirs de l'esthétique théâtrale qu'elle semble avoir toujours été nécessaire, comme le chœur avec ses pouvoirs médiateurs devait le paraître dans les commencements.

La catharsis

La médiation par excellence porte le nom de catharsis, sans que l'on ait jamais su ce que recouvre exactement ce terme, tellement il fut au cours des siècles enfoui sous les gloses. Il s'agit au départ d'un terme emprunté au vocabulaire de la médecine. Chez Hippocrate, en particulier, il a le sens littéral de dégorgement salutaire qui libère le corps des impuretés et rétablit ainsi l'équilibre entre les humeurs, en fait le sens trivial, mais non péjoratif, de « purge » (*Aphorismes*, 1254) ; l'on rencontre même une occurrence signifiant les menstrues (*Aphorismes*, 1255). Une autre occurrence dans le *Cratyle* (405 *a*) de Platon désigne par ce terme les rites de purification auxquels à Éleusis étaient soumis les postulants à l'initiation ; il semble aussi que dans le même champ sémantique l'on ait utilisé le terme *to katharsion* (τὸ καθάρσιον) pour désigner une victime offerte dans un sacrifice expiatoire.

Aristote, dans sa *Poétique*, ne l'emploie qu'une fois, avec un sens probablement métaphorique, dans le passage où il définit la tragédie comme « une imitation faite par des personnages en action et non par le moyen d'une narration, et qui pour l'entreprise de la pitié et de la crainte, accomplit la *purgation* des émotions de ce genre » (1449 *b* 25). Le fait qu'Aristote emploie ce mot naturellement et ne fournisse aucune explication particulière laisse à penser que le terme était d'un usage courant et conjuguait aussi les sens médicaux et rituels pour désigner les vertus curatives de la tragédie. Aristote utilise une autre fois le mot dans sa *Politique* (VIII, 1340, *a*) à propos de la musique et de sa puissance éducative lorsqu'il explique, en retrouvant les présupposés de la philosophie pythagoricienne, que l'équilibre psychique se regagne dans la mise en synchronie des rythmes musicaux et des états d'âme.

Pour les besoins de la catharsis liée au phénomène tragique, Aristote dans sa définition fait aussi appel aux émotions suscitées par la « crainte » et la « pitié », notions qu'il laisse encore sans définitions précises, tant d'évidence elles paraissent liées à l'idiosyncrasie grecque. La seule précision qu'il apporte est qu'il préfère les voir naître, plutôt que de l'agencement du spectacle, « de l'agencement même des faits accomplis » (1453 *b* 3 et sq.) et de l'exercice de la pensée « produit par les paroles » (1456 *b* 36). Dans son discours, crainte et pitié se trouvent aussi mêlées à d'autres émotions comme « la colère et toutes les autres de ce genre » (*ibid.*), les notions de « grandeur » et de « vraisemblance » ou les nécessités aussi de « démontrer » et de « réfuter » (*ibid.*). De cet ensemble composite ressortent en fait les questions essentielles qui ont provoqué toutes les gloses : comment ces émotions désagréables peuvent-elles provoquer le plaisir ? Quel est ce phénomène qui fait, comme le précise le texte de la *Poétique*, que nous « prenons plaisir à contempler les images les plus exactes de choses dont la vue nous est pénible dans la réalité » (1448 *b* 10) ? Quelle est donc alors la nature de cette catharsis, dont Aristote ne dit rien ?

De la sédimentation des gloses accumulées sur le sujet se détachent *grosso modo* trois hypothèses fondamentales. La première tendance aura été de lier l'imaginaire du théâtre à l'illusion et la catharsis à une éthique ; la vertu du théâtre consisterait alors à donner à voir le spectacle de passions dévastatrices. Ainsi le spectateur se purgerait de l'envie d'en éprouver de telles et se guérirait de toutes celles qui pourraient l'amener à de coupables extrémités. On touche ici à une explication d'ordre anthropologique et sociologique, dans laquelle les conceptions classiques et aristotéliciennes ont vu la possibilité d'une libération purificatrice et régénératrice de l'individu, et Brecht une aliénation.

À partir du XIXe siècle, c'est plutôt le sens strictement médical qui l'a emporté, assimilant alors la catharsis à une manière de dégorgement provoqué par le filtre d'une *mimésis* génératrice d'émotions. Partant, le plaisir tragique aurait partie liée avec une manière de soulagement physique, perçu soit comme le frémissement d'une « émotion passagère et vaine qui ne dure pas plus que l'illusion qui l'a produite » (Rousseau, *Le Contrat social*) soit, ainsi que le fait remarquer la psychanalyse, comme plaisir de regarder notre moi refoulé prendre en toute impunité les déguisements d'un autre. Mais ce regard porté vers nos abysses intérieurs nous inciterait aussi à « reconnaître ces impulsions qui, bien que réprimées, existent toujours » (S. Freud, *L'Interprétation des rêves*).

Enfin, une dernière tendance, la plus actuelle peut-être, consisterait d'abord à refuser que la catharsis soit un phénomène réductible à la seule réception théâtrale. Cette conception insiste plutôt sur la nécessité de mettre la catharsis en relation étroite avec la structure intime de l'œuvre suivant partiellement en cela une des suggestions de Goethe qui, reprenant Aristote, comprenait « par catharsis cette façon de terminer par la réconciliation, que réclame tout drame, et même toute œuvre poétique » (*Relecture de la « Poétique » d'Aristote*). Le pouvoir de transformer une douleur en plaisir serait dès lors inhérent à toute *mimésis* façonnée par l'art purificateur du créateur. La catharsis serait donc moins un phénomène d'ordre psychologique et éthique qu'un concept d'ordre esthétique et formel, ainsi que peut effectivement le suggérer l'ensemble du chapitre IV de la *Poétique*.

Du sentiment tragique chez les Grecs

Notre mémoire académique se nourrissant de morceaux choisis a ainsi fortement idéalisé et épuré l'expression du tragique chez les Grecs, en lui donnant la transparence d'un cristal, par le biais, comme le disait Lacan à propos d'*Antigone*, de « commentaires en eau de bidet » (*L'Éthique de la psychanalyse, Le Séminaire*, tome VII, 1960, p. 305). En faisant éditer par exemple le théâtre d'Eschyle au XVIIIe siècle, le R.P. Brumoy expose ses craintes de voir *Le Cyclope* détruire l'idée que l'on se faisait de la belle harmonie de la tragédie grecque (vol. 6, p. 333). À la lecture des textes qui nous sont restés, la nature de ce tragique paraît en effet plus composite. D'Eschyle à Euripide, il ne garde pas partout la même densité. Pour l'évoquer, l'on utilise toujours quelques termes essentiels, *hybris, hamartia, Moïra, anankè, Atè, Némésis*, dont le sens, là aussi, semble d'autant plus fort qu'il reste mouvant et sujet à de nombreuses interprétations.

Au commencement de tous les maux, le héros tragique succombe à l'*hybris*, insolente folie intérieure, mal de l'âme qui le pousse à dépasser la mesure de sa condition avec l'orgueil de violer la loi divine et de s'exposer par là aux funestes débordements des coups du ciel. Le tragique va naître ainsi de cet affrontement entre la vaine présomption humaine et la violence de la répression divine. Mais aux confins de cette faute religieuse et morale que représente l'*hybris*, le héros trouvera l'exercice de sa liberté et sa dignité. On peut voir un exemple particulièrement frénétique de cette *hybris* dans la trilogie des Atrides d'Eschyle, essentiellement dans *Agamemnon* qui, à bien des égards, peut apparaître comme la tragédie de l'*hybris* alors que le personnage de Xerxès dans *Les Perses* paraît en être la victime la plus exemplaire.

Une autre notion intervient alors, qui elle aussi a suscité d'interminables gloses tant est grande sa plasticité : l'*hamartia*, l'erreur fatale, qui fait basculer le héros dans l'infortune. Comme le précise Aristote : « Pour être belle, il faut donc que l'histoire soit simple [...], que le retournement de fortune ne se fasse non pas du malheur vers le bonheur, mais au contraire, du bonheur vers le malheur et qu'il soit provoqué non par la méchanceté mais par une erreur grave du personnage » (1453 *a* 10). Cette faute essentielle portera d'emblée à s'interroger sur la responsabilité et la culpabilité du héros, d'autant qu'en latin l'on a immédiatement donné une interprétation moralisatrice au mot en le traduisant par *peccatum*, le « péché ». Ainsi, selon l'éthique stoïcienne et chrétienne qui confère à l'homme pleine responsabilité sur ses actes, l'on pourrait considérer cette expérience cruciale de l'échec comme proche de la notion de péché. Mais ceci enclenche alors une réflexion connexe sur la notion de péché originel. Tout à l'opposé, l'on pourrait aussi la considérer comme une ignorance fatale certes, mais qui serait d'ordre purement intellectuel. Aristote, qui prend l'exemple d'Œdipe pour l'illustrer, utilise le terme avec des acceptions diverses, allant de la simple erreur par mégarde à la malignité préméditée. Cet éventail d'emploi très élargi montre assez que le sens toujours ambigu évolue entre ces extrêmes. Ni simple accident ni faute délibérée, sans que l'un ou l'autre soit exclu, l'*hamartia* met en jeu la liberté du héros d'autant qu'intervient alors l'*Atè*, force fatale, inspiratrice du mal, puissance d'aveuglement et ferment de désastres. Avec elle, le mal prend en somme toute sa dimension métaphysique, puisque même les dieux ne sont pas épargnés par les erreurs qu'elle inspire et le châtiment inévitable qui s'ensuit. Le couple *Atè/ hamartia* lie ainsi immuablement le destin des dieux à ceux des hommes en assortissant leurs folies respectives, et le héros, piégé par sa propre liberté, en vient à subir un châtiment majeur pour un crime qu'il n'aura pas su éviter.

Au-dessus de tout préside enfin la loi aveugle de la *Moïra*, fille du Chaos, qui impose à tous le « lot fatal » de son impitoyable nécessité : l'*anankè*, alors que la *Némésis*, justicière implacable, soucieuse des équilibres de la condition humaine, veille jalousement à l'application des châtiments qui succèdent inexorablement au bonheur arrogant et excessif.

D'Eschyle à Euripide

L'expression tragique du théâtre grec cependant ne suit jamais avec exactitude les schémas réducteurs et anecdotiques d'une mythologie aux histoires variables, aux personnages incertains et à la morale ambiguë. Elle échappe aussi à l'ensemble des visions rétrécies et déformantes que nous posons sur elle à travers les prismes de nos connaissances, de l'enseignement, de l'académisme ou de la simple vénération portée au « miracle grec ». Un certain nombre de constatations toutefois s'imposent qui ne souffrent que peu de discussions. D'Eschyle à Euripide s'est ainsi dégagée en trois temps forts une vision de l'homme et du tragique de sa destinée, sans que jamais cette vision se soit figée comme dans une statuaire. L'itinéraire suivi part du rigorisme eschyléen, et parvient aux tendances libertaires des héros d'Euripide.

❒ ***Dans Eschyle,*** qui n'a « aucune des proportions connues » (Hugo), l'homme reste, à l'image de Prométhée ou d'Oreste, entravé par sa lignée, les forces d'un passé menaçant, le groupe auquel il appartient, les dieux qui régissent sa conduite. Le tout est puissamment irrigué par l'idée d'une justice fruste et dominatrice qui ne se préoccupe guère d'évaluer les responsabilités, mais surtout s'entend à sanctionner l'acte sans les impedimenta du sentiment. Toute *hybris* est ainsi sévèrement réprimée comme une impiété. « L'acte a fécondé l'Histoire » comme l'écrit J.-L. Barrault (*Souvenirs pour demain*). Le tout résonne dans l'amplitude d'un langage majestueux aux déchirements amplifiés par le lyrisme choral :

> Un cri de souffrance, une plainte sans développement, sans souvenir, sans prévoyance exprime les impressions du moment, montre quel était l'état de

l'âme avant que la réflexion eût placé au dedans de nous-mêmes un témoin de nos mouvements intérieurs.

(Mme de Staël, *De la littérature*, 1800, Droz, 1959, I, p. 71).

❒ ***Chez Sophocle,*** les liens du héros avec le passé et les dieux se relâchent, sans pour cela se distendre tout a fait, ce qui d'une certaine manière rend les tentatives vers la liberté plus désespérées et les décisions qui reviennent aux personnages plus cruciales. Au bout du compte, ce mou, ironiquement laissé par les annonces ambiguës du destin, souligne le besoin vital de savoir de l'homme et les limites inéluctables contre lesquelles, malgré sa lucidité, sa volonté bute désespérément (Antigone, Électre, Œdipe). L'ironie et l'art de manier les contrastes semble enfin être une des dimensions majeures de ce théâtre qui fait en outre la part belle à une humanité moyenne et sensible (Ismène, Chrysothémis) ou peu sujette aux scrupules (Clytemnestre, Ulysse).

❒ ***Chez Euripide*** enfin, le personnage semble prendre toute son autonomie. Apparaît alors une nette ligne de fracture entre les crimes que les hommes ne doivent qu'à leur propre nature et la justice violente pratiquée par les dieux qui feignent d'ignorer les mobiles de chacun. On n'en est pas encore toutefois au constat d'absurdité et d'immoralisme que dressera plus tard de la mythologie Lucien de Samosate (*Dialogues des dieux*). Très naturellement alors l'expression tragique évolue vers le psychologisme et le réalisme, ou en complément, vers l'illusion du merveilleux (*Hélène*). Mais Euripide s'attache, malgré un goût prononcé pour des sentences raisonnables (il est frotté de sophistique), à explorer les limites des passions amoureuses et vengeresses (*Hippolyte, Médée, Hécube*) et les élans incontrôlés et velléitaires (*Iphigénie à Aulis*). Les dieux aussi, ce qui les rapproche étonnamment des humains, sont emportés avec fureur par ces passions destructrices (*Les Bacchantes*). La forme enfin a quitté le drapé marmoréen d'Eschyle ou l'équilibre harmonieux de Sophocle pour proposer, avec d'inquiétantes résonances, des intrigues nerveuses pleines de tensions, de ruptures, de revirements, « d'inconséquences, de déviations de [...] sujet, d'idées originales déplacées » (B. Constant, *Journal intime*, 1804, Monaco, Éd. du Rocher, 1946, p. 171).

« Ah ! Ténèbres, ma lumière »

Cette invocation d'Ajax lancée dans la folie d'une ultime douleur paraît rendre au mieux l'ambivalence richesse de la tragédie des Grecs, d'autant qu'elle appartient à Sophocle qui s'est imposé à nos mémoires comme le dramaturge le plus mesuré de ce temps. En fait, cette forme dramatique, que nos gloses ont pétrifiée dans l'intemporalité, désoriente nos notions acquises, tant elle garde de présence pour nous aujourd'hui. Comme son inspirateur premier, Dionysos, celui qui est né deux fois, fils d'un dieu et d'une mortelle, conjointement dispensateur de lucidité et d'oubli, de joie et de douleur, la tragédie grecque dans le large contexte dramatique qui est le sien, se dérobe encore à une définition trop étroite. Elle paraît en tout cas la recherche d'un juste équilibre entre les sibyllins secrets de l'Orient, terre originelle de Dionysos, et la lumière de la Méditerranée, son lieu d'élection. Et selon un tropisme propre aux esprits grecs de ce temps, elle s'intéresse plus, en définitive, au politique qu'aux arrêts du destin et au difficile dialogue avec les dieux (cf. F. Robert, *op. cit.* p. 57). Ainsi, comme le précise La Harpe dans son *Cours de Littérature* (1799) : « parmi nous le spectacle est pour une assemblée choisie ; chez eux le spectacle était pour un peuple » (éd. Dupont et Ledentu, 1826, II, p. 192).

D'autre part, l'esprit du théâtre grec ne saurait être réductible à celui de la seule tragédie ; celle-ci, en effet, s'inscrivait dans une double série de contraintes : festives et sociales, formelles et spectaculaires. De plus, elle se jouait dans un temps limité : trois jours successifs de représentation et de compétition entre trois auteurs dont chacun au jour désigné présentait sa tétralogie. Ce genre de festivités se répétait deux fois l'an dans la circularité d'un rite saisonnier. La présentation d'une tragédie était donc un phénomène ponctuel dont l'intensité s'accroissait sans doute du fait de son caractère unique. Enfin, avec ses jeux de masques hiératiques, qui révélaient l'être intérieur en faisant mine de le dérober aux regards, ses costumes d'aspect sacerdotal, ses musiques, au sens propre pour nous inouïes, elle s'insérait dans une fête nationale de caractère collectif, organisée par les soins de l'État avec des visées probables de panacée cathartique et de cohésion civique. Peu à peu ces pièces, en même temps qu'elles proposeront des péripéties plus spectaculaires, verront des individualités sortir du groupe pour assumer un destin individuel qui mettait parfois en jeu la collectivité.

Dans ces célébrations d'autre part, et le même jour, à la suite des trois tragédies, était joué un drame satyrique. Dès 486 av. J.-C., le concours est ouvert aux comédies. L'idée de mixité était partout présente. Pendant la fête des *Chytres*, le troisième jour des Dionysiaques lénéennes, on faisait cuire dans des marmites toutes sortes de légumes pour les offrir à Hermès et à Dionysos. Au théâtre, le tragique semblait devoir se résorber dans les malices du comique, après la transition mi-figue mi-raisin du drame satyrique. Ainsi Platon dans *La République*, appelle drame, donnant au mot une de ses premières acceptions, l'emboîtement tragédie/comédie et, partant, la charnière que constitue le drame satyrique. Et rien ne dit que pour notre entendement du théâtre grec l'ensemble soit sécable, ce qui signifie *in fine* qu'un sens profond peut aussi se dissimuler sous le loufoque et l'incongru. « Épanouissement redoutable de l'inconnu. Le mot pour rire sort de l'abîme », écrit Victor Hugo dans *William Shakespeare* (1864, éd. Nelson, s.d., p.164). Autant de vérités que notre civilisation s'est longtemps refusée à admettre en adoptant les critères de la pureté des genres, de leur hiérarchie et de leur cloisonnement. Pour rire, il a toujours fallu littérairement et théâtralement déroger. C'est là que l'on se prend à rêver, avec U. Eco, de la dommageable disparition du 2e livre de la *Poétique* d'Aristote qui traitait du comique. Il est tout aussi dommageable qu'ait disparu l'œuvre d'Agathon, le premier auteur qui ait proposé des sujets de tragédie entièrement imaginaires et fut considéré à ce titre, le paradoxe n'est pas mince dans le domaine littéraire et théâtral, comme fauteur de décadence.

C'est que l'imaginaire théâtral grec s'enracinait d'abord dans les mythes, trésor commun dans lequel furent puisés les sujets de la légende héroïque connus de tous, ce qui évitait de les présenter. Selon l'hypothèse de R. Girard, « comme la fête et les autres rites », la tragédie grecque ne serait « d'abord que représentation de la crise sacrificielle et de la violence fondatrice » (*La Violence et le Sacré*, ch. 6). Ces récits fondateurs allant des légendes cosmogoniques aux péripéties à la mesure de l'homme n'avaient toutefois rien de dogmatique et se prêtaient à de nombreux possibles narratifs. Ainsi, de la crémation sacrificielle à une médication purgative, le spectaculaire aurait fini, semble-t-il, par prendre le pas sur le rituel.

Au bout du compte, la tragédie s'impose moins comme une théophanie que comme une iconoclastie, en finissant par exemple de ranger les dieux dans le *théologeion* pour les réduire à des statues de *deus ex machina*. Les trois genres du drame grec auraient de la sorte joué chacun leur rôle dans cette appropriation du monde : la comédie offrant, avec le contrepoint de son aspect parodique, une manière d'explorer l'en deçà du tragique, alors que la tragédie, d'Eschyle à Euripide, aurait été une tentative désespérée d'en exprimer l'au-delà, pour déjouer les manœuvres de la mort. Lessing défend d'une certaine façon cette position dans *La Dramaturgie de Hambourg* (1767-1769) en assimilant toutefois le tragique à l'expression ultime de la loi : « La tragédie punit ce qui est au-delà de la loi, la comédie ce qui est en deçà » (art. 7, trad. A. Aronçon). Mais il omet finalement le rôle déterminant du drame satyrique, qui mêlant la force décapante d'un comique brut aux tribulations de héros archaïques, pourrait se définir en somme, formellement, philosophiquement, dans la tradition des mystères et du *géphyrisme*, dans celle du culte de Dionysos, dieu de la confusion et de la transgression (voir P. Vidal-Naquet, *op. cit.*, p. 27), comme un véritable rite de passage entre tragédie et comédie, ménageant toujours la possibilité d'une échappée belle vers l'universelle dérision.

TEXTE

■ Musique, transe et tragédie

Notre vision de la tragédie grecque est trop souvent embuée par une approche littérarisée, idéalisée encore par un flot d'images venues de mises en scène déférentes. En menant une réflexion sur le masque de Gorgone et la musique orgiaque de la flûte, l'helléniste J.-P. Vernant nous restitue l'aspect brut de la violence tragique en montrant, à propos de la colère d'Hercule décrite par Euripide, que la musique, consubstantielle à la tragédie, participait au dérèglement des sens. Dans ce contexte, les mots de terreur *et* pitié *prennent une autre substance.*

Mais parmi tous les instruments de musique c'est avec la flûte, dans ses sonorités, sa mélodie, sa technique de souffle et de jeu, que le masque de Gorgô entretient les relations les plus étroites [...]

Et surtout la musique de la flûte n'a pas un caractère éthique, mais orgiastique. Elle agit, non sur le mode de l'instruction (*máthēsis*), mais de la purification (*kátharsis*), « car tout ce qui appartient à la transe bacchique et à tout branle de ce genre relève de la flûte au point de vue instrumental ». La flûte est donc, par excellence, l'instrument de la transe, de l'orgiasme, du délire, des rites et danses de possession. Évoquant les mères, dont les enfants ont le sommeil difficile, et qui, pour les calmer, au lieu du silence, les secouent et leur chantent des mélodies, Platon écrit : « Comme si, au plein sens du mot, elles jouent de la flûte devant leurs enfants (*kataulloûsi tōn paidĭōn*) comme devant des bacchants frénétiques (*ekphrónōn bakcheiōn*) qu'on guérit en utilisant tout ensemble le mouvement de la danse et de la musique[1]. » Faire le bacchant, faire le corybante, c'est entendre ou croire entendre les flûtes. À la formule de Platon, « ceux qui font les Corybantes

1. Platon, *Lois*, 7, 790 d.

croient entendre des flûtes »[1] , répondent les affirmations de Jamblique : « Certains des extatiques entendent flûtes, cymbales, tambours ou quelque mélodie, et ainsi sont dans l'enthousiasme (*enthousiō sin*) [...]. Les flûtes provoquent ou guérissent les passions de l'égarement, certains airs font entrer en transe (*anabakcheuésthai*), d'autres cesser le transport (*apopauésthai tēs bakchéias*)[2]. »

Mais il est plusieurs façons de faire le bacchant et ce ne sont pas toujours les mêmes divinités qui, dans la possession, s'emparent de leur fidèle, leur passent la bride et le mors, les chevauchent pour les entraîner dans la cavalcade du délire. Du bacchant de Dionysos, que l'imagerie associe aux figures des Ménades, avec leur exubérant cortège de Satyres et de Silènes, il faut distinguer celui qu'Euripide appelle « bacchant d'Hadès » (*Háïdou bákchos)*[3], et que la chiennerie d'une rage furieuse, la *Lussa*, fait danser, en lui jouant sur la flûte l'air de la Terreur (*phóbos*). Quelle est cette puissance sinistre d'enragement qui rythme sur la flûte « une musique de délire » ? Le poète tragique donne la réponse : « C'est Gorgone, fille de la Nuit, avec ses vipères aux cent têtes bruyantes (*iachēmasin*), c'est Lyssa dont le regard pétrifie [4]. » Dans cette danse qui fait d'Héraclès l'Épouvante elle-même (épouvante qui le possède et le tourmente au-dedans, épouvante qu'il provoque tout autour de lui au-dehors) « n'apparaissent pas les tambourins ni l'aimable thyrse de Bromios. Elle veut du sang, non la libation bacchique du jus de la vigne[5]. » Pendant la crise frénétique au cours de laquelle l'Effroi, comme puissance surnaturelle, prend possession d'Héraclès, la musique de la flûte et le visage du héros revêtent également l'affreuse apparence du masque de Gorgô : « Horrible, horrible est la musique de cette flûte » (*dáion tóde dáion mélos epauleîtai*), chante le chœur. Quant à Héraclès, dès les approches de la transe « déjà il secoue la tête et roule en silence des pupilles tordues aux regards terrifiants (*gorgōpoùs kóras*)[6] ». Un peu plus tard : « Le visage décomposé, il roulait des yeux où apparaissaient un réseau de veines sanglantes et l'écume dégouttait sur sa barbe touffue [...]. Il roulait l'œil sauvage d'une gorgone (*agriōpòn ómma Gorgónos*)[7].

J.-P. Vernant, *La Mort dans les yeux*,
« Textes du XXe siècle », Paris, Hachette, 1985, p. 56-59.

1. Platon, *Criton*, 54 d.
2. Jamblique, *Des mystères*, 3, 9.
3. Euripide, *Héraclès*, 1119.
4. *Ibid.*, 884.
5. *Ibid.*, 891-895 ; cf. *Oreste*, 316-320.
6. *Ibid.*, 868.
7. *Ibid.*, 931 et 990.

2

Les délices de la fureur

Le discrédit dont souffre le théâtre latin dans la plupart des histoires de la scène occidentale tient essentiellement à l'aspect composite de sa nature, qui paraît étroitement liée à celle des *ludi*, des jeux du cirque. Paradoxalement d'autre part, l'on reproche encore à cette expression théâtrale de n'avoir souvent été qu'un décalque maladroit des formes grecques. La raison essentielle de ce mauvais procès est que ces œuvres échappent dans leur ensemble aux catégories définies par l'aristotélisme, en particulier à celles revisitées par le classicisme français. Tel propos sur Sénèque d'un critique académique de l'époque romantique, Saint-Marc-Girardin, donne la mesure de ce mépris en faisant état des canons esthétiques traditionnels qui permettent, aujourd'hui encore, de catégoriser une forme théâtrale.

> Si l'on cherche le mérite de la poésie dramatique, je veux dire la vérité des caractères, la justesse des sentiments, la gradation de l'intérêt, on fera peu de cas du théâtre de Sénèque.
>
> (*Cours de littérature dramatique*, 1843, éd. de 1863, II, p. 200).

Un détail révélateur : aucune édition de poche n'a entrepris, comme on l'a fait pour le théâtre grec, de remettre aujourd'hui Sénèque dans le domaine public. On ne peut que louer, à ce propos, la récente initiative (1991-1992) de l'Imprimerie Nationale, qui vient de rééditer Sénèque traduit par F. Dupont (les fragments cités dans ce chapitre sont tirés de cette traduction). P. Grimal rappelle en outre la tradition des historiens de la littérature latine de considérer Sénèque comme un philosophe et un rhéteur, et ses tragédies « comme des sortes de monstres issus d'une imagination pervertie, et qui constatent plutôt la faillite de la tragédie latine qu'elles ne témoignent de sa vitalité » (*in* : *Les Tragédies de Sénèque et le théâtre de la Renaissance*, C.N.R.S., 1973, p. 1).

C'est pourtant par l'œuvre de Sénèque, qui semble – sans que l'on ait aucune certitude à cet égard – avoir été écrite pour la lecture et les déclamations privées, que la première Renaissance humaniste a commencé de découvrir le théâtre de l'Antiquité, par elle aussi que le théâtre élisabéthain a nourri son inspiration, de même que le théâtre espagnol du siècle d'or et la scène baroque française. L'on peut mesurer aussi, à la relecture, ce que la *Phèdre* de Racine doit à la violence sensuelle de celle de Sénèque. L'occultation des pièces de Sénèque (il est vrai peu nombreuses : neuf tragédies et une tragédie *prétexte* qu'il est difficile de lui attribuer) dérive en somme des qualités inhérentes à cette écriture tragique des Romains, dont à part celle de Sénèque, il ne reste quasiment rien, mais dont toutes les formes, sur cinq siècles d'existence, ont présenté des propriétés originales et invariantes. La première d'entre elles est peut-être d'avoir été une dramaturgie d'ostentatoires images de douleur.

Une dramaturgie des images

Le propre des images est bien de disparaître dans l'instant, mais il n'est pas dit qu'il n'y ait pas, dans ce spectaculaire de l'exhibition et de l'éphémère, la quête de l'espoir d'un tragique absolu, ne serait-ce que par l'insistance portée sur l'emphase d'un acte irrémédiable que l'on ne peut répéter : le refus en somme pour le théâtre de la pratique d'un simulacre réitéré. D'une certaine façon, la disparition des textes tragiques latins, souvent écrits pour servir au mieux les fastes spectaculaires d'un décor de *frons scenae* et l'argument de fables étrangères connues, s'inscrit dans le droit fil de leur visée esthétique.

Le poète dramatique à Rome n'était pas non plus récompensé par des honneurs après un concours : il était payé, et, avec sa solde, recevait aussi le mépris de ceux qui l'achetaient. Le cas de Sénèque, précepteur de Néron, philosophe et homme politique, est à la fois tardif et atypique. Après lui, l'on peut d'ailleurs considérer que la tragédie a disparu. Jusqu'à lui cependant, le nombre de pièces et d'auteurs est considérable (au Iᵉʳ siècle, cinquante-cinq jours de théâtre par an, plus de cent sous l'Empire). Mais que ce soit de Livius Andronicus, d'Ennius, de Pacuvius, d'Accius, de leurs épigones ou de leurs successeurs, il ne nous reste que peu de choses, quelques fragments épars. Ces œuvres, pour la plupart, n'étaient d'ailleurs jouées qu'une seule fois, et les textes n'ont pas été conservés car ils paraissaient d'un intérêt finalement secondaire dans des représentations de plus en plus tournées vers le divertissement oculaire mettant en scène des situations où la danse, le chant et le décor à grand spectacle avaient la meilleure part. Cicéron se plaignait ainsi d'avoir vu, dans *Clytemnestre*, le défilé de six cents mulets et, dans *le Cheval de Troie*, « toutes les armes diverses de la cavalerie et de l'infanterie ».

Rien ne reste non plus des *praetextae* qui, pour la majeure partie, traitaient de sujets historiques contemporains – qu'une pièce intitulée *Octavie impératrice*, longtemps attribuée à Sénèque –, rien non plus des *trabeatae* dont la plupart des historiens s'accordent à penser qu'il s'agissait de manières de drames bourgeois, dont on aurait aimé savoir ce qui les différenciait vraiment des tragédies. Mais là encore, pour l'un et pour l'autre genre, il est révélateur de constater qu'ils se définissent par le nom d'un costume (la *praetexta* était une toge blanche bordée de pourpre ; la *trabea*, le vêtement d'apparat des chevaliers). L'enveloppe caractérise en somme le contenu, lui donne sa substance et révèle sa nature. Le théâtre tragique des Romains, qu'il soit proche des jeux du cirque lorsqu'il fait brûler en scène un esclave pour figurer la mort d'Héraclès dans la tunique de Nessus (toujours l'enveloppe), ou qu'il se laisse griser par la pratique des exercices de rhétorique, transgresse à la fois la tentation réaliste et les stratégies d'intrigues implexes. Au réalisme, il oppose une *mimésis* distanciant l'écriture scénique et son modèle ; à l'imbroglio, il substitue la violence déclamatoire de situations paroxystiques. Les mots et les images, hors d'une catharsis possible, prennent alors une existence autonome, loin des voies habituelles de notre perception tragique.

Une mimésis *absente*

Si l'on s'en tient à la stricte définition donnée par Aristote de la notion de *mimésis*, il est pertinent d'affirmer que le phénomène théâtral appelé par les Romains *ludi scaenici*, les jeux de la scène, échappe à l'imitation d'un réel antérieur d'une part, et à la vénération imitative de maîtres d'autre part, même si toutes les œuvres connues de Sénèque portent des titres grecs, d'*Hercule furieux* à *Thyeste* en passant par *Médée*, *Phèdre* ou *Œdipe*.

Au-delà du respect formel que Sénèque semble de la sorte accorder à la forme théâtrale grecque, son œuvre tout entière, hormis les sujets eux-mêmes, en apparaît comme le dépassement et la négation. En effet, ce théâtre, plongé dans la trempe de la philosophie stoïcienne, donne à voir des crispations fiévreuses surchargées de paroles et d'images qui, par leur démesure même, outrepassent délibérément les codes et les sens possibles de la mythologie qui les inspira.

Les paroles et les images, comme dégagées de leur propre référent et seulement animées de leur vitalisme, servent de spectacle. C'est un théâtre de l'ébranlement des sens et de la férocité qui est ici en jeu, hors des visées de communion rituelle et politique pratiquées par la cité athénienne. C'est ainsi que Médée tue ses fils sur scène et, avant de s'enfuir dans les airs sur un char tiré par deux serpents, hurle à Jason : « Si dans mon ventre peut se trouver encore quelque fœtus / je m'ouvrirai le corps d'un coup d'épée / Et j'arracherai l'embryon » ; que Phèdre se tuant sur le corps d'Hippolyte clame son désespoir : « Terre, fends-toi ! / Prends-moi, noir Chaos ! » ; que le malheureux Hercule touche le fond de la folie et du désespoir : « J'ai le cœur corrompu et souillé / Personne ne peut me guérir » ; qu'Atrée ayant donné à manger à son frère Thyeste les enfants de ce dernier, regrette de ne pas avoir poussé plus loin les limites de l'horreur : « J'aurais dû faire couler directement dans ta bouche / Leur sang tiède et jaillissant/ Que tu le boives frais / Quand ils étaient encore vivants ». L'on comprend que cette forme théâtrale, dégagée de sa gangue sociale et psychologique, et de tous les codes habituels des usages esthétiques, ait passionné un Antonin Artaud qui voyait en Sénèque « le plus grand des auteurs tragiques de l'histoire, un initié aux secrets qui, mieux qu'Eschyle, a su les faire passer dans les mots ».

Du tragique de la fureur et des mots

Détachés ainsi des contraintes du rituel religieux et social, les tragiques latins s'inspirent de mythes grecs qui ne représentent pour eux, en somme, qu'un réservoir d'histoires terribles, sans interrogation sur la transcendance et le sens du mythe, ni emphatisation des valeurs humaines ou politiques ; la tragédie romaine peut, le temps de l'*otium*, développer un tragique enclos dans un espace ludique d'une totale autonomie fictionnelle, ce qui d'une certaine façon l'épure de toute scorie, portant ainsi jusqu'à l'incandescence la *furor* des personnages.

Comme le souligne F. Dupont dans son ouvrage sur le théâtre latin, l'itinéraire suivi par le personnage tragique romain part d'une *dolor* initiale, continuellement ressassée, qui est plus qu'une douleur, mais « une perte de soi-même et de son identité humaine », pour atteindre au *furor*, frénésie meurtrière, aboutissement de cette absence à soi (*Le Théâtre latin*, A. Colin, 1988, voir p. 51-59 voir aussi *L'Acteur-roi, ou le Théâtre dans la Rome antique*, Les Belles Lettres, 1985). La tragédie romaine, sans référents mythologiques et historiques stables, donnée dans un espace sonore par des personnages forcenés, lance le spectateur dans un vertige des sens sans précédent.

L'on comprend alors l'occultation par l'histoire académique de ce théâtre de commotion et de sidération, d'autant plus que *dolor* et *furor* conduisent inéluctablement au *scelus nefas*, entité romaine intraduisible pour laquelle F. Dupont propose l'équivalent de « crime contre l'humanité » (*op. cit.*, p. 46-50). La tragédie latine nous découvre au-delà de toute forme de catharsis possible l'insondable abysse de la nature humaine, surtout avec ses personnages de prédilection : Médée, Atrée et Thyeste, Hercule. Car, pour les Romains, la mort est posée dans la tragédie comme un révélateur de la vérité des êtres. C'est précisément en faisant allusion aux jeux de l'arène que Sénèque, dans ses *Lettres à Lucillius*, rappelle la noblesse de la mort que l'on se donne en évoquant l'exemple d'un esclave qui, lors d'une naumachie, se transperça lui-même la gorge d'une lance : « [...] le courage que montrent des êtres de vice et de crime, ne le trouverons-nous pas chez ceux qu'ont munis contre de tels accidents une longue vie de méditations et la raison, souveraine de l'univers » (LXX, 23-27 tr. J. Bayet, *in* : *Littérature latine,* A. Colin, 1947, p. 484).

Hors de cet exercice d'une raison lucide, la fiction de la tragédie romaine, se nourrissant en autarcie et se démarquant de toute sagesse quotidienne, amplifie le rôle du personnage halluciné pour le rendre totalement étranger à lui-même et au monde. La vie alors résonne dans une enveloppe corporelle, essentiellement par le langage, la voix, les cris, et la musique sert d'amplificateur dramatique emportant le tout, avec la danse, dans ses rythmes et son ampleur. Cette forme tragique élabore en conséquence les éléments de sa charpente autour de longs monologues, juxtaposés les uns aux autres, et de duels oratoires où les variations de la rhétorique, toujours soutenues par la musique et la danse, se mêlent ou se contrarient. Cette écriture témoigne en somme d'un phénomène essentiel mis en évidence par les linguistes contemporains : dire c'est faire. « Le spectacle théâtral à Rome est le spectacle de l'action de la parole théâtrale », souligne encore à ce propos F. Dupont (*op. cit.*, p. 67).

Cette structure particulière conduit au fait que la *recitatio*, la lecture publique, ait souvent quitté le lieu scénique pour être dite chez des particuliers ; la tragédie abandonne le spectacle socialement organisé pour s'infiltrer de cette manière dans le tissu social même. On pourrait même, au bout du compte, parler d'un usage social et politique, à Rome, de la parole tragique, que le rôle tenu par le chœur dans la tragédie peut aider à saisir. La tragédie de Sénèque installe en profondeur une réflexion sur les limites du pouvoir absolu confié à l'homme pour gérer non plus la cité comme chez les Grecs, mais la démesure d'un Empire grand comme le monde. La tentation du chaos est tout le temps présente, avec la conscience de l'insondable obscurité des passions et des fins dernières, menant à l'outrance et à l'horreur, dans *Les Troyennes*, par exemple, où le sacrifice des enfants, ultime tribulation entre les vivants et les morts, devient le garant de la disparition définitive de l'histoire d'une ville et l'assurance d'une paix future. « Il est possible », comme le rappelle J. Duvignaud évoquant la collusion du théâtre et des jeux du cirque, « que, passant de la Cité à l'Empire, la ville soit passée de la tragédie au massacre réel et sanglant » (*Le Théâtre*, « Encyclopoche », Larousse, 1973, p. 13).

Un chœur autonome

Dans cet univers fiévreux où mots et massacres se rejoignent, ce qui frappe d'emblée l'observateur, c'est la place démesurée accordée au chœur, en particulier dans les tragédies de Sénèque, et la manière qu'il a de se trouver, la plupart du temps, déphasé par rapport à l'action, échappant ainsi, comme les autres composantes de la tragédie latine, à la règle et à l'esprit des règles prescrites par Aristote (XVIII, 1456 *a* 25). Dans certaines pièces même, on ne peut se défendre de l'impression que le chœur et l'intrigue ne jouent pas dans le même registre. Ainsi par exemple, dans *Œdipe*, tout le début de la tragédie est interrompu par un récit lyrique très long retraçant les travaux de Bacchus (v. 403-508), récit qui, dans un premier temps, peut paraître superfétatoire.

En fait, une lecture plus approfondie montre clairement que le chœur romain, qui se tenait pourtant sur scène, joue moins un rôle d'accompagnement que de repoussoir. Face à la détresse de personnages enlevés à eux-mêmes, par la *furor*, dans des discours violents, le chœur développe amplement une philosophie hédoniste et prône une juste mesure plus proche d'Horace que des attitudes stoïciennes. Ainsi, les récits sanglants et amers des passions développés par chaque personnage sont comme jetés à grands traits sur cette toile de fond où ont été épandus en larges couches les grands lieux communs de la morale quotidienne, la façon de lire les histoires mythologiques *ad usum Delphini* et l'expression des bonheurs simples. Au vers 910 d'*Œdipe*, le chœur rappelle que « tout ce qui dépasse la juste mesure est suspendu sur un précipice » et développe ainsi, avec des variations plus étendues, le climat général d'un long prologue, qui accordait déjà plus d'importance à l'analyse de la situation morale qu'à la présentation de l'intrigue.

Enfin, l'ampleur des interventions du chœur se justifiait encore par la place prépondérante que tenait la musique dans l'expression tragique des Latins ; elle doublait en effet continuellement l'éloquence pour permettre à l'acteur de donner le meilleur de lui-même dans des morceaux de bravoure qu'il conduisait à la manière de récitatifs ou d'oratorios. Le lyrisme choral offrait un fond musical permanent sur lequel venait s'inscrire le *carmen* du héros porté parfois jusqu'aux limites extrêmes du cri. La tragédie des Latins semble résoudre ainsi ce problème particulier d'esthétique évoqué par Alain dans son *Système des Beaux-Arts*, qui fait que la « tragédie et la musique se nuisent l'une à l'autre ». Si, en l'occurrence, l'harmonie entre les deux expressions semble complète c'est, comme le relève encore Alain, que peut-être la musique y « exprime [...] plutôt l'épreuve de la volonté devant la nécessité extérieure, que le fatalisme inhérent aux passions tragiques » (ch. V, *Du drame musical*).

*Les fuites de l'*hilaro-tragédie *et de l'*exodium

De la même manière que s'était affirmée à Athènes la nécessité, pour clore la tétralogie, de représenter un drame satyrique, s'impose à Rome l'habitude de terminer le spectacle tragique par *l'exodium*, porte de sortie clownesque de l'univers tragique. La représentation tragique débutait par un prologue d'allure narrative dont le but était précisément de conditionner le spectateur, de l'introduire dans l'univers de sidération de la tragédie. L'*exodium*, qui la plupart du temps prenait la forme d'une farce atellane, où la part belle était donnée à l'improvisation, déstructurait par la violence burlesque la violence tragique. Ces comédies bouffonnes, où pitres et mimes jouaient sous le masque des personnages grotesques traditionnels (*Maccus*, le goinfre ; *Pappus*, le vieillard ; *Sannio*, le bouffon ; *Dossenus*, le bossu, etc.), furent très probablement inspirées par la pratique, dès la fin du IVe siècle et le début du IIIe, de la parodie littéraire et théâtrale inventée par Rhinton : l'hilaro-tragédie. Ce type de pièce qui travestissait en personnages bouffons les héros de la tragédie, Héraclès, Oreste, Médée ou Iphigénie, faisait désormais porter la dérision, à l'inverse du drame satyrique des Grecs, non sur le mythe, mais sur le héros lui-même, réaffirmant par là la préséance du personnage dans l'univers tragique des Romains, réaffirmant aussi sa filiation avec le théâtre grec par le biais de la parodie et du comique. L'inspiration comique peut apparaître ainsi comme le vecteur masqué de l'inspiration tragique et, structurellement, lors des représentations, son annulation ou son dépassement.

En définitive, le théâtre tragique romain, placé historiquement dans la sphère culturelle hellénistique, échappe en fait, malgré le discours convenu de la critique classique, à la répétition stérile de modèles et à la simple traduction servile. S'inscrivant dans une civilisation du spectaculaire, de la musique et de l'éloquence, il développe, grâce à l'influence des jeux du cirque, des formes tragiques originales qui, parce qu'outrancières et heurtant les notions du vraisemblable et des bienséances, ont longtemps échappé aux canons d'appréciation esthétique du classicisme français qui, à leur propos, parle de décadence.

C'est pourtant à travers le prisme de ces œuvres, autant celles des auteurs comiques, Plaute et Térence, que celles de Sénèque, que les Renaissances anglaise, espagnole et française ont lu l'Antiquité et élaboré leurs drames et leurs tragédies. Le théâtre tragique des Latins révèle de fait jusqu'à la caricature les procédures de canonisation de l'histoire littéraire, continuellement dérangée dans sa taxinomie par les formes hétérogènes auxquelles ne peut s'appliquer la notion, somme toute théologique, de pureté des genres. L'on mesure, en dernière analyse, tout l'intérêt que le théâtre contemporain, dans ses visées esthétiques les plus radicales, a pu retirer de ce théâtre d'images fortes et cruelles, de la *mimésis* absente, de la théâtralisation de la souffrance. Tel des propos d'Artaud envisageant la naissance d'une nouvelle forme de théâtre pourrait en fait s'appliquer trait pour trait à cette expression tragique des Latins :

> Et le public croira aux rêves du théâtre à condition qu'il les prenne vraiment pour des rêves et non pour un calque de la réalité ; à condition qu'ils lui permettent de libérer en lui cette liberté magique de songe, qu'il ne peut reconnaître qu'empreinte de terreur et de cruauté.
>
> (*Le théâtre et son double*, Folio/Essais, 1964, p. 134-135).

TEXTE

■ Le débord du tragique sur la vie politique

Dans son ouvrage intitulé L'Acteur-roi, *F. Dupont montre la place de choix que tenait le théâtre dans la civilisation du spectacle qu'était la civilisation romaine. Fasciné par les acteurs, captivé par la musique et l'art du mime, emporté dans les espaces d'un imaginaire théâtral débridé, l'*homo spectator *romain vit peu à peu la fureur tragique déborder sur l'aire de la vie publique et définir un style de comportement politique.*

Or, comme nous le mentionnions plus haut, *furor* sert à traduire en latin *mélagkhôlia*, peut-être à cause de l'explication hippocratique donnée à l'épilepsie, la maladie sacrée, qui est attribuée à un excès de bile noire. Est-ce la raison pour laquelle on assiste à Rome à une projection du *furor* tragique dans le champ du politique ? Sans qu'on puisse dire ce qui a été premier on constate, au plus tard au Ier siècle, un système d'équivalence entre héros tragique, furieux juridique et tyran. Pourtant cette équivalence sans doute stimulée par le discours philosophique postaristotélicien ne fait pas valoir son fondement biologique, même s'il y a une certaine banalisation de la notion de *furor*. Autrement dit rien n'a changé du caractère radicalement inhumain du furieux et par conséquent du héros tragique. Le modèle mythologique est utilisé pour expulser de l'humanité celui qu'il sert à désigner. Quand Cicéron dénonce le *furor* de Pison dans la gestion de sa province, il montre le malheureux proconsul sous les traits semblables du furieux, du tyran et du héros tragique afin que ses actes accomplis pendant cette période ne soient pas pris en compte par les juges.

La tragédie a donc fourni une catégorie pour penser le pouvoir, faisant passer le *furor* du droit privé à la philosophie politique. Le héros tragique, figure d'un tyran qui n'existe que dans les fantasmes de l'idéologie politique romaine, mais fantasme poursuivi et pourchassé avec un acharnement sans pareil, va brutalement se réaliser en dehors des théâtres, à l'occasion des guerres civiles. Le tyran, c'est l'autre, l'adversaire. César pour Pompée, Antoine pour Octave, l'autre qui est d'autant plus autre qu'il n'a pas le soutien même résigné, du Sénat ou de l'Italie. Les guerres civiles voient ainsi la réactivation du *furor* et d'un aspect de son sens ancien. Qui sont ces citoyens combattant les légions romaines, se combattant eux-mêmes ? Qui, sinon des furieux ? Car ils sont inhumains et pourtant ce ne sont pas des barbares. Un texte superbe montre les armées de César à Pharsale face aux armées de Pompée et des Républicains[1]. D'un côté le courage discipliné de la vieille Rome, de l'autre une meute sans ordre et sans chef forte de sa seule rage sur la belle ordonnance des légions. L'histoire s'inverse, la sauvagerie l'emporte pour la première fois sur la civilisation, le combat a à peine lieu, c'est une fuite et un massacre. Le règne de César et du *furor* commence[2]. La tragédie sous l'Empire ne saurait avoir la même innocence que sous la République, car les furieux sont installés sur le Palatin.

Florence Dupont, *L'Acteur-roi. Le théâtre dans la Rome antique*,
les Belles Lettres, Paris, 1985, p. 188-189.

1. Lucain, *Phars.*, VII, 214-234 et 245-336.
2. Aulu-Gelle, XVIII, 7, 4.

3

Dieu, le diable et le tragique

L'INCLASSABLE THÉÂTRE DU MOYEN ÂGE

Le théâtre du Moyen Âge embarrasse la critique contemporaine qui, comme Boileau qui le méconnaît dans son *Art poétique* (III, v. 81-82), l'élude souvent de ses réflexions théoriques en le renvoyant aux historiens et aux érudits. Cet abandon semble essentiellement dû à deux raisons. La première est que le théâtre du Moyen Âge ne paraît plus être un théâtre vivant qui puisse être repris en l'état, ou servir d'inspirateur à des représentations modernes ; la deuxième est qu'il ne s'est jamais appuyé sur des présupposés théoriques très affirmés.

Un théâtre bien vivant ...

On pourrait objecter à la première de ces raisons, l'importance prise par les miracles et les mystères dans l'imaginaire romantique (cf. par exemple le livre premier de *Notre-Dame de Paris*) et ses prolongements : l'écriture d'un Paul Claudel (*L'Annonce faite à Marie*, 1912-1948), d'un Charles Péguy (*Le Mystère de la charité de Jeanne d'Arc*, 1910) ou encore celle, violemment mêlée de grotesque et de tragique, d'un Michel de Ghelderode (*Images de la vie de saint François d'Assise*, 1927 ; *La Balade du Grand-Macabre*, 1934).

On pourrait aussi relever le fait qu'après la Grande Guerre s'est élaboré un retour très affirmé à l'inspiration et aux techniques de jeu du Moyen Âge, avec, par exemple, un dramaturge comme Henri Ghéon (*Le Pauvre sous l'escalier, Les Trois miracles de sainte Cécile*, 1922 ; *Le Martyre de saint Valérien*, 1922) qui, en 1930, ira jusqu'à donner *Le Mystère du roi Saint-Louis* à l'intérieur de la Sainte-Chapelle. Dans le même esprit de renouveau médiéval, le groupe des « Théophiliens », sous l'inspiration de G. Cohen, a monté en 1933 un *Miracle de Théophile* qui effectuera une tournée en Europe. L'expérience sera prolongée, en France, par P. Aldebert, prédécesseur de Jean Vilar à la direction du T.N.P., qui, en 1935, mettra en scène *La Passion* d'Arnoul Gréban sur le parvis de Notre-Dame, par Jean Dasté aussi qui, lors d'une même saison, en 1956-1957, montera un miracle de Notre-Dame : *Guibour* avec *Le Cercle de craie caucasien* de Brecht. Dans le même esprit, entre les deux guerres, en Allemagne, Max Reinhardt, avec la complicité de H.K. von Hofmannsthal (*Jedermann*, 1921), avait lui aussi redonné vie aux mystères et à leur version moderne devant la cathédrale de Vienne. Enfin, l'on pourrait rappeler la persistance de traditions, localisées mais vivantes et très suivies, comme le Mystère d'Elche en Espagne ou la Passion d'Oberammergau, jouée chaque année dans la campagne bavaroise.

... mais aux contours flous

La deuxième raison qui tend à exclure le théâtre du Moyen Âge des débats esthétiques et théoriques d'aujourd'hui est que, précisément, ces formes se sont élaborées hors de toute contrainte théorique, surtout sans le référent fondateur de l'aristotélisme. Le Moyen Âge, en effet, sur plus de dix siècles d'étendue, si l'on compte de la chute de Rome à l'interdiction des mystères par le parlement de Paris en 1548, n'a laissé sur son théâtre et ses pratiques que des informations fragmentaires, peu sûres, et à l'interprétation difficile (cf. H. Rey-Flaud, *Le Cercle magique. Essai sur le théâtre en rond à la fin du Moyen Âge*, Gallimard, 1973). En outre, ce théâtre, qui paraît toujours avoir été en passe d'élaborer des modèles stables, semble s'être surtout complu dans des formes composites et variables, difficilement classables, aux contours flous, sans que l'on sache vraiment, en conséquence, comment mener sur elles des observations qui toutes restent pour le moins conjecturales, plus particulièrement dans l'expression de leur tragique.

Le « tragique » médiéval

Le problème de fond soulevé par ce théâtre, est donc bien, en définitive, celui de la possiblité d'éclosion de l'inspiration tragique dans une civilisation dont la métaphysique s'ordonne en fonction du seul salut de l'homme. On aboutit alors, selon le sociologue Jean Duvignaud, à un théâtre « utopique » affirmant « l'égalité de tous les hommes devant le Christ et devant la mort contre la réalité vivante d'une société inégalitaire et hiérarchisée » (*Le Théâtre*, Larousse, 1976, p.15). Il est vrai que le manichéisme et ses certitudes interdisent l'éclosion d'une véritable angoisse tragique. Reste alors, dans ce théâtre sérieux, le récit itératif d'un pèlerinage initiatique de l'âme, jalonné d'embûches et de contretemps, qui se termine par la chute des méchants et le salut des bons. La tragédie, en somme, se résume à celle, antérieure, d'un seul personnage, le Christ, qui souffrit pour les autres et dans la solitude, l'angoisse de la « Passion ». La suite, au théâtre, n'est alors que l'application de la grâce qui fonctionne comme le ressort dramatique essentiel de toutes ces pièces, des premiers drames liturgiques (X^e^-XIIe siècles) aux moralités (XIVe-XVIe siècles), enfin aux miracles et aux mystères (XIIIe-XVIe siècles).

LES FORMES DU THÉÂTRE « SÉRIEUX »

Les drames liturgiques

On doit l'appellation « drame liturgique » à l'époque romantique. Un critique moderne, B. Faivre, lui préfère, plus justement, l'appellation de « drames de l'Église » car, comme il le rappelle, il s'agit moins à leur propos de liturgie que de para-liturgie (*in* : *Le Théâtre en France*, dir. J. de Jomaron, A. Colin, I, p. 16). À l'époque, ces formes para-théâtrales portaient les noms latins d'*officium*, d'*ordo*, d'*historiae*, de *repraesentationes*, de *ludus*. Il s'agissait, pour une Église qui avait de plus en plus de peine, semble-t-il, à faire passer le message de l'Évangile, de le « donner à voir » par des sortes de commémorations imagées lors des grandes fêtes liturgiques de la chrétienté : Noël, l'Épiphanie, l'Assomption, l'Ascension, la Pentecôte. Dès 1175, l'on note une *Sainte Résurrection* qui abandonne le latin pour le français, usage qui peu à peu se généralise. Le plus connu de ces drames liturgiques en langue « vulgaire » reste certainement celui qui s'intitule *Les Vierges sages et les Vierges folles*. À dater de cet abandon du latin et de l'ajout d'épisodes adventices au récit des Évangiles, les critiques ont souvent donné à cette forme dramatique le nom de « drame semi-liturgique ».

En assistant au spectacle, le croyant, jusqu'alors inclus dans la pratique liturgique, se vit peu à peu renvoyé à un rôle de spectateur passif. B. Faivre précise encore sur ce point qu'il convient de ne pas confondre le *mémorial* de la messe, qui par l'eucharistie affirme la présence réelle du Christ dans l'aire d'un temps ayant aboli ses contours, avec la *mimésis* commémorative des épisodes principaux de la vie et de la mort du Sauveur, simplement rappelés par la liturgie à la mémoire et à la sensibilité des fidèles (*op. cit.*, p. 18). La pantomime de ces cérémonies figuratives, soutenue par les antiennes chantées par le chœur, verra peu à peu, par tropes et répons interposés, se dégager des embryons de dialogues empruntés, dans un premier temps, au texte même des Évangiles. Le phénomène, à visée narrative et didactique, s'étendra bien vite à d'autres épisodes de la vie du Christ, des apôtres ou des saints, et s'enrichira au passage d'épisodes apocryphes et comiques. Les sujets évoqués parlent d'eux-mêmes : « le Massacre des innocents », « l'Adoration des bergers », « la Conversion de saint Paul », « la Résurrection de Lazare », « les Disciples d'Emmaüs », etc.

Ce drame ecclésiastique mit cependant immédiatement en évidence à la fois les pouvoirs et les déviations possibles de toute dramaturgie. Il n'est pas indifférent que le premier épisode représenté ait été précisément la mort et surtout la résurrection du Christ, c'est-à-dire, au fond, la négation même de la notion de tragique. D'emblée se met ainsi en place, dans les drames liturgiques, la tension primordiale de tout le théâtre religieux médiéval : la souffrance noue le drame qui se résorbe et s'exalte, après un parcours semé d'épreuves afflictives, dans la joie du salut.

D'autre part, en isolant, dans un premier temps avec netteté, certaines scènes particulières de l'Évangile et des Actes des apôtres, et en les illustrant d'une imagerie pieuse, la pièce liturgique focalisait l'émotion sur un seul événement. Par la même occasion, elle conférait à l'épisode hagiographique choisi la force émotionnelle d'un authentique « coup de théâtre ». Le choeur de l'église devenait ainsi une aire doublement sacrée, et un moment de l'histoire sainte semblait alors s'insérer, comme l'éclair d'une « vision », dans le quotidien de tous.

Lorsque le spectacle se diversifia et s'allongea, la structure de la juxtaposition de temps forts et de « gestes » fondateurs demeura déterminante. Plus tard, dans les mystères, elle scanda le temps de l'histoire sainte par l'alternance vigoureuse d'ellipses et de crises, et segmenta l'espace en lieux privilégiés, « demeures » ou « mansions », eux aussi scéniquement juxtaposés les uns aux autres et auxquels les personnages étaient liés par leur nature. Cette succession des espaces et des temps échappait cependant à toute chronologie linéaire. De même que ces lieux sont classés par valeur décroissante à mesure qu'on s'approche de l'Enfer, l'Histoire, revisitée par la grâce, impose sa propre temporalité, ce qui permet à des personnages d'époques diverses d'intervenir dans le récit et les lieux sans paraître incongrus. C'est dans cet esprit que le roi Hérode pourra, dans les mystères qui suivront, en appeler à Mahomet ; la tragédie des siècles se donnait en synchronie et diachronie, mais surtout en achronie. Ce dispositif qui permettait, spatialement, « une visualisation de l'espace sacré suggéré par le texte » (E. Konigson, *L'Espace théâtral médiéval*, C.N.R.S., 1975, p. 7), autorisait, en outre, la juxtaposition de lieux historiques, imaginaires et du quotidien. Se côtoyaient par ce moyen, sans suture apparente, les éléments du merveilleux et ceux du réalisme. Ce réalisme était surtout évoqué par le rendu du comportement humain, jusque dans les moments les plus solennels. Ainsi, dans une des premières *Résurrections*, les saintes femmes, qui se rendent au tombeau du Christ, marchandent au vendeur le prix des épices qui vont servir à embaumer le corps du Sauveur.

De la sorte, le théâtre religieux du Moyen Âge, dès ses premiers drames liturgiques puis avec des pièces plus élaborées comme *Le Jeu d'Adam* (XIIe siècle) ou *Le Jeu de Saint-Nicolas* (XIIIe siècle) de J. Bodel – dans lesquels le terme « jeu » signifie simplement : « ce qui se joue » –, imposa une souplesse de construction, avec un mélange composite mais harmonieux de violence pathétique, de bouffonnerie, de réalisme psychologique et de tragique, que le théâtre occidental, après le théâtre du Siècle d'or espagnol et le théâtre élisabéthain qui en gardèrent le souvenir, mettra longtemps à redécouvrir.

Les premières représentations du drame liturgique dévoilèrent encore la difficulté essentielle du jeu de l'officiant, devenu « acteur », en mettant au jour les liens ambigus qu'il pouvait alors entretenir avec son rôle. Les premières résistances aux représentations vinrent de ce constat dès que les clercs eurent intellectualisé cette prise de possession d'un personnage. On retrouve alors les mêmes réticences que les Pères de l'Église opposaient à l'exercice histrionesque, fût-il un acte de foi, car, à un moment donné, le spectacle semblait rendre complices la personne et le personnage, le spectateur et l'acteur.

Enfin, et ceci est déterminant pour notre propos, les cérémonies pieuses, outre qu'elles faisaient appel à des épisodes apocryphes pour combler les ellipses de l'Histoire Sainte, connurent très vite leur parodie et leur subversion, en cessant d'être de simples objets d'édification. C'est dans l'Église aussi que naquit la célèbre Fête carnavalesque des *Fous*, appelée aussi des *Diacres*, des *Innocents* ou de l'*Âne* (en souvenir de l'ânesse du prophète Balaam), qui avait lieu une fois l'an, au mois de décembre, et qui durait plusieurs jours. Cette fête, probable lointain souvenir des Saturnales, rappelait en somme à tous que la morgue et la puissance des gens en place, fussent-ils d'Église, ne seraient pas éternelles et que la transgression était une valeur. L'église se trouvait alors, au propre et au figuré, le théâtre d'une inversion des hiérarchies qui prenait la forme d'un refus, sous le masque de l'effronterie bouffonne, du pharisaïsme social et de ses codes. Retour symbolique, pour quelques jours, à l'ivresse essentielle d'une vérité dionysiaque, celle de la fête impie, à laquelle participaient clercs et laïques dans les lieux consacrés : cathédrales, collégiales ou encore monastères. Ces épisodes ludiques, qui ne tenaient pas seulement le rôle régulateur d'une diversion utile et d'une compensation momentanée pour oublier, un temps, les rigueurs et les injustices du monde, apparaissent bien aujourd'hui, parce qu'ils donnent l'image du chaos primordial, comme le signe du pouvoir de la parole théâtrale, celle qui met les masques, mais sait aussi les ôter.

Les moralités

La volonté apologétique présente dans les drames liturgiques et semi-liturgiques conduisit, à la fin du XIVe siècle, à l'écriture d'un genre dramatique très littérarisé qui s'inscrit dans la tradition des paraboles et du didactisme allégorique : la moralité. Les sujets développés, d'inspiration biblique, historique ou contemporaine, s'ordonnaient autour d'un schéma démonstratif immuable qui opposait les vices aux vertus et consacrait le triomphe final de ces dernières après les tribulations et des errances de personnages servant de sujets d'expériences.

Les déformations de l'historicisme romantique, jointes au mépris antérieur du rationalisme classique et aux préjugés de notre perception aristotélicienne du théâtre, conduisirent longtemps à considérer, avec les poètes de la Pléiade, ce genre de la « moralité » comme une forme naïve et pittoresque certes, mais primitive, mal équarrie, et au bout du compte ennuyeuse et sans intérêt. En réalité, comme l'ont récemment montré W. Helmich et J. Wathelet-Willem (« La moralité, genre dramatique à redécouvrir », *in* : *Le Théâtre du Moyen Âge*, L'Aurore/Univers, 1981), les moralités, qui peuvent être très courtes (200 vers pour *L'Église et le Commun*) ou aussi longues qu'un long mystère (30 000 vers pour *L'Homme juste et L'Homme mondain* de S. Bourgoin, 1476), semblent vouloir, dans le droit fil d'une bonne catéchèse, proposer en opposition à la *mimésis* aristotélicienne du monde visible, pratiquée habituellement par le théâtre, une *mimésis* platonicienne du monde invisible. Platon, en effet, dans le livre X de *La République*, opérait cette distinction essentielle entre trois degrés de réalité : la réalité suprême des idées, puis, au-dessous, celle des choses visibles, qui n'est qu'apparence, et enfin celle de l'imitation artistique qui, en mimant l'apparence des choses visibles, se plaçait d'elle-même à un degré inférieur de perception et de vérité.

Par souci apologétique, et pour échapper à cette dévalorisation, les moralités chercheront, dans un climat général d'investissement de la littérature par les techniques de l'écriture allégorique, à court-circuiter l'habituelle *mimésis*, pour ébaucher une *mimésis* des idées, ouvrant ainsi les voies d'un « réalisme essentialiste » (la formule est de Helmich/Wathelet-Willem, *op. cit*, p. 218). Dans le système dramatique réaménagé par ce néo-platonisme popularisé, les personnages, la plupart du temps allégoriques, élaborent des stratégies concertées qui fonctionnent comme une preuve tangible du monde des valeurs ainsi que la litanie des titres peut l'indiquer : *Les Sept Péchés mortels, Le Cœur et les cinq sens, La Condamnation de Banquet, L'Homme pécheur, Le Bon et le Mauvais pèlerin, Le Miroir de Justice.* L'intrigue, prévisible en fonction de l'onomastique, n'offre pas de nuances psychologiques, mais des jeux accusés de contrastes qui ne reculent pas devant un certain raffinement : un des personnages de la *Moralité de l'homme pécheur* (Tours, 1494) se nomme « Désespérance-de-longue-vie ». Le plaisir du spectacle devient alors, d'une certaine manière, un plaisir de lecture ; le spectateur reconnaît des personnages entéléchies, entièrement accomplis, qui fonctionnent comme les lettres d'un alphabet, et décode une intrigue en se servant d'une grammaire aux règles d'une imparable logique morale. L'histoire particulière racontée renvoie ainsi implicitement et idéalement, par effet de miroir, à l'histoire du salut. Dans cette forme théâtrale, le récit d'un voyage initiatique amène toujours l'homme à une croisée de chemins. Pris dans un jeu de forces d'un puissant manichéisme, ce dernier, qui préserve malgré tout l'exercice d'une forme de libre arbitre, sera placé devant un choix crucial à opérer entre les Vices et les Vertus comme dans la célèbre moralité de *Bien Avisé et Mal Avisé*. De ce choix dépendra la nature des épisodes suivants qui verseront soit vers l'heureux dénouement de la Salvation, soit vers l'irréparable malheur de la Damnation.

Dans les deux cas toutefois, apparaît la preuve de la déréliction de l'homme sans Dieu et la marque du péché originel à effacer. C'est probablement parce qu'elle développait ainsi des conflits intérieurs de portée métaphysique que Gustave Lanson (*in* : *Histoire de la Littérature française,* 1894, et « Études sur les origines de la tragédie classique en France », *R.H.L.F.* 10, 1903) et R. Lebègue (*La Tragédie religieuse en France, les débuts (1514-1573)*, 1929, p. 84) pensèrent que ces moralités, dont la popularité s'étendit jusqu'au XVIe siècle, étaient, selon leur conception d'une évolution des genres, le chaînon essentiel reliant le théâtre du Moyen Âge à la tragédie classique. Cette opinion allait dans le même sens que celle de certains doctes humanistes qui, dès la Renaissance, avaient déjà souligné la possibilité d'une telle filiation. Ainsi de Th. Sébillet qui écrivait :

> La moralité française représente en quelque sorte la tragédie grecque et latine, singulièrement en ce qu'elle traite faits graves et principaux ; et si le Français s'était rangé à ce que la fin de la moralité fût triste et douloureuse, la moralité serait tragédie.
>
> (*Art poétique françois*, 1548, cité par M. Lazard, *Le Théâtre en France au XVIe siècle*, P.U.F., 1980, p. 36).

Les titres des moralités les plus tardives, qui profitèrent de l'interdiction faite aux mystères auxquels on avait cherché dans un premier temps à les lier (*La Moralité très excellente à l'honneur de la très glorieuse Assomption* de J. Parmentier, 1527-1532), se prêtent à une telle confusion, comme celui de la *Tragédie française à huit personnages traitant de l'amour d'un serviteur envers sa maîtresse* (1571) de J. Bretog. S'y ajoute aussi le fait que nombre de ces moralités, depuis longtemps, ne comportaient pas de personnages allégoriques, comme celles intitulées : *Les Enfants ingrats, L'Enfant de perdition, L'Enfant prodigue*. Elles s'employaient encore, tout en gardant leur tonalité religieuse et mystique, à illustrer la grandeur des vertus par un rappel des obligations du quotidien comme dans *Noblesse et Pauvreté qui font la lessive*, à illustrer l'histoire légendaire comme dans *La Moralité ou Histoire romaine d'une femme qui avait voulu trahir la cité de Rome* (1548), ou à représenter les drames les plus sombres comme le fit cette *Nouvelle moralité d'une pauvre fille villageoise, laquelle aima mieux avoir la tête coupée par son père que d'être violée par son seigneur.*

Difficile pour autant de conclure à une étroite filiation de genres selon une vision déterministe de leur évolution, à la manière de Brunetière. La moralité ordonne simplement l'univers selon un système de valeurs fortes, aussi fortes que celles dont la tragédie montrera le conflit. S'il y a parenté, c'est dans le heurt brutal de ces valeurs, dans cette « unité de péril », qui absorbe l'être tout entier au risque de le faire basculer vers le néant, qu'elle apparaît. Mais à vrai dire, la notion de genre et ses hiérarchies n'existent au Moyen Âge que d'une manière assez lâche. Les formes dramatiques ne sont pas cloisonnées, elles restent à la fois souples et poreuses entre elles. Il conviendrait plutôt à leur propos de parler de formes hybrides. Il en ira de cette façon par exemple chez Marguerite de Navarre dont les « comédies », avec le sens que le terme prend à l'époque de la Renaissance (cf. *La*

Divine Comédie de Dante), sont des pièces de théâtre dont la texture est bien proche de celle des moralités, avec souvent une tonalité satirique et toujours ce souci d'inciter à une application immédiate, dans la vie sociale et politique, de la moralité de la pièce. Ainsi dans *Trop Prou Peu Moins* ou encore *La Comédie de Mont-de-Marsan, La Comédie des Innocents, La Comédie du désert.*

Cet hybridisme sera nettement marqué encore en Angleterre où, par le biais des moralités (*Le Château de Persévérance*, début XVe siècle), se crée un lien étroit entre le théâtre du Moyen Âge et celui de la Renaissance. S'affermit à ce moment une authentique tradition allégorique qui irriguera par exemple la poésie subversive d'un Langland (*La Vision de Pierre le laboureur*, 1362-1398), et par le relais de la satire et du bouffon Old Vice, les tragédies et les drames historiques de l'époque élizabéthaine. Une pièce comme *Chacun dans son caractère*, de Ben Jonson, lui doit aussi beaucoup, de même que le genre des « Masques » et celui des ballets de cour qui sont à déchiffrer comme autant de charades sociales, morales et politiques. Ces procédés de la moralité, qui consistent à donner à chaque personnage une valeur allégorique et à construire une dramaturgie qui se lise comme un discours crypté, seront finalement assez souvent repris par la suite, et moins étrangers qu'il n'y paraît à notre XXe siècle.

On rencontre ainsi des formes que l'on pourrait apparenter à la moralité chez des dramaturges comme T.S. Eliot (*Meurtre dans la cathédrale*, 1935) et dans certaines caractérisations « épiques » du théâtre de Brecht et de ses épigones, dans l'écriture de Genet aussi, surtout celle des *Nègres* et des *Paravents* qui, par le biais d'une allégorisation des personnages, d'une emphatisation des comportements sociaux, spirituels et politiques, marque un retour contemporain à ces formes à la fois mystiques, mythiques et satiriques du théâtre.

Les miracles et les mystères

L'obsession du salut de l'individu et du genre humain structure aussi les formes les plus connues du théâtre du Moyen Âge : les miracles et les mystères.

❐ ***Le miracle.*** Il ordonne toujours ses épisodes autour d'un schéma immuable : un pécheur, se rendant compte de l'état misérable dans lequel l'ont réduit ses péchés, fait appel à la Vierge (plus rarement à un saint) qui le tire des griffes des méchants ou du diable. Le premier de ces drames assimilable au miracle fut le *Jeu de Saint Nicolas* (XIIIe siècle) de J. Bodel et celui qui s'imposa comme un modèle inimitable, le *Miracle de Théophile*, de Rutebeuf (vers 1260-1265), esquisse liminaire du mythe de Faust.

Dans ce miracle fondateur, comme dans l'ensemble des *Miracles de Notre-Dame* qui suivront, c'est la Vierge qui sauve, pour peu qu'il fasse preuve de remords, celui qui s'est laissé duper par le Malin. Ainsi dans *La Femme du roi de Portugal, Théodore, La Femme que Notre-Dame garda d'être brûlée, L'Enfant donné au Diable, La Mère meurtrière involontaire de son enfant, Oste, roi d'Espagne*, où on retrouve le sujet de la *Cymbeline* de Shakespeare, *Robert le diable*, si cher aux Romantiques. Partout dans ces textes, c'est le cœur même de l'homme qui sert de champ clos à une lutte dont on sait d'avance qui sera le vainqueur dès l'instant que la Vierge apparaît. Cette disposition nécessite toutefois, pour rendre plus convaincants les effets de ces « tragédies de piété » (*Dictionnaire* de Babault, 1812), que dans les épisodes relatés (souvent inspirés du recueil de *Miracles Notre-Dame* de Gautier de Coincy) s'opposent à la pureté de la Vierge les péchés les plus sordides. Se trouvent ainsi juxtaposés, dans une ardente tension pathétique, un mysticisme tourmenté et douloureux à un réalisme trivial et sanglant. La certitude d'une fin heureuse fait alors basculer un tragique virtuel vers l'esthétique rassurante du mélodrame.

Structurellement, le cas du miracle est tout aussi intéressant dans la mesure où, précisément, il montre combien les frontières entre le récit, la poésie et le théâtre se sont estompées au Moyen Âge. La forme dialogique s'insère dans tous les modes d'écriture, et de nombreux textes de cette époque, dans cette volonté de faire du monde une scène, sont potentiellement théâtralisables. On trouve ainsi, conjointement, des miracles récits et des miracles représentés, ces derniers appelés précisément « miracles par personnages ».

❐ ***Les mystères.*** Dans les mystères qui suivront (XIVe-XVe siècles), « tragédies d'église » selon la formule de Sainte-Beuve, la représentation prend beaucoup plus d'amplitude et la lutte s'élargit jusqu'aux limites de l'univers. Ces spectacles de longue durée, organisés en général par les villes, joués sur le parvis des cathédrales ou des espaces aménagés, retraçaient les épisodes les plus spectaculaires de la vie du saint patron de la ville ou d'une confrérie. Quand il s'agissait des mystères de la Passion, ce qui était le cas le plus fréquent, le mystère mettait en scène l'histoire de l'humanité et celle de son salut par Jésus-Christ. On distingue traditionnellement, dans cette mise en perspective de l'histoire de l'humanité, le cycle de l'Ancien

Testament, dont le plus bel exemple est le *Vieil Testament* (49 000 vers), puis celui du Nouveau Testament dans lequel se remarquent surtout *La Passion* d'Arnoul Gréban (35 000 vers) et *Les Actes des Apôtres* (60 000 vers), et enfin une quarantaine de pièces regroupées sous l'appellation cycle des Saints, avec des pièces comme *Saint Denis*, *Saint Martin*, *Saint Louis*, etc. L'on relève encore quelques mystères profanes comme cette *Histoire de la destruction de Troie la grant* et ce *Mystère du siège d'Orléans* qui inscrit le merveilleux dans l'histoire contemporaine. Dans toutes ces représentations, l'attente désespérée de la venue du Christ alimente l'angoisse du suspens. Sur scène, le séjour des Limbes où patientent les justes, figure cette attente : « L'attente largement me tarde », se lamente l'Adam de la *Passion* d'Arnoul Gréban. Mais l'ensemble relève plus, là encore, de la catégorie du dramatique ou du mélodramatique que d'un tragique qui n'est présent que sous la forme d'une menace. Sur scène, la dramatisation spatiale par exemple, se détermine avec une disposition plus probablement en rond que frontale, selon un axe Paradis-Enfer qui fait de l'univers l'enjeu suprême du salut, de la lutte entre le bien et le mal. Quant à la dramatisation temporelle, elle se trouve aussi spectaculairement soulignée, à la fois par la durée insolite de l'ensemble et le fait que, pendant les jours ou les semaines que durent les représentations, la ville (qui souvent par ailleurs est une ville franche) se retrouve entièrement plongée dans un imaginaire hors du temps.

La rareté du spectacle et son ostentation semblent alors, d'une certaine façon, apparenter les mystères aux cérémonies théâtrales de l'Antiquité grecque. La représentation commençait par un monologue avec sermon et s'achevait par un *Te Deum*. D'autre part, le thème des procès, si étrangement récurrent et largement développé dans l'ensemble des mystères, fait songer aux joutes oratoires de *l'agôn* antique. Ainsi, dans la *Passion* d'Arnoul Gréban, alors que le Christ sur terre se débat avec ses doutes, au ciel s'affrontent la Justice et la Miséricorde de Dieu dans un débat tendu qui se termine par la nécessité de la mort « angoisseuse » sur la croix. Toutefois, dans l'organisation festive du Moyen Âge, à l'inverse de celle de la Grèce, le rythme n'est pas donné par des fêtes attendues dans le cycle des saisons, mais par des circonstances exceptionnelles, dont on ne bénéficiait que rarement dans sa vie. La solennité conférée à la chose théâtrale accentue en conséquence une réception souvent très épidermique et émotionnelle de la pièce, d'autant que la foule s'y presse, que les portes aux remparts sont fermées, et que la ville tout entière semble prise en otage par le mystère dont elle est devenue à la fois le décor et l'enjeu.

Le spectacle du mystère, qui se veut une vision totalisante de l'univers, suscite dans ces moments une manière d'envoûtement, car le spectateur est plongé dans un bain d'images fortes qui mêlent la violence à la bouffonnerie. Ainsi, par un paradoxe de nature purement spectaculaire, plus le pécheur était grand, plus la fête du regard était d'importance, avec une description détaillée et complaisante de supplices divers, festins de plomb fondu, de serpents et de crapauds, écartèlements, décollations, éventrations, etc. La terreur, hors des canons aristotéliciens, ne se mêlait pas à la pitié, mais à la piété et au rire, rire continuellement présent en « farce », même dans les moments de tension extrême. Dans la représentation imagée du *Martyre de sainte Apolline*, par exemple, une des rares que nous possédions, alors que l'on supplicie la malheureuse, un fou, au premier plan, montre ses fesses. L'exaltation simiesque des diables parvenait aussi à son comble à l'arrivée en enfer des âmes des damnés. Le mal se trouvait de ce fait volontairement assimilé au grotesque et au ridicule. Le personnage du jeune diable maladroit qui revient bredouille de ses expéditions devint même une situation récurrente. Mais le rire suscité par les diables est aussi étroitement lié à la terreur qu'ils inspirent et structurellement, par le détour d'une manière d'exorcisme, le grotesque se retrouve une nouvelle fois imbriqué dans l'expression d'une inspiration sérieuse. Pour J. Lemaitre, ce rire de tonalité pessimiste, absent des comédies de l'Antiquité, était précisément le propre d'une foi chrétienne qui avait « dramatisé la conception de la vie » en y apportant par exemple « la haine de la nature » et « l'amour de la contrition » (*Impressions de théâtre*, Boivin, 1920, 11e série, p. 8-9).

En dernière analyse, l'on se trouve étrangement démuni, hors des concepts et des hiérarchies aristotéliciennes, pour proposer une analyse de ces phénomènes et surtout restituer la force de suggestion et d'ébaubissement d'une dramatisation kaléidoscopique qui fut un phénomène d'ampleur européenne, avec les *laudi* en Italie, les *miracles plays* en Angleterre, les *Lehrstücke* en Allemagne. Un ultime point toutefois rapproche ces mystères, qui à bien des égards paraissent si loin de nous, de la dramaturgie d'aujourd'hui : on choisissait pour ces longues représentations un « meneur de jeu » qui, au vu et au su d'un public très proche, parfois inclus dans l'aire de jeu, orchestrait l'ensemble pour que l'histoire montrée, épouvantable et harmonieuse, ne dérive pas du sens qu'on voulait lui donner. La distance ainsi créée accentuait le refus du tragique de cette dramaturgie tout en créant une communion très forte entre le public et les actes donnés à voir, fussent-ils sanglants. Ils étaient soit la conséquence d'une juste rétribution soit, pour les supplices de saints, la promesse implicite d'une place à la droite du père. S'il y avait conflit, ce ne pouvait être que d'ordre spirituel ; s'il y avait amorce de tragique, ce ne pouvait être, après un cas de conscience, que d'accepter son destin *ad majorem Dei gloriam.*

TEXTE

■ La métaphysique du cercle

À l'idée traditionnellement admise d'une représentation des mystères organisée selon le rituel frontal d'un « théâtre en long », H. Rey-Flaud, en s'appuyant sur les résultats d'une minutieuse enquête historique, substitue celle d'un « théâtre en rond ». Cette disposition circulaire, qui surprend par sa modernité, exprime, en outre, une symbolique de l'espace et du temps de portée sociale et métaphysique.

Pour la mentalité médiévale, la vie n'est point prise de possession par l'homme d'une certaine durée mise à sa disposition pour exprimer sa personnalité ou mettre sa marque dans le monde. La vie n'est que la juxtaposition de diverses étapes, qu'il parcourt sans en avoir conscience, vers le but ultime qui est la mort. C'est le sens profond de l'allégorie des Divers Âges de l'Homme : l'homme ne se réalise jamais, il parcourt une route jalonnée à l'avance, ne prenant conscience de son état qu'à chaque jalon. Le drame médiéval n'échappe pas à cette mentalité générale. Si la « durée » constitue l'élément essentiel de la tragédie antique dans laquelle l'homme se débat contre un destin en marche, le mystère retrace les divers tableaux menant à un terme fixe et reconnu de toute éternité. N'oublions pas que le mystère remonte précisément à ces tableaux vivants que l'on jouait sans parler et sans « signer », « comme si ce fussent images enlevées au chœur de Notre-Dame de Paris ». Puis le tableau s'anime, en conservant son caractère exemplaire (voilà bien le point capital !) de tableau. Le grand mystère cyclique ne prendra l'importance démesurée qu'on lui connaît, que dans son désir d'embrasser non pas toute la durée des temps, mais la succession de tous les tableaux formant la suite des âges de l'histoire de l'humanité chrétienne, depuis le tableau de la Création jusqu'au tableau de Jugement dernier – afin de les rendre tous ensemble présents et contemporains des spectateurs. Rien ne sépare son projet, qui juxtapose ces divers tableaux au cours de la représentation, de celui des sculptures des cathédrales, qui juxtaposent les mêmes tableaux sur les murs des églises. Et de même que ces tableaux s'ordonnent dans l'univers clos et fermé de l'édifice (église et mieux encore cloître, où, le parcours terminé, l'on se retrouve à son lieu de départ), ils s'ordonnent dans le cercle fermé du mystère. Le mystère présente donc les divers tableaux exemplaires dans un cercle d'où rien ne saurait s'échapper. Le rond dramatique est le lieu magique à l'intérieur duquel le temps s'abolit, et où se recrée l'Éternité de Dieu, qui « comprend » tous les âges de l'humanité. La société qui enferme de toutes parts l'aire de jeu assume la réalité de cette transposition temporelle. Il faut en effet se tourner à nouveau vers le spectateur, puisqu'en fin de compte c'est toujours lui qui se trouve au terme de toute œuvre artistique. Il faut considérer le genre de plaisir que lui apportent cette peinture et ce théâtre, et ce que ces deux arts exigent de lui pour s'accomplir.

H. Rey-Flaud, *Le Cercle magique*, *Essai sur le théâtre en rond à la fin du Moyen Âge*, Gallimard, « Bibliothèque des idées », 1973, p. 277-278.

4

Une longue marche vers l'ordre

La foi à l'œuvre dans les formes théâtrales du Moyen Âge avait aboli l'expression tragique telle qu'elle avait été rendue par l'Antiquité grecque et latine. Au lieu d'un affrontement tumultueux et meurtrier avec les forces d'en haut, l'éthique chrétienne proposait toujours des accommodements avec le Ciel et apportait des réponses positives aux énigmes sur le sort de l'homme et du monde. La réponse universelle de la croix du Christ réconciliait idéalement, dans une souffrance partagée, Dieu et l'humanité. Quant à la scène de la fin du Moyen Âge, celle des miracles, des mystères et des moralités, elle était, dans le périmètre clos d'une ville, à la fois une représentation symbolique et une explication de l'univers. Les interventions du merveilleux servaient naturellement de relais entre la terre et le Ciel, tout entiers compris dans l'espace du jeu et dans l'espace mental. Dieu châtiait certes, et rudement, mais la constante justesse de ses rétributions éludait la part d'injustice liée au tragique. La transcendance, au lieu d'amplifier l'angoisse, la dissolvait dans la grâce, et les certitudes métaphysiques renvoyaient les comportements outranciers à la morale et à la justice immanente. Quant à l'art théâtral, comme les autres formes d'expression artistiques, il restait dans le giron de l'Église et participait au plan du salut de l'humanité. Aucune commune mesure donc entre l'Assomption de la Vierge et l'envolée de Médée sur son char après le meurtre de ses enfants. Même le sentiment d'abandon du Christ et son dernier appel désespéré ne demeuraient qu'un écho lointain de l'ancien esseulement de l'âme devant le mystère du monde. N'avait été tragique au fond que ce court moment de risque absolu pris par la mort sur la Croix. Seul « ce doute fugitif », précise A. Camus, « et ce doute seul, consacrait l'ambiguïté d'une situation tragique » (conférence prononcée à Athènes sur l'avenir de la tragédie, *Théâtre, Récits, Nouvelles*, Gallimard « Pléiade », 1962, p. 1704).

LES ERRANCES DU THÉÂTRE À LA FIN DU MOYEN ÂGE

La fin du Moyen Âge marque de brusques écarts dans cet ordre. Du XIVe au XVIe siècle, dans des aires géographiques différentes et des temps décalés, les arts se laïcisent et, comme les croyances et les dogmes, se définissent alors en termes de ruptures et de déchirures. L'unanimité dans la contemplation, dont pouvait se prévaloir un Moyen Âge riche néanmoins d'expressions diverses, se fissure dans la recherche de nouveaux parcours sur les territoires de l'esprit et l'étendue des océans, pour en mesurer la commune immensité et la même finitude. Tous les chemins alors ne mènent plus à Rome et cet esprit de conquête, qui touche d'abord le spirituel, dresse les passions et les volontés individuelles les unes contre les autres. De plus, comme le signale A. Hauser, « le symbolisme métaphysique perd de sa force et [...] le but de l'artiste est de plus en plus distinctement limité à la représentation du monde empirique » (*Histoire. Soc. de l'art et de la littérature*, II, S.F.I.E.D., 1984, p. 9).

L'héroïcisation des comportements

Le théâtre prendra sa part de ces agitations erratiques. Sur scène, les destins personnels et l'héroïcisation des comportements l'emporteront alors sur les jeux dévotionnels où la Vierge Marie et le Christ avaient le meilleur rôle. L'axe de l'univers s'étant déplacé, Dieu n'est plus alors, comme le rappelle C. Gauvin, le « protagoniste du drame » (« Le théâtre et son public en Angleterre au Moyen Âge et à la Renaissance », *La Relation théâtrale*, P.U. de Lille, 1980, p. 64). Le même auteur rappelle que le mythe de Faust et son traitement par Marlowe illustrent d'une façon exemplaire cette transformation :

> Il s'agit bien toujours du salut de l'âme humaine, mais la lutte est entièrement transposée sur le plan humain et individuel ; c'est l'individu Faust qui seul choisit de vendre son âme et d'affronter la damnation perpétuelle.
>
> (*op. cit.*, p. 64).

Se recréent ainsi, dans l'Occident chrétien, les conditions d'éclosion de nouvelles formes de tragique nées de la déréliction d'esprits forts hors d'un ordre supérieur brusquement dérangé. La transcendance n'est pas absente toutefois, mais vécue autrement. Très normalement, elle recherchera à nouveau ses appuis dans la caution des mythologies antiques, mais ce faisant, elle rencontrera surtout ce qui va alimenter ses intrigues pendant des siècles : la politique et l'histoire.

La transformation de la vision théâtrale

Enfin, la représentation théâtrale perdra dans ces mutations son rôle d'assemblée conviviale où se partageaient émotions et croyances, car l'écriture et la disposition scéniques n'incluеront plus la totalité du public dans l'aire des échanges verbaux. De plus, avec la mise en place de la perspective centrale, les modifications intervenues dans la perception de l'espace accommodent peu à peu l'attention du spectateur à un décor, qui cette fois n'est plus une juxtaposition de tableaux fragmentés, mais un seul tableau, délimité par un cadre, et saisi d'un regard qui réclame l'illusion.

En conséquence et par étapes, le spectacle suscitera de plus en plus de phénomènes d'identification en recentrant en même temps l'attention sur l'individu et ses conflits intérieurs. Ceux-ci se substitueront à celui, primordial, que le Moyen Âge percevait « entre la vie de l'esprit non sensuel et du corps non spirituel » (A. Hauser, *op. cit.*, p. 87). Sur ce passage d'un type de représentation à l'autre, l'on doit au critique P. Szondi des vues très éclairantes, en particulier dans le premier chapitre de son ouvrage sur la *Théorie du drame moderne* dans lequel il démontre qu'au bout du compte « la forme scénique créée par le drame de la Renaissance et du classicisme, la scène frontale (qu'on a tant décriée) est la seule qui soit adaptée à l'absolu du drame et le révèle dans tous ses traits » (*op. cit.*, p. 15).

VERS UN THÉÂTRE « CLASSIQUE » ?

Ainsi, la fêlure constatée entre le théâtre du Moyen Âge et celui des Renaissances européennes paraît à la fois moins brutale qu'on ne le pensait (elle dure en fait près de trois siècles), mais plus irrévocable qu'on ne le soupçonnait, en particulier dans le changement de l'axe de la vision théâtrale. Les formes dramatiques nées de ce déplacement varieront considérablement d'un pays à l'autre, dans une Europe alors traversée de courants mêlés et divers. En France, les tentatives les plus hardies seront en général dépréciées par le regard idéaliste de l'historiographie classique qui tendra à minimiser leur importance en les jugeant chaotiques et transitoires. Mais, pour peu que l'on abandonne ce conformisme intellectuel et les clichés qui l'accompagnent, l'on se rend compte que les créations théâtrales de la Renaissance française, comme celles des autres Renaissances européennes, présentent, dans leur disparité et leur diversité, l'esprit jubilatoire et libertaire d'expressions tragiques qui sont moins des essais maladroits sur la voie royale de la norme classique, que des formes autonomes possédant leur propre originalité.

« Classique » et « classicisme » : des termes à éclaircir

De la même façon, les termes « classique » et « classicisme » appellent eux aussi quelques éclaircissements, à défaut d'une définition précise et restrictive à laquelle ils semblent toujours devoir échapper. En effet, réanimé par les romantiques autour de 1830, avec des visées polémiques, le mot classique offre de surcroît deux acceptions générales : la première qualifie un idéal esthétique croyant à la fixité du Beau à laquelle on parviendrait par une série de dépouillements, la raison et l'ascèse des bienséances : morale, tenue, pureté des genres ; la deuxième qualifie une époque, celle du début du règne de Louis XIV, de 1661 à 1685, pendant laquelle la critique traditionnelle estime qu'a été atteint un idéal d'équilibre et de perfection, notamment par la tragédie racinienne qui en est comme le signe le plus tangible.

Il est enfin à remarquer que le classicisme a été, dans un premier temps, un phénomène entièrement circonscrit à notre pays. Ce n'est que par la suite que se sont exportés en Europe les dogmes d'ordre, de proportion et de concentration propres à cette conception de la littérature. Pour autant, la notion de classicisme, malgré ces valeurs canoniques, présente elle aussi autant de variantes que d'invariants dans ses aspects et ses formes, surtout au théâtre. Pour l'ensemble de ces raisons, le pluriel semble devoir aussi s'imposer au terme classicisme.

La diversité des modèles

Ce pluriel en outre, en relativisant la vénération dont l'historiographie traditionnelle a entouré les dogmes du classicisme à la française, souvent réduits par ailleurs à une culture normative conquérante et aristocratique, ouvre à cette même historiographie des perspectives nouvelles. Aborder en effet par ce biais l'histoire du drame et de la tragédie, c'est s'obliger, en posant la question essentielle de la nature et de l'histoire des genres, à relever l'ambiguïté et la polysémie du terme tragique et des valeurs qu'il recouvre, à noter son aspect composite et la disparité de sa perception dans l'aire européenne, sans avoir à présenter la tragédie de Racine comme un aboutissement.

Soit, en effet, l'on postule l'existence d'une essence ou d'un paragdime du tragique liée à une forme idéale et l'étude consistera à accorder des satisfecits en vérifiant la conformité de l'écriture des pièces avec une batterie de règles et un modèle, en réalité illusoire, toujours souhaité mais jamais atteint. L'idéal racinien si souvent proposé, quel est-il exactement : *Britannicus* ? *Bérénice* ? *Phèdre* ?

Soit, et c'est la solution qui sera ici adoptée, on peut chercher, sans discrimination esthétique, à observer les formes en serrant au plus près l'expression du tragique donnée en fonction, selon la formule de H.-R. Jauss, des « horizons d'attente », conjoints et souvent antithétiques, des doctes et du public. L'on s'apercevra alors que la tragédie pendant l'époque des Renaissances et des Classicismes, de la fin du Moyen Âge vers 1750, redéfinit continuellement ses limites et ses règles autour d'un même foyer d'interrogations.

Il s'agira donc moins de pointer des transgressions typologiques que de mettre au jour, en fonction de ce que les formalistes russes appelaient des « dominantes », l'existence de noyaux intérieurs propres à certains groupes de tragédies, hors de systèmes axiologiques et de l'idée que l'histoire du théâtre a été écrite une fois pour toutes et ne demande plus qu'à être vérifiée. Ainsi dégagés, ils définissent ce que l'on pourrait appeler la « tragédie des théoriciens », tension permanente vers un horizon idéalisé continuellement poursuivi, jamais atteint, mais proposant à chacune des étapes de son itinéraire des points de référence, une manière d'histoire du goût, des principes et de leurs relations.

LES FORMES DRAMATIQUES EN EUROPE

Le drame élisabéthain : tragedies *et* histories

La césure qui sépare en Angleterre le théâtre du Moyen Âge de celui de la Renaissance semble moins nettement marquée qu'en France. Certes, les mystères avaient là aussi presque totalement disparu quand Elizabeth monte sur le trône en 1558, mais on jouait encore des farces et surtout de nombreuses moralités. Cette double tradition qui se perpétue se conjugue alors avec une influence plus savante issue des universités, celle des tragédies de Sénèque que l'on commença d'abord à imiter en latin, puis en langue anglaise, comme le firent Th. Sackville et Th. Norton avec *Gorboduc, ou Ferrex et Porrex* (1561), que l'on considère généralement comme la première véritable tragédie anglaise.

❒ ***Tragedies.*** Le terme *tragedy* avait alors gardé son acception médiévale en relation avec l'image symbolique de la roue de la Fortune, mais, dans un premier temps, sans lien directement marqué avec le théâtre. Il s'agissait de raconter le destin d'un haut personnage qui, après avoir connu la puissance et la gloire, voyait son étoile décliner jusqu'à subir une funeste et misérable fin. C'est du moins ainsi que Chaucer définissait *tragedy* dans le Prologue du *Conte du Moine* (1390). Métaphoriquement, pour chacun, par le biais d'« une parabole des desseins de Dieu », apparaissait ainsi, « en pleine lumière le drame universel de la chute de l'homme » (G. Steiner, *op. cit.* p. 20). Dans cet esprit, un vaste recueil de poèmes narratifs en vers, *A Mirror for Magistrates (Le Miroir pour magistrats,* 1559) de W. Baldwin, reprenant les techniques du traité historique et moral de Boccace qui avait été traduit par Lydgate (*The Falls of Princes or Tragedies of John Bochas*), poursuit la liste des princes martyrs de l'Histoire et qualifie ces destins de *tragedies.*

Le retentissement des représentations théâtrales auprès d'un public vaste et mêlé, amena peu à peu à considérer le terme de *tragedy* comme appartenant exclusivement au théâtre et commença à figurer dans les titres comme dans *La Tragédie d'Édouard II* (1592-1594) de Marlowe, *La Tragédie espagnole* (1586) de Kyd, *La Tragédie du vengeur* (imprimée en 1607) et *La Tragédie de l'athée* (1602-1603, imprimée en 1611) de Cyril Tourneur... À s'être ainsi prêté, après la découverte et l'assimilation de l'art de Sénèque (vers 1570), à qualifier un théâtre violent et souvent désespéré, le terme se chargea de nouvelles connotations. Il en vint à exprimer le poids excessif des misères, des tribulations et des inquiétudes de tous. Ainsi, dans la tradition des danses macabres, l'expression du tragique eut, de plus en plus, partie liée avec la mort. Les doctes, par voie de conséquence, réfléchirent sur la manière de légiférer l'art de la mort, en décidant quelles devaient être les formes les plus affûtées du tragique dans la tragédie. Ce fut le cas de Sir P. Sydney qui, dans sa *Défense de la poésie (Apologie for poetrie*, 1598), tenta d'imposer les règles d'une tragédie régulière à toute une génération, mais en vain.

En effet, la double menace, des préceptes d'Aristote et d'Horace et d'un puritanisme autoritaire, joua certainement comme un extraordinaire réflexe de survie d'une dramaturgie qui, en contrepoids, refusa les règles en bloc, mélangea les tons et les modes, le tragique et le comique. En créant le *clown* et Falstaff, elle donna une signification philosophique à la bouffonnerie, et refusa la séparation d'avec le public populaire. Elle mit aussi en scène les passions les plus démesurées avec la volonté délibérée d'affirmer les exigences des forces de la vie, et de faire de ce « lieu de nulle part » l'aire de jeu privilégiée du « grand théâtre du monde ». S'affirmait de cette manière l'idée que l'ordre entier du monde pouvait se trouver mis en péril par l'ambition d'un seul homme, et l'ensemble jouait plus alors sur l'illogisme des comportements que sur la logique implacable des événements. Dans un sens, Shakespeare et ses contemporains, qui très probablement aussi avaient lu Machiavel, reprenaient l'esthétique visuelle et débridée des mystères en lui ôtant sa dimension didactique et en ne gardant qu'un des pôles de la scène moyenâgeuse : l'Enfer. Celui de la politique, des passions, des crimes, des complots, des trahisons, de la vengeance, du sang qui coule à flots, dans ce qu'on a pu appeler, avec Chapman (*La Tragédie de Chabot*, 1613), Marston (*La Vengeance d'Antonio*, 1601) et Rowley (*Tout est perdu par la luxure*, 1633), des *blood tragedies*. S'imposait dans ces créations un bel appétit de vie, mais comme taraudé par l'instinct de mort. La devise de Marlowe était : « Ce qui me nourrit me détruit ».

Plus précisément, l'expression tragique semble ici se circonscrire à un conflit dualiste qu'éludait au fond la tragédie grecque, celui de la pureté de l'idée confrontée aux aspérités et aux compromis du réel. La philosophie platonicienne faisait cohabiter les deux sphères sans contact. Au Moyen Âge, les deux mondes n'entraient pas non plus en conflit, mais se situaient aux deux extrêmes du tableau scénique récurrent des mystères. De la découverte du réalisme politique, « qui déplace le conflit de l'action en soi à l'âme du héros » (A. Hauser, *op. cit.* II, p. 148), date en somme notre perception, avivée peut-être par la notion protestante de la prédestination, d'un conflit tragique touchant un homme de haut rang lancé dans l'Histoire et qui accepte son destin.

Il en fut ainsi jusqu'en 1642 où un arrêt du Parlement interdit brusquement toute forme de spectacle. Se termina, par cette intervention d'un couperet puritain, cette période riche d'un millier d'œuvres, qui toutes, dans une esthétique du discontinu, mêlent les aspects sensuels et intellectuels du langage, restituent une psychologie heurtée alternant grandeurs et faiblesses et affirment le plus souvent les prérogatives d'un moi aristocratique repoussant toujours plus avant les limites du licite.

L'impulsion initiale avait été magistralement donnée avec violence par un auteur anonyme dans *Arden de Faversham* (1586), qui mettait en scène une femme commanditant l'assassinat de son mari auprès de tueurs demeurés, puis par Marlowe et Kyd dont les pièces tracent à grands coups d'estoc et de taille les voies dans lesquelles s'engagera Shakespeare. Avec *La Tragédie espagnole* (1587) de Kyd, le procédé du théâtre dans le théâtre sert à décrire une vengeance et se termine par une tuerie générale ; même manière ou presque dans sa version de *La Vengeance d'Hamlet* (1594) donnée quelques années avant celle de Shakespeare. À dater de ce moment, le thème de la vengeance semble s'imposer comme un des thèmes de prédilection de la tragédie élizabéthaine. Comme Kyd, Marlowe porte d'emblée ses tragédies aux limites extrêmes de la démesure et de l'insoutenable : *Tamerlan le Grand* (1587), joué en deux soirées, expose les outrances de l'orgueil politique alors que, dans le *Juif de Malte* (*The Famous Tragedy of the Rich Jew of Malta*, 1592), Barrabas, préfigurant Shylock, succombe au pouvoir délétère de l'argent et que le Dr Faust (*The Tragical History of Dr. Faustus*, 1588) se laisse aller, après un pacte avec le diable, à la mortelle tentation de l'éternelle jeunesse et du savoir. Quant à *La Tragédie d'Édouard II* (1592), malgré un dénouement horrible où le roi, trop attentif à ses mignons, est sodomisé d'une barre de fer rougie, elle inaugure ces tragédies qui trouvent, à suivre très fidèlement les convulsions de l'Histoire, une façon de donner au tragique l'intensité de l'horreur.

❐ ***Histories.*** C'est aussi par des drames historiques nationaux, appelés *histories*, que Shakespeare commence sa carrière de dramaturge en traitant les épisodes les plus sanglants de la guerre des Deux-Roses, sans s'astreindre à suivre une chronologie. Ces pièces développent les thèmes de la morgue des grands rabattue par des disgrâces et des fins poignantes, inscrivant ainsi l'Histoire dans le tragique de la condition humaine. L'Histoire, comme le rappelle J. Kott, y est figurée par un « Grand escalier » qui mène au trône et dont « la dernière marche n'est plus séparée de l'abîme que d'un pas » (*Shakespeare, notre contemporain*, P.B.P, 1962, p. 17), ou comme un « Grand Mécanisme » continuellement remonté par d'intemporelles passions. Il s'agissait en même temps, comme le souligne H. Fluchère, de montrer « l'homme soumis aux même lois strictes qui conditionnent l'équilibre universel » (*Shakespeare, dramaturge élizabéthain*, Gallimard, coll. « Tel », 1966, p. 281) et ainsi, dans un souci de responsabilité collective, de mettre au jour les tribulations du passé pour en prévenir les effets sur le présent.

En définitive, en tenant compte des sautes de comportement des princes, s'établissait, hors du chaos initial, une forme d'ordre prenant sa place entre la volonté des hommes et les arrêts du destin. Shakespeare donna successivement dans cet esprit : les trois parties de *Henry VI* (1590-1592), *Richard III* (1593), *Richard II* (1595), *le Roi Jean* (1596), les deux parties de *Henry IV* (1597-1598) et *Henry V* (1599). Cette classification de l'œuvre, qui est d'abord une classification d'éditeurs, bien qu'universellement adoptée, paraît bien peu pertinente aujourd'hui tant elle néglige la caractéristique essentielle de ce théâtre qui est d'innerver la tragédie avec l'Histoire et de montrer la tragédie de l'Histoire enfin « dépouillée de toute mythologie, montrée à l'état pur » (J. Kott, *op. cit*, p.15).

Ainsi, par exemple, les pièces inscrites dans la catégorie des *tragedies* pourraient être aussi classées dans celle des *histories* : *Andronicus* (1592), *Jules César* (1599), *Macbeth* (1606), *Antoine et Cléopâtre* (1607), *Timon d'Athènes* (1608). Dans toutes les pièces de cette catégorie, à laquelle on ajoute encore *Roméo et Juliette* (1595), *Hamlet* (1601), *Troïlus et Cressida* (1602), *Othello* (1603), *Le Roi Lear* (1605), et *Coriolan* (1609), l'on sent bien que l'arrière-plan historique, même s'il n'évoque pas directement l'Angleterre, renvoie toujours peu ou prou aux forces politiques qui l'animent, à des méditations sur l'exercice du pouvoir, sur les passions qui mènent les hommes, aux contingences du monde que les contraintes dramatiques accusent encore. Le tragique d'une mort attendue réside, en somme, dans le seul fait d'être roi, de vouloir l'être ou de l'avoir été. Dans *Richard II*, cette vérité d'une histoire fatalement tragique est clairement rappelée :

> Au nom du Ciel, asseyons-nous à terre, et disons la triste histoire de la mort des rois ; les uns déposés, d'autres tués à la guerre, d'autres hantés par les spectres de ceux qu'ils avaient détrônés, d'autres empoisonnés par leurs femmes, d'autres égorgés en dormant, tous assassinés !
>
> (*Richard II*, III, 2).

Le commun dénominateur de l'ensemble est peut-être tenu, dans ces pièces « sérieuses », par le « clown » ou le bouffon, personnage grotesque qui investit le tragique. Comme Falstaff dans *Henry IV*, chaque personnage de bouffon est ainsi fortement caractérisé et individualisé, sans jamais être réduit à une utilité ou à une fonction de type. Comme dans les cérémonies des Grecs et certains aspects du théâtre romain, le tragique d'une situation trouve alors immédiatement son contrepoint et ses résonances populaires et humanistes. Que l'on se souvienne de la fameuse tirade sur l'honneur de Falstaff, du portier de *Macbeth*, des fossoyeurs d'*Hamlet* avec le crâne du pauvre bouffon Yorrick, de Thersite dans *Troïlus et Cressida* et d'Apemantus dans *Timon d'Athènes*. Les *mechanicals* jouent le rôle choral de commentateurs satiriques de l'action même lorsqu'un chœur figure déjà dans la pièce comme dans *Henry V*. L'émergence du rire et du sarcasme se produit aussi au bout de la douleur comme dans *Titus Andronicus* : « Pourquoi ris-tu ? ce n'est guère le moment » interroge Marcus ; « Mais, répond Titus, il ne me reste plus une seule larme à verser » (III, 1). Cette liberté de construction, qui touche aussi les structures temporelles du drame, leur donne un rythme particulier et une épaisseur toute romanesque. Alors que la tragédie française s'évertuera à construire une exposition, un nœud, un dénouement en vingt-quatre heures en tranchant au rasoir dans un temps historique réaménagé, on trouve dans les drames shakespeariens, qui ne subissent aucune contrainte en ce domaine, des approximations, des longueurs, du temps poétique, du temps précipité qui fait bouler le passé sur le présent et revenir les fantômes, mais un temps qui ouvre aussi des perspectives sur le rêve et l'avenir. La chronologie peut même, comme dans *Othello*, être profondément et savamment bouleversée pour mieux servir l'architecture du drame ; Musset se souviendra de la leçon dans *Lorenzaccio*.

La même souplesse d'utilisation, favorisée par les agencements scéniques des « puits à coqs », permettra d'intelligentes combinaisons spatiales réaménageant le monde, souvent métaphoriquement, à notre vision, comme pour mieux nous permettre de suivre les personnages dans leurs élans incontrôlés, leurs errances, et de comprendre leur douleur. Le point ultime de la désespérance étant atteint par le roi Lear sur les chemins désertés d'une lande inhospitalière. C'est dans ces espaces dénudés représentés par une scène vide que les « tragédies » imposent alors leur vision la plus pessimiste de l'homme, loin des enthousiasmes naïfs des premiers temps de la Renaissance. La nature humaine y apparaît friable et corrompue, ne trouvant finalement sa grandeur qu'au fond de sa faiblesse et de son dénuement. Et que dire de plus lorsque le destin s'en mêle : « Vertu, mérite, bonheur, souffrance, tout est gâché, perdu par le sort stupide et brutal : à voir le Destin à l'œuvre, c'est à désespérer de la vie » (*Le Roi Lear*, V, 2).

Enfin, on ne saurait passer sous silence quelques autres auteurs dont les œuvres particulièrement fortes montrent bien, qu'en réalité, dans cette dramaturgie élisabéthaine, toute l'aura tragique des héros ne s'explique que par l'outrance et la démesure dont ils sont capables. Ainsi chez Cyril Tourneur, dont la *Tragédie du Vengeur* qui inspirera probablement à Musset quelques scènes de son *Lorenzaccio* décline toutes les possibilités dramatiques de l'ignoble et de l'atroce ; chez J. Webster dans *Le Démon blanc* (1612) et *La Duchesse d'Amalfi* (1614) qui mettent sur scène des héroïnes à la sensualité débridée et débusquent le trouble des amours interdites ;

chez T. Middelton encore dans *Femmes, méfiez-vous des femmes* (1621) et *The Changeling*, drame où voisinent aussi cynisme, mort et luxure ; chez J. Ford enfin, dans *Dommage qu'elle soit une putain* (1633), où l'inceste d'un frère et d'une sœur débouche sur un sublime de l'horreur. Symbolisme, poésie et mouvement sont bien là en somme les qualités essentielles de ce théâtre anglais car, comme le rappelle J.-M. Domenach :

> [....] le tragique ne s'y prend pas pour fin ; il y est plutôt l'une des figures essentielles d'un grand drame cosmique auquel participent le lyrisme et la comédie.
>
> (*Le Retour du tragique*, Seuil, 1967, p. 63).

Le Siglo de Oro *et les* Comedias

❐ **La Célestine *et* Numance.** L'or semble partout présent dans cette Espagne du XVIe siècle, mais plus présent peut-être dans les rêves de ses conquistadores et dans le chœur de ses églises que dans l'État qui reste pauvre et dans le peuple qui souffre, avec superbe, la misère. L'opulence et le dénuement créent de puissants contrastes sociaux et, lorsque Lope de Vega qualifia de *Siglo de Oro* ce moment de la renaissance artistique de l'Espagne, le théâtre avait déjà rendu compte des contradictions d'une époque qui mettaient essentiellement en jeu la foi, l'honneur, l'amour et la justice, avec deux œuvres fondatrices, majeures et atypiques : *La Célestine* (1499) de F. de Rojas et *Numance* (1583) de Cervantès.

La Célestine ou Tragi-comédie de Calixte et Mélibée échappe à toute définition tant son écriture déroute au premier abord. Dénommée *accion en prosa*, l'œuvre, longue de 16 actes dans l'édition de 1499 et de 21 dans celle de 1502, a l'allure d'un roman dialogué et, s'inscrivant dans la tradition de la comédie humaniste à la manière de Pétrarque, n'en prend pas moins l'allure d'une tragédie. Le fond, d'un réalisme méticuleux, n'épargne rien des conversations, des lenteurs et des langueurs du quotidien. Sur cette trame s'inscrivent les amours passionnées, retracées dans tous leurs détours psychologiques, de Calixte et de Mélibée, amours facilitées par une entremetteuse dépravée et cynique : la Célestine. Cette dernière est assassinée par ses complices qu'elle n'avait pas payés et qui, à leur tour, seront exécutés. Calixte se tue en tombant d'une échelle. Mélibée, désespérée, se précipite du haut d'une tour. Du récit de cet immense gâchis, la morale à dégager, s'il en est une, ne s'impose pas avec évidence et les fins dernières, liant les morts tragiques à l'équivoque des actions humaines, semblent échapper aux lecteurs pour lesquels elles avaient été primitivement élaborées. Le texte de cette pseudo « tragi-comédie » connut immédiatement un retentissement européen. La traduction anglaise, éditée à Londres, précéda directement les premières représentations de *Roméo et Juliette*. Corneille aussi avait pris connaissance de *La Célestine*. Finalement, la richesse tragique de ce texte ambigu semble rendre aujourd'hui un écho particulier, surtout depuis que Marcelle Géniat, Maria Casarès puis plus récemment Jeanne Moreau ont donné au personnage de la Célestine le visage de nos cynismes et de nos doutes.

Numance (*El Cerco de Numancia*) est au contraire une pièce restée longtemps endormie. Elle ne se réveilla que sous l'occupation française en Espagne, en 1809, et fut particulièrement appréciée par les romantiques allemands. Elle sert depuis à traduire la fièvre obsidionale de toutes les oppressions : à Madrid, en 1937, assiégée par les franquistes, dans une mise en scène de Rafael Alberti ; la même année, J.-L. Barrault la monta au théâtre Antoine et connut son premier grand succès ; avec le souvenir de l'occupation allemande toute proche, elle fut encore reprise à Sarlat en 1952 et 1955.

On connaît le sujet de la pièce. Alors que ses contemporains cherchaient, dans l'esprit de Sénèque, à bâtir des personnages monstrueux et des intrigues chaotiques, Cervantès travailla dans la dignité du dépouillement et du dénuement. Assiégée par Scipion l'Africain, la ville de Numance résiste de son mieux à l'envahisseur romain. Au bout de la famine et du désespoir, ayant jeté dans un brasier tout ce qu'ils possédaient, les habitants de Numance s'entretuent dans un immense suicide collectif. L'ultime rescapé se jettera d'une tour au pied du vainqueur, et ce dernier rentrera dans une ville morte et déserte. La tragédie, comme dans *Les Perses*, touche ici le destin de tout un peuple.

Numance et *La Célestine* paraissent être les paradigmes fondateurs de ces pièces que l'histoire réactive continuellement, peut-être parce qu'elles échappent à des formes trop théoriquement définies, et qu'elles offrent toujours, par la densité et la plasticité de leur texte, la possibilité de s'enrichir de sens nouveaux qui repoussent continuellement les bornes de leur apparente portée.

❒ ***Les autos-sacramentales.*** En opposition et à la même époque, les *autos-sacramentales* (actes de dévotion, ou actes du Saint-Sacrement liés à la Fête-Dieu) proposèrent un ensemble de formes fixes qui resteront comme intangibles jusqu'au XVIIIe siècle et qui telles quelles, avec leur didactisme visuel et leur naïveté dramatique, dénotent la parfaite insertion d'un spectacle théâtral, né de la ferveur du Moyen Âge, dans toutes les couches d'une société, pendant plusieurs siècles. Dès le XIVe siècle, ce sont en effet les municipalités qui assurent l'organisation du spectacle en faisant appel à des comédiens professionnels, ce qui explique, selon J. Sentaurens, « les rapports d'homologie qui, en matière d'intrigues, de personnages, d'écriture poétique et de dramaturgie, unissent l'*auto sacramental* à la *comedia* » (*Dictionnaire du théâtre*, dir. M. Corvin, Bordas, 1991, art. « auto sacramental »).

Ces montages dramatiques n'ont en somme qu'un sujet unique, celui du sacrement de l'Eucharistie et l'errance de l'âme pécheresse privée du secours de Dieu. Autour de cet axe principal se greffe, avec le coup de théâtre toujours réussi de l'intervention de la Grâce, quantités d'épisodes inspirés de l'Écriture ou de la vie des saints, de légendes et de mythes anciens ou populaires. Le tout est la plupart du temps animé comme dans les moralités du Moyen Âge français par des personnages allégoriques : la Foi, l'Espérance, la Mémoire, la Gourmandise... Le genre va très vite se littérariser et prendre l'allure d'opéras ou d'oratorios baroques, avec des auteurs qui, tous ou presque, sont d'Église : J. de Valdivielso (*L'Asile des fous ; le Fils prodigue*), Lope de Vega et surtout P. Calderón de la Barca avec qui le genre (il a composé quatre-vingts autos sacramentales dont *Le Grand théâtre du monde, Le Grand marché du monde, Les Charmes de la faute, Ton prochain comme toi-même*) prend toute son ampleur scénique, lyrique et dramatique. Si bien que chez lui certains pièces, appelées précisément *comedias de santos* comme *Le Prince Constant* ou *La Dévotion à la Croix* (1634), paraissent bien proches de la mystique et de la catéchèse, scrupuleusement tridentine, des drames sacrés. Il lui arrive de développer un thème conjointement dans une *comedia* et dans un *auto sacramental*, et de donner le même titre aux deux œuvres. Ainsi avec *La Vie est un songe*, respectivement en 1635 et 1673.

❒ ***La comedia.*** Cette perception moniste et unitaire du monde, on la retrouve tout entière dans les *comedias* qui puisent aux mêmes sources que *l'auto sacramental* et qui, partant, semblent s'apparenter plus au drame qu'à la tragédie, tragédie que le théâtre espagnol continuellement récuse. À n'importe quel moment, dans ces pièces porteuses de « normes, de jugements, de règles de conduites » (C.V. Aubrun, *La Comédie espagnole*, P.U.F. 1966, p. VI), la Grâce peut opérer, faire que le coupable se rédime. À n'importe quel moment l'acte tragique peut être ainsi annulé par un miracle toujours attendu. On entend donc aujourd'hui par *comedia* cette forme théâtrale que nous ont donnée les Espagnols du XVIIe siècle, qu'eux seuls ont su pratiquer, qui échappe totalement à la classification habituelle des genres, et que l'on pourrait au mieux rapprocher de tragi-comédies dans lesquelles « le tragique au fond paraît burlesque, le comique [...] parfois plein d'enseignement » (Aubrun, *op. cit.*, p. 13) et, en conséquence, le pire n'est jamais sûr, mais le meilleur non plus.

Les règles de composition qui régissent la *comedia* apparaissent à la fois comme contraignantes et souples. L'ensemble s'organise en trois « journées » et mêle tragique et comique. Le tout, d'une longueur d'environ trois mille vers, est emporté sur un rythme trépidant, qui juxtapose hardiment les lieux et les heures et « sacrifie presque toujours la psychologie au mouvement » (A. Camus, Préface au *Chevalier d'Olmedo*, « Pléiade », *op. cit.* p. 714) : voilà à peu près les seules contraintes. On comprend que, dans ce vaste espace, l'argument puisse se déployer à loisir et développer souvent conjointement une action principale et en contrepoint une action secondaire. Procédé déterminant, il ne s'agit pas comme dans la tragédie classique à la française d'isoler une intrigue hors du monde pour la densifier, mais au contraire de l'insérer dans l'élan et l'épaisseur de la vie. L'action consiste alors à dépouiller les personnages de « leur initiale complexité » et à les faire accéder « peu à peu à leur vérité toute nue » (Aubrun, *op. cit.*, p. 119).

J. Sentaurens rappelle enfin que le terme de *comedia* dans l'Espagne du XVIIe siècle, a une autre connotation que littéraire : il « sert aussi à désigner l'ensemble du spectacle qui est offert au public dans les théâtres, lequel comprend, outre la *comedia* proprement dite, quatre ou cinq compositions mineures où dominent la musique, la danse et les séquences comiques » (« Sur la réception des dramatiques dans l'Espagne du Siècle d'or... », *Cahiers de l'Université de Pau*, n°2, p. 79). La représentation dramatique, dans un type de tradition qui se perpétue ainsi depuis les Grecs, se trouve, avec le soutien de la musique, hâchée d'*entremeses* dansés ou grotesques. Le spectacle prend alors si souvent le pas sur le texte que se crée, au début du XVIIe siècle, des *comedias de apariencias* ou *comedias de tramoyas* entièrement vouées au spectaculaire des pièces à machines.

Quant aux thèmes développés, ils sont obsessionnels, aussi récurrents que le thème de la vengeance dans le théâtre élizabéthain : il s'agit essentiellement de l'amour-passion provoquant bassesses et cruautés, et de l'honneur, le fameux « point d'honneur », qui raidit les personnages dans des attitudes avec lesquelles personne ne saurait composer. Ceci explique aussi l'hétérogénéité du personnel dramatique abondant de ces comédies. S'y juxtaposent des caractères fouillés et tourmentés avec des emplois très typifiés comme celui du roi, de la servante, du père et surtout du *gracioso* qui permet d'opérer la suture entre le tragique et le comique. En effet, ce personnage, qui est comme la marque distinctive de la *comedia*, marche dans l'ombre d'un héros idéalisé, et pratique, avec un égal talent, le cynisme et la cupidité, en portant sur le monde et les êtres un regard dénué d'illusion. Non seulement il apparaît, avec son persiflage et ses goguenardises, comme un révélateur de l'association souvent inopinée, dans les hasards de la vie, du comique et du tragique, mais il devient parfois piteusement tragique lui-même, tant peuvent être navrants sa prestation et son destin de subalterne. Le couple qu'il forme avec le héros sublimé devient même à cet égard indissociable. Se constitue ainsi une sorte de duo janusien, comme dans l'entité don Juan/Catalinón de L'*Abuseur de Séville* de Tirso de Molina, que seule la mort parvient à séparer.

La dernière caractéristique enfin de ces *comedias* est leur nombre impressionnant dû probablement à la liberté que laissait cette forme ouverte à toutes les audaces de l'écriture, favorisées par la connaissance intime que les écrivains avaient des comédiens et du monde du spectacle. Lope de Vega, dont il nous reste 406 *comedias*, n'écrivait-il pas dans son *Nouvel art de faire des comédies* (*El arte nuevo de hacer comedias*, 1607) : « Lorsque j'ai à écrire une comédie, j'enferme toutes les règles sous de triples verrous » et « j'écris alors suivant l'art qu'ont inventé ceux qui ont voulu obtenir des applaudissements de la foule ». Ce besoin de fondre l'écriture dans les attentes immédiates du populaire explique peut-être les formes d'inspirations variées et composites de ces *comedias*. On trouve ainsi chez Lope de Vega des pièces d'inspiration historique comme *Le Remède dans le malheur*, ou de tonalité plus religieuse comme *Le Châtiment sans Vengeance* ou *Le Chevalier d'Olmedo*. Les combats de cape et d'épée doublés d'intrigues amoureuses prennent parfois le dessus comme dans L'*Eau ferrugineuse de Madrid* ou *Le Chien du jardinier* ; enfin, les grands drames se déroulant dans le milieu paysan montrent combien, là plus qu'ailleurs, l'honneur et la dignité sont vivaces et exigeants et créent souvent de tragiques situations, comme dans *Le Meilleur Alcade, c'est le Roi* ou *Fuente Ovejuna*.

On rencontre enfin une partition à peu près identique chez Calderón où le thème de l'honneur prend une importance déterminante comme dans *Le Médecin de son honneur* ou *Le Peintre de son déshonneur* alors que ses *comedias* de cape et d'épée semblent aller plus vite que toutes les autres ; ainsi dans *La Dame fantôme, Il vaut mieux se taire, On ne badine pas avec l'amour*. Ce dernier titre montre assez que ces milliers de pièces ont servi de réserve d'intrigues et d'idées à de nombreux auteurs européens, non seulement au XVIIe siècle, mais aussi à l'époque romantique. On connaît, par exemple, toute la dette de Corneille à l'égard de Guillén de Castro. Mais l'ultime héritage tragique laissé par cette époque où l'inquiétude métaphysique, doublée de casuistique, se résolvait dans la violence théâtrale d'actes irrémédiables qui laissaient à penser « que rien sur terre n'est doté de réalité ni de certitude, que le monde est faux-semblant et mensonge, que la personne humaine ne fait que passer sur la scène du monde en jouant un rôle » (M. Corvin, *Lire la comédie*, Dunod, 1994, p. 70), c'est bien Tirso de Molina qui l'a transmis, en inscrivant le personnage de don Juan dans la perennité du mythe.

La tragédie française des humanistes et des poètes

Le théâtre qui, en Angleterre et en Espagne, devint rapidement un art des images, du mouvement et du spectaculaire, prit d'abord la forme, en France, d'un art de la plume. Les Confrères de la Passion, qui avaient à Paris le monopole des représentations dramatiques, s'étaient fixés en 1548, l'année de l'interdiction des mystères, dans une petite salle incommode où était sis l'Hôtel de Bourgogne, et y avait refusé les pièces trop différentes de leur ancien répertoire. Alors que la vision des hommes s'élargissait aux dimensions de l'univers, le théâtre en France s'enfermait dans une salle rectangulaire, et la fiction théâtrale se concentrait dans des lieux et des temps définis qui allaient séparer définitivement l'espace de l'illusion de l'espace des spectateurs.

Dans ces temps d'incertitude et de bouleversements, qui voient se détacher le dogme et la foi de l'expression artistique, l'écriture théâtrale semble, dans un premier temps, faire défaut, et les spectacles se donner avec parcimonie. Après une seule représentation, souvent dans les collèges, les pièces s'enferment dans les livres ; le théâtre tragique devient un acte de littérature et agence les images en désordre des spectacles du Moyen Âge dans une chronologie linéaire. Ce faisant, le théâtre flatte essentiellement le goût d'une élite, et une faille s'élargit aussitôt entre le théâtre de cour et les tréteaux du populaire. Ces derniers, bien que méprisés, n'en sont pas moins vivants et turbulents (cf. *Le Roman comique* de Scarron) et ne manquent pas aussi de jouer la tragédie. Se forment alors des troupes qui refusent de faire imprimer les pièces et qui partent en province, emmenant des auteurs vagabonds dans des chariots de hasard. A. Hardy, par exemple, dont il ne restera, d'une immense production souvent opportuniste, que trois dizaines de pièces, est de ceux-là.

Sur l'univers littéraire de l'époque régnait en maîtresse absolue la poésie, et sur la poésie les écrivains qui constitueront la Pléiade. Ce groupe, en s'unissant au foyer théâtral du collège de Boncourt, dirigé par Muret, qui avait été le maître de Montaigne en 1547, va offrir l'occasion au théâtre, sous le signe d'un retour à l'antique, de trouver une notoriété officielle, mais qui reste bien inférieure à celle de la poésie. Ces premières écritures théâtrales semblent bien devoir quelque chose aussi aux traductions d'Euripide de Buchanan, qui lui-même proposera en 1554 une *Jephté*. C'est dans ce climat intellectuel, chargé en outre d'éthique humaniste, que Jodelle, qui sera membre de la Pléiade, donne en 1552 une tragédie habituellement considérée comme la première grande tragédie française : *Cléopâtre captive*. La pièce, qui fut représentée à la Cour et au collège de Boncourt, remporta pour l'époque un extraordinaire succès. Pas d'action dans cette tragédie qui est avant tout un savant exercice de poétique, de rhétorique et d'harmonie musicale, une longue plainte méditative sur la grandeur et la chute des puissants. Car l'action, bien que rappelant les techniques d'écriture des mystères, est délibérément abandonnée au profit d'un intense travail sur la métrique pour chercher à susciter les plus intenses qualités d'émotion par le texte. Le premier acte, par exemple, où le fantôme d'Antoine apparaît et où Cléopâtre annonce son suicide, est écrit en alexandrins aux rimes entièrement féminines, alors que l'acte V, récit de sa mort, est rythmé en décasyllabes. Quand aux chœurs présents à la fin des actes, leur lente déploration se psalmodie en vers courts, souvent de six ou quatre pieds. On retrouve la même technique et les mêmes recherches dans *Didon se sacrifiant*, du même auteur, dont le sujet pathétique est emprunté, ce n'est pas un hasard, à un texte poétique : le IVe Livre de l'*Énéide*. La poésie se lie pour longtemps et indéfectiblement au tragique.

Ces deux pièces, en attirant de nouveau l'attention sur la douleur extrême d'un seul personnage féminin, redonnaient de l'importance à la notion même de personnage « dont la réalité s'était dissoute dans l'art collectif des derniers mystères » (J. Schérer, *in* : *Le Théâtre en France*, dir. J. de Jomaron, A. Colin, 1988, I, p. 100 ; voir aussi l'ensemble du chapitre intitulé « Le Théâtre Phénix », p. 90 à 110). De plus, dans la perpective humaniste, le personnage n'est pas réduit à ses seules actions, mais construit son essence uniquement par le langage, avec monologues et récits. Enfin, l'apport décisif de Jodelle à l'écriture de la tragédie aura été de placer ces personnages dans les dernières heures d'une précipitation catastrophique, à l'instant où il basculent dans la chute. Peu de temps après les représentations de *Cléopâtre captive*, pour célébrer le succès de celui qui, selon Ronsard, « le premier [...] françoisement sonna la grecque tragédie », fut offert à Jodelle un bouc dans une fête à l'antique qui fit accuser Ronsard de paganisme. L'acte de renaissance de la tragédie était signé.

On pourrait à juste titre considérer aussi comme fondatrice la tentative d'un exilé protestant à Lausanne, Théodore de Bèze, dont la pièce, *Abraham sacrifiant*, jouée en 1550, choisit un des épisodes les plus dramatiques des Écritures. Cette pièce explore, avec des visées apologétiques, une voie parallèle à celle de Jodelle. Cette fois, c'est l'irrémédiable de l'acte, comme le titre le souligne, qui fonde le tragique. En conséquence, la pièce, qui garde encore quelques souvenirs du Moyen Âge avec les personnages de l'Ange et de Satan, néglige les jeux rhétoriques de la Pléiade et porte l'attention sur le déchirement psychologique des personnages. L'hésitation d'Abraham est ainsi rendue par un très long monologue. Cette tragédie s'avère extrêmement « moderne » dans sa façon de superposer les lieux, de mêler l'actualité du siècle au récit biblique, de juxtaposer la farce au tragique, d'introduire des chœurs de bergers qui chantent des cantiques. La tentative fut cependant trop isolée pour créer un mouvement, malgré l'essai d'un Loys des Masures qui chercha plus nettement que de Bèze à créer un syncrétisme entre le mystère, la tragédie humaniste et le zèle religieux, avec une trilogie sainte mettant en scène le personnage de David : *David combattant, David triomphant, David fugitif.*

En revanche, la *Cléopâtre* suscita quelques épigones : J. de La Péruse, qui probablement joua la pièce de Jodelle, donna avant de mourir, à l'âge de vingt-cinq ans, une intéressante *Médée* (1533, imprimée en 1556, alternant, la première, rimes féminines et masculines) ; N. Filleul, dont *La Mort d'Achille* (1563) et *La Mort de Lucrèce* (1566) ne manquent pas de force, surtout dans les récits ; Jean de la Taille, avec *Saül le furieux* (1572) qui brosse le portrait d'un roi tourmenté, et *La Famine ou les Gabaonites* (1573) qui en est la suite et qui se termine dans un pathétique sanglant à la Sénèque. Les plus affirmés de ces continuateurs de Jodelle furent certainement : J. Grévin, dont le *César* (1561) multiplie les effets oratoires et les vibratos pathétiques ; Rivaudeau, préoccupé de théorie qui, en publiant sa seule pièce, *Aman* (1566), souhaita le premier que le temps de l'action représentée se superposât exactement à celui de la représentation et usa du mélange des genres, faisant passer l'intrigue du sévère au plaisant tout en conservant poses nobles et dolentes ; R. Garnier enfin, dont l'œuvre, composée de sept tragédies et d'une tragi-comédie, offre de cette première époque l'ensemble dramatique le plus structuré et le plus cohérent dans l'esprit et la forme.

Nécessité est faite à l'historien d'aujourd'hui de replacer ces recherches esthétiques dans leur contexte socio-culturel et d'en apprécier scrupuleusement les intentions : par exemple, celle d'écrire des tragédies pour se démarquer définitivement de la tradition médiévale, ou de rechercher, avec des visées didactiques, des sujets qui étayent les débats moraux et politiques du temps ou, pour les écrivains les plus proches des tensions religieuses, de développer les thèmes du sacrifice et de l'expiation. Chez Garnier s'affirme une visée politique et religieuse avec le souhait d'une marche vers l'ordre et l'harmonie. Les événements décrits dans ses tragédies tissent de constants rapports avec la situation agitée du moment : ainsi dans *Porcie* (1568), qui précise dans son titre « tragédie française [...] propre et convenable pour y voir dépeinte la calamité de ce temps », *Cornélie* (1574), *Marc-Antoine* (1578), *La Troade* (1579) ou *Antigone* (1580). Mais ses pièces dépassent toutes les contingences du temps pour accéder aux chants plaintifs nés de la cruauté des souffrances humaines : ainsi dans *Hippolyte* (1573), qui inspirera Racine pour sa *Phèdre*, et surtout dans *La Troade* (1579) et *Les Juives* (1583).

Sur un arrière-plan de massacres et de terreurs insoutenables se succèdent des tableaux lyriques et pathétiques scandés par une versification solennelle. Ce tragique, d'essence poétique et incantatoire, amplifié par le statisme de l'action et la raideur psychologique de personnages ployant sous le faix de maux trop pesants, devient une lente exploration des meurtrissures d'âmes douloureuses. Le ton dominant de la tragédie de ce temps, dans un climat de stoïcisme chrétien, est d'abord celui de la déploration.

« Baroque » et tragique

Aborder la question du baroque au théâtre reste encore un sujet quelque peu tabou, car c'est toucher au cœur de la problématique des genres et en particulier aux rapports entre drame et tragédie.

❒ ***Le concept de « baroque ».*** Si le concept de baroque est né avec les théoriciens romantiques lors de leurs attaques contre le classicisme, il a fait long feu malgré l'intérêt porté par Th. Gautier à quelques poètes « grotesques », considérés comme irréguliers, du XVIe siècle et du début du XVIIe siècle. D'autre part, au théâtre, le terme et les formes qu'il recouvre restent entièrement imprécis et d'autant plus dévitalisés que l'historiographie littéraire a réduit en général le baroque à une simple séquelle de l'architecture et de la peinture, arts dans lesquels, en revanche, il jouit d'un statut valorisé.

Après le regain d'intérêt porté à la fin du siècle dernier aux écrivains baroques, la critique n'est revenue avec sérieux à l'étude de ce mouvement que dans les années 1950-1960. À ce moment, l'étude des formes invitait à un réaménagement des dogmes historiques et à une redéfinition de la notion même de littérature hors des pétitions de principe de l'hégémonie classique. C'est alors que l'on comprit l'impossibilité de minimiser l'importance de l'écriture baroque, comme l'avait souvent fait la critique traditionnelle en la considérant d'abord comme un mouvement étranger à l'équilibre du génie français. Pour ce mouvement à l'écriture pittoresque, certes, mais d'un vitalisme débridé, la reconnaissance fut d'autant plus malaisée que les écrivains « baroques » ne se sont jamais définis en fonction de règles d'école, et qu'en conséquence ils ont échappé à des siècles de critique normative qui les a ignorés, mais aussi, dans un sens, préservés.

On peut toutefois tenter, comme le fait G. Genette à propos d'une pointe rhétorique de Saint-Amant, de les définir par quelques notions générales qui, au théâtre du moins, répondent à un dessein commun d'établir « une véritable dramaturgie de l'opposition, dont le mouvement est un chassé-croisé de défis et d'affrontements, oscillant entre la mécanique du ballet de cour et celle du duel, et qui traite les Sentiments, les Intérêts, les Gloires, les Volontés comme autant de figures d'un hiératique tournoi » (« L'or tombe sous le fer », *Figures I*, 1966, p. 35). Reste encore à redécouvrir aujourd'hui, l'immense territoire dédaigné de la dramaturgie du baroquisme dont les œuvres de A. de Montchrestien et de A. Hardy donnent un aperçu. Ces deux auteurs sont parmi les premiers, à notre connaissance, à avoir animé ce statisme de la dramaturgie littéraire de la première Renaissance et à avoir donné à l'expression tragique le goût du spectaculaire et du mouvement.

❒ ***A. de Montchrestien.*** Certes, les tragédies de Montchrestien gardent encore l'aspect déclamatoire, sententieux et lyrique des tragédies antérieures, mais le même feu intérieur qui semblait brûler l'auteur passe dans des situations provocatrices comme dans celles de *David ou l'Adultère* (éd. 1601) qui causa scandale, ou de *L'Écossaise ou le Désastre* (éd. 1601) qui empunte directement à l'histoire contemporaine, celle de Marie Stuart. Aujourd'hui, la critique semble plutôt s'intéresser, dans son *Hector* (éd. 1601), au syncrétisme qui lie un héros d'Homère à l'éloquence cicéronienne, le tout dans une intrigue de type sénéquéen où, comme dans d'autres de ses pièces (*La Carthaginoise ou la Liberté*, 1596 ; *les Lacènes ou la Constance*, 1600), les événements se précipitent à l'approche du dénouement. Cette accumulation, en fait, paraît la parfaite illustration d'un tragique baroque qui explore les failles de l'individu, en faisant alterner chez ses héros certitudes et ruptures. On peut encore noter chez Montchrestien un double souci d'écriture : littéraire d'abord, qui le porte à corriger soigneusement ses éditions, scénique ensuite, qui le conduit à la rédaction de didascalies très précises.

❐ ***A. Hardy.*** Ce double souci, Hardy le connaissait bien lui aussi qui avait lié sa destinée à des troupes itinérantes, en particulier à celle de Valleran-Lecomte. Il est ainsi devenu l'auteur français le plus prolixe, en n'ayant qu'un soin modéré des théories et des règles de la tragédie. En effet, dans ces temps où l'humanisme connaît, à la fin du siècle, une manière de crise, se multiplient les tragédies irrégulières, au volontaire débraillé romanesque, qui brusquement abandonnent à nouveau les sujets antiques. De l'œuvre immense de Hardy (le chiffre de 700 pièces a été avancé) restent aujourd'hui treize tragédies et quatorze tragi-comédies, bien injustement délaissées comme *Coriolan, Mariamne* ou *Scédase*. Une des raisons essentielles de cet abandon tient très probablement à la violence et à la licence morale de certaines scènes s'insérant dans le laisser-aller général de l'intrigue. Il est vrai que des titres de tragi-comédies comme *La Force du sang* ou *Elmire ou l'heureuse bigamie* parlent d'eux-mêmes et montrent que les procédés les plus violents sont utilisés pour susciter l'émotion tragique. Ainsi encore dans *La Belle Égyptienne* ou *Félismène*, qui font appel au meurtre, dans *Lucrèce* qui montre des séries d'adultères, et *Gésippe ou les Deux Amis* des situations tout aussi scabreuses. D'autres part, abondent dans ces intrigues des coups de théâtre avec des mouvements scéniques heurtés qui négligent les unités, autant d'éléments longtemps rédhibitoires pour figurer dans les manuels.

Sa grande habitude de la scène toutefois, hors du souci de trop complaire à des théoriciens, porte peu à peu Hardy à modifier la structure délibérément chaotique de ses tragédies en rognant d'abord sur la longueur des monologues et des récits. Puis il supprime les chœurs, remplacés par des sortes de monodies lyriques. Enfin, paraissant suivre en cela les préceptes de La Taille et les principes de Garnier, il cherche à prendre l'intrigue au moment le plus proche de la crise finale pour provoquer un dénouement par le heurt des caractères et le conflit des passions. Paradoxalement, Hardy, contre sa nature, semblait s'engager par la porte étroite d'un théâtre fait pour satisfaire les doctes, alors que son écriture le portait naturellement vers la tragi-comédie où s'exprime avec le plus d'aisance son baroquisme.

❐ ***Théophile de Viau.*** En fait, une des œuvres dramatiques les plus convaincantes de cette esthétique baroque, ne serait-ce que par l'extraordinaire succès qu'elle remporta à l'époque, est due encore à un poète : Théophile de Viau. Son unique pièce, *Pyrame et Thisbé* (1623), par sa densité tragique, la ferveur de son lyrisme, la fatalité sanglante de son dénouement, s'impose comme le démenti scénique le plus cinglant opposé à toutes les règles alors en cours d'élaboration. Peut-être est-ce dû au fait que l'écriture de la poésie baroque, qui introduisait « un ordre factice dans la contingence des choses » (G. Genette, *op. cit.*, p.33), trouvait sur la scène une de ses terres d'élection en jouant avec la magie des apparences. Ce goût de l'illusion, de l'impétuosité et de l'outrance devait trouver ses prolongements les plus riches dans l'univers de la tragi-comédie.

La tragi-comédie ou « l'heureuse catastrophe »

Bien que le terme de « tragi-comédie » apparaisse, dès l'Antiquité, dans le prologue de *L'Amphitryon* de Plaute dit par le dieu Mercure, l'on se trouve dans l'embarras lorsqu'il s'agit d'en définir précisément les caractéristiques. En France, le terme entre dans l'écriture théâtrale autour des années 1550 ; il était déjà utilisé ailleurs en Europe, en Italie par C. et M. Verardi dès 1494 dans *Fernandus Servatus*, et en Espagne dès 1499 avec *La Tragicomédie de Calixte et Mélibée (La Célestine)* de F. de Rojas, sans que ces acceptions recouvrent exactement le sens du terme français. La définition donnée par le *Dictionnaire général des Théâtres* (1812) de Babault résume assez bien les deux acceptions françaises d'un terme aux contours indécis recouvrant une réalité dramatique tout aussi imprécise :

> La tragi-comédie est un poème où le sérieux de la tragédie se trouve marié au plaisant de la comédie. On a encore donné ce nom à un poème dramatique renfermant les aventures de personnages héroïques qui finissent par une heureuse catastrophe.

Cette dernière formule semble être directement reprise de Mairet qui, dans la préface de *Silvanire*, parle d'une « joyeuse et comique catastrophe ». Mélange des genres et des tons du langage, irrégularité dans la construction, importance donnée à l'itinéraire d'un héros, plus aristocrate que populaire, en quête d'identité et d'amour fou dans une parfaite liberté de comportement, telles sont les caractéristiques essentielles d'une forme dramatique qui perdura, avec des succès prodigieux, pendant tout un siècle, des années 1580 jusqu'aux années 1670.

❒ ***Un genre composite.*** Tout s'est en somme passé dans l'histoire des genres comme si, entre la discipline morale des humanistes et la férule formelle des théoriciens du classicisme, s'était fermement établie une inspiration dramatique dont la nature intime était, sans que le dogme en soit nettement formalisé, de choisir le composite et l'impur. Le dictionnaire de Babault termine ainsi l'article « Tragi-comédie » déjà cité :

> Aujourd'hui, que le théâtre et le goût se sont rapprochés de la nature et du génie des anciens, la tragi-comédie est absolument proscrite.

Ce qui de fait a souvent été remis en cause, c'est la légitimité même de la tragi-comédie, son droit à l'existence. Au XVIIIe siècle encore, au moment du procès intenté à la tragédie classique, Diderot prend bien soin de distinguer l'esthétique inconvenante de la tragi-comédie de celle du drame qu'il élabore : « Vous voyez que la tragi-comédie ne peut être qu'un mauvais genre, parce qu'on y confond deux genres éloignés et séparés par une barrière naturelle » (*Entretiens sur le Fils naturel*). Pour L.-S. Mercier, un autre créateur du drame qui admet implicitement la dualité du système classique, la tragi-comédie relève de même de « l'enfance de notre théâtre » (*Du théâtre*).

Cependant, après le jeu des moralités du Moyen Âge, qui sous le nom de « tragi-comédies religieuses » se perpétuèrent encore dans les collèges, après les variations, surtout livresques, des tragédies humanistes, la tragi-comédie cherche, dans un premier temps, à se définir par le romanesque, les aventures héroïques et galantes d'amants séparés, et surtout par la prédominance du spectaculaire, de l'intrigue et de l'impétuosité de l'action. C'est moins ici la poésie du langage qui semble compter, que la poésie et le rythme des actions traitées pour elles-mêmes dans toutes leurs variations : rapts, disparitions, reconnaissances, duels, trahisons, guets-apens, méprises, quiproquos, enchantements divers. Comme dans *Clitandre* (1631) de Corneille, qui marque un des sommets du genre, sont valorisés à l'extrême, dans une intrigue inextricable où deux femmes sont amoureuses du même homme, les magies et les mensonges de l'acte théâtral, reflets de l'ambiguïté des apparences du réel. On perçoit, dans ces scènes, la complicité d'écriture que ce genre entretient avec les notions modernes d'un tragique inséré dans un comique de dérision des valeurs, comme si les deux éléments étaient consubstantiels. Encore que, dans la tragi-comédie, il faille le plus souvent entendre l'inspiration comique comme un simple débraillé de l'instinct. En France, en effet, comique et rire ne se retrouvent pas forcément liés, dans la pratique comme dans la théorie ; de cette tradition naîtra au XVIIIe siècle la comédie larmoyante et le drame.

❒ ***Le principe de plaisir comme fondement du genre.*** On date généralement de la *Bradamante* (1582) de Garnier, inspirée du *Roland furieux* de *l'Arioste*, le début de la grande époque de la tragi-comédie en France, dont on trouve des échos dans le *Roman comique* de Scarron. Tel vers dit par le héros Roger, prince sarrazin converti, en traduit à la fois le ton et le fond : « J'irai nu de poitrine à travers mille piques » (III,1). Réplique qui est tout à fait dans l'esprit de ceux qui donnèrent au genre ses premières impulsions : Du Ryer, Rayssiguier, Mareschal dont le désir précisément était d'accorder l'élégance d'une langue à la violence héroïque de sentiments extrêmes qui porteront parfois jusqu'à la folie ou même au suicide (comme dans *Cléomédon*, 1636, de Du Ryer ou *Amalasonte*, 1658, de Quinault). On pourrait encore citer de cette période faste, de Du Ryer : *Arétaphde* (1628), *Clitophon* (1629), *Argénis* (1629), *Alcimédon* (1632) ; de Rayssiguier : *La Célidée* (1635), *Les Tuileries* (1636) ; de Mareschal : *La Généreuse Allemande* (1628-1629), dont la préface l'impose comme un des rares théoriciens du genre revendiquant haut et fort la liberté des créateurs contre la suffisance des théoriciens :

> Nous autres, dans cette préface, prenons du lieu, du temps et de l'action ce qu'il nous en faut pour le faire curieusement et pour le dénouer avecque grâce, en surprenant les esprits par des accidents qui sont hors d'attente, et non point hors d'apparence...

On ne saurait mieux en somme définir le programme suivi par ces auteurs, dont les pièces entremêlaient à un lyrisme relâché une surabondance d'actions désordonnées. Pour eux, la finalité première était le principe de plaisir. Plaisir d'abord de l'écrivain dans un acte de création libéré des contraintes, et plaisir du spectateur dans une réception délivrée des tyrannies codificatrices du goût. C'est une manifestation réitérée de ces convictions d'une perception hédoniste de l'art théâtral que l'on trouve dans la Préface au lecteur qu'écrivit F. Ogier au *Tyr et Sidon* (1628) de Jean de Schélandre. Cet ami de Guez de Balzac réaffirme dans ce texte d'une grande clarté l'évolution et la relativité de la notion de beau. Il revendique, en outre, le mélange des genres au nom d'une imitation de la nature, du vraisemblable en somme, car, comme il le précise, ce serait « ignorer la condition de la vie des hommes, de qui les jours et les heures sont bien souvent entrecoupés de ris et de larmes, de contentement ou d'affliction selon qu'ils sont agités de la bonne ou de la mauvaise fortune ».

En réalité, l'ensemble de ces écrivains, s'ils refusent l'héritage de la tragédie antique, s'inspirent directement de pièces du théâtre italien qu'ils considèrent comme des chefs-d'œuvre absolus et des œuvres de référence : *L'Aminta* (*Amyntas*,1573) du Tasse et *Il Pastor fido* (*Le Berger fidèle*, 1580-1590) de Guarini. Avec leur sensualisme raffiné, les jeux subtils de trompe-l'œil et de faux-semblants, les enchevêtrements de leur trame dramatique, ces pastorales portaient en Italie le nom de tragi-comédies et illustraient les doctrines des *moderni*. C'était une raison supplémentaire de garder l'appellation de « tragi-comédie ». Ces extrêmes artifices de la tragi-comédie pastorale touchaient aussi à l'art du roman avec lequel elle entretenait toutes les complicités, en particulier avec *L'Astrée* (1607-1627) d'H. d'Urfé et ses modèles italiens et espagnols, *Amadis*, *Arcadia* (1502) de Sannazar ou *Galatea* (1584) de Cervantès. La topographie amoureuse de ces romans accentua encore la convention délibérément entretenue par la tragi-comédie d'entraîner ses héros dans des chassés-croisés amoureux sur des territoires éloignés, pendant de longues années. Le théâtre comme le roman, dont à certains moments il apparaît comme le décalque, affichait spectaculairement ses utopies pour préserver entière sa liberté et le foisonnement souvent contradictoire de son imaginaire, avec des ruptures, de la démesure, des surcharges. L'unité des pièces est celle du constant et multiple péril pour les personnages en jeu et, structurellement, une manière de plénitude née précisément de l'harmonie brute des contrastes. Même si les héros parfois y trouvent la mort, comme dans le *Bélisaire* (1643) de Rotrou ou l'*Aristoclée* de Hardy, leurs aventures participent toujours de l'initiation valorisante. Le personnage se façonne en surmontant les épreuves et en trouve toujours l'aboutissement gratifiant.

Un jeu avec les formes qui consistera à tenter d'insérer dans le cadre étroit de nouvelles conventions dramatiques le foisonnement d'une intrigue à rebondissements sera mis en place par la *Silvanire* (1631) de Mairet et le *Discours poétique* qui la précède, le tout faisant suite à sa *Sylvie* (1628) très proche, elle, de l'inspiration pastorale et de ses complications. Ces jeux expérimentaux tempèrent d'une certaine façon les tentatives plus osées qui avaient précédé, chez A. Hardy par exemple, avec *Théagène et Chariclée* (1623), divisée en huit journées et quarante actes qui s'étendent sur deux ans, et dans lesquels s'accumulent fuites, naufrages, séparations, reconaissances ; *La Force du sang*, dont l'intrigue se développe sur sept ans ; *Elmire*, dont l'action se déroule successivement en Allemagne, à Rome et en Égypte.

❐ ***L'évolution vers la tragédie « classique »***. À dater des années 1630, les auteurs opéreront un continuel va-et-vient entre les techniques de la tragi-comédie et de la tragédie « classique » peu à peu élaborée par les doctes. Ainsi Mairet, après avoir assis les dogmes classiques avec sa *Sophonisbe* (1635), revient aux pratiques les plus débridées et les plus inventives de la tragi-comédie avec *L'Illustre corsaire* (1637), *Athénaïs* (1638) ou *Sidonie* (1640) ; J. de Schélandre, avec *Tyr et Sidon* (1628), réécrit en tragi-comédie une tragédie antérieure sur le même sujet ; Rotrou enfin, avec l'ensemble d'une œuvre abondante et contrastée, semble vouloir continuellement dépasser toutes ces contradictions.

En insistant comme indifféremment sur l'un ou l'autre aspect des requêtes dramatiques du temps, Rotrou en effet rend plus ambiguës encore des frontières déjà peu repérables. Certaines de ses pièces soit poussent le baroquisme et l'entassement des événements jusqu'à la limite du possible, comme *Les Occasions perdues* (1633), *Venceslas* (1647), soit cherchent à ressembler à une tragédie régulière comme *Hercule mourant* (1634), *Bélisaire* (1643) ou *Cosroés* (1649). Quant à son *Saint-Genest* (1647), il fait la part des deux esthétiques. En introduisant des scènes où l'exaltation de la vérité et de la mort naissent toutes deux des leurres du réel, il paraît défendre à la fois la nécessité des illusions et celle de conventions qui pourraient les rendent crédibles et véridiques.

L'ensemble de ces écrivains de l'époque baroque manient allégrement le paradoxe dans la pratique simultanée de ces deux modes d'écriture, ce qui infirme une nouvelle fois l'idée d'une évolution rectiligne du tragique vers le lissé racinien, lentement ébarbé des pseudo-irrégularités de la tragi-comédie. Ainsi encore de Scudéry, aussi à l'aise dans les épisodes tourmentés des tragi-comédies du *Trompeur puni* (1633), de l'*Amant libéral* (1638-1639) ou d'*Ibrahim ou l'Illustre Bassa* (1642), qu'en zoïle, adversaire de Corneille lorsqu'il fait jouer *La Mort de César* (1635), *Didon* (1636) et rédige les *Observations sur « le Cid »* (1637). *Le Cid* précisément est une de ces tragi-comédies « assagies » qui tentent d'opérer une fusion entre les exigences conjuguées de la toute nouvelle Académie française, enfantée par un pouvoir politique fort, et le débordement créatif des auteurs.

Un public français progressivement élargi ne cessa jamais, même à la grande époque des tragédies régulières, d'apprécier l'esthétique de tragi-comédies romanesques, de tragi-comédies d'aventures, avec la variation sentimentale de tragi-comédies d'amours contrariés ou celle plus sobre de tragi-comédies de « palais ». Ce phénomène dura jusqu'à la fin du siècle avec les œuvres de Quinault (*Les Coups de l'amour et de la fortune*, 1655 ; *Le Fantôme amoureux*, 1656 ; *Le Feint Alcibiade*, 1658 ; *Agrippa ou le Faux Tiberinus*, 1662) et surtout de Thomas Corneille dont le *Timocrate* (1656) a été le plus retentissant succès du XVIIe siècle. En effet, cette exceptionnelle réussite (quatre-vingts représentations à la suite) semble s'expliquer par l'adhésion à cette éthique du spectaculaire, de l'enchantement et de la passion débridée, de toute une classe bourgeoise enrichie venant participer à la fascination déjà exercée par ce genre sur une aristocratie gourmée par la préciosité, mais tapageuse.

Tout compte fait, cette tragédie « heureuse », avec l'allant d'une fronde littéraire qui élude les sujets directement historiques pour s'intéresser aux intérêts privés, développe le motif de l'inégalité des rangs et des fortunes, entraîne délibérément ses héros et ses spectateurs dans une errance fiévreuse et met en place, selon la formule d'A. Niderst, une « distanciation baroque » (*Dictionnaire des littératures de langue française*, Bordas, 1984, art. « Quinault ») qui souligne violemment les conventions pour affirmer l'autonomie et la vérité du spectacle hors des pressions sociales et politiques et de l'illusion vériste des caractères. C'est bien « un classicisme du rêve » (A. Niderst, *ibid.*) qui semble, en parallèle du classicisme doctrinal, avoir investi le siècle de Louis XIV.

En 1660, au moment où précisément Louis XIV monte sur le trône, le terme de tragi-comédie a disparu (avec, semble-t-il, le *Don Sanche d'Aragon*, 1650, « comédie héroïque » de Corneille), et le genre semble prêt alors à se fondre entièrement dans le spectaculaire des tragédies à machines. Le vocabulaire des théoriciens, quant à lui, superpose à ce moment-là presque exactement les termes de « tragique » et d'« héroïque », comme le fait sciemment l'abbé d'Aubignac dans son *Art poétique* lorsqu'il critique la pratique de la tragi-comédie « dont la catastrophe est heureuse encore que le sujet et les personnages soient tragiques, c'est-à-dire héroïques » (cité par R. Guichemerre, *La Tragi-comédie*, P.U.F. p. 12). Formulée avant la naissance de l'écriture racinienne, cette assimilation d'une notion à l'autre, déjà pratiquée par Corneille, montre assez qu'on ne saurait réduire aujourd'hui la tragi-comédie à n'être qu'un sous-produit dramatique pittoresque ou simplement la première mouture maladroite de l'esthétique de la tragédie classique.

L'itinéraire suivi par un des meilleurs auteurs de tragi-comédies de l'époque, F. de Boisrobert, révèle d'une façon exemplaire l'originalité et les tensions propres à cette époque et à cette écriture. Protestant abjurant sa foi pour devenir abbé, puis homme lige de Richelieu, il est à l'origine de la création de l'Académie française dont il fait partie. Pendant la querelle du *Cid*, il sert de lien entre Richelieu et l'Académie, et probablement s'attire la collaboration du maître théoricien, l'abbé d'Aubignac, pour l'écriture d'une tragédie dans les règles : *Palène*. Ce qui ne l'empêche pas de composer des tragi-comédies qui sont, comme *Pyrame et Lysimène* (1633) ou *Les Rivaux amis* (1639), des modèles de complications dramatiques, et de proposer dans ce même esprit, et au mépris de ses propres affirmations sur l'idéal classique, la plus réussie de ses pièces : *Théodore, Reyne de Hongrie* (1657). L'œuvre de Boisrobert souligne ainsi toutes les contradictions de l'époque et met en avant le vice premier de la tragi-comédie, celui de s'afficher effrontément comme un art du composite, du compromis, sans parvenir à théoriser sur le spectaculaire et sur un tragique né de l'incertitude et de la précarité des événements.

La tragédie régulière

L'éclosion de la tragédie « classique », celle qui a tenté de suivre au plus près le primat des règles, marque vers 1640 la victoire de « doctes » que l'on appelait « les Réguliers ». Ces écrivains, en petit nombre, et à la tête desquels l'on trouvait Chapelain, Scudéry et l'abbé d'Aubignac, gravitaient tous autour de Richelieu qui venait de créer l'Académie française (1635). Ce sont eux qui finalement modelèrent le goût d'une société aristocratique, en réalité bien plus séduite par la liberté de ton et de manières des spectacles visuels proposés par les tragi-comédies et les tragédies à machines. Ces réticences conduisirent à une crise profonde de la représentation tragique autour des années 1650, avec en particulier le premier renoncement de Corneille. La *Pratique du théâtre* de d'Aubignac ne paraîtra finalement qu'en 1657, et ce n'est que vers 1660 que les exigences des théoriciens, celles des philosophes et de l'idée de raison, recoupent les vœux d'un pouvoir centralisateur et d'un public désormais réceptif et docile, qui a lu Descartes, Pascal et La Rochefoucauld.

❐ ***L'exigence de la « tristesse majestueuse ».*** Une éthique du désespoir dénudant un homme solitaire pour le précipiter pendant une longue journée vers une catastrophe attendue avec, pour seule défense, entre les murs d'un vestibule, un langage porté à son plus haut degré de clarté et de cruauté, tel est en somme l'aboutissement de ces longues querelles de préfaces où l'on sent bien que les enjeux dépassent largement le cadre étroit d'une simple forme dramatique. Il convient de ne pas perdre de vue que la tragédie que nous appelons aujourd'hui « classique » était pour l'époque une tragédie due à des « modernes », qui souhaitaient réformer en profondeur l'art théâtral en travaillant essentiellement sur les idées de concentration et de simplification (ainsi que le développe Racine dans les préfaces de *Britannicus*, 1669, et de *Bérénice*, 1671). Bien sûr Aristote, surtout revu par les théoriciens italiens du XVIe siècle, essentiellement Scaliger et Castelvetro, fut mis à contribution. Car dans le recours habituel aux arguments d'autorité, il ne venait à personne de mettre en doute les dogmes aristotéliciens, fussent-ils fabriqués de toutes pièces ou revisités par le rationalisme cartésien. Les vérités esthétiques, comme en théologie, se fondaient alors sur les certitudes d'exégèses aléatoires. Toutes ces arguties cependant présentaient un point commun : la subordination du spectacle au texte, au « poème », lui-même débarrassé de toutes les scories didascaliques qui abondaient dans les pièces à machines.

Une autre exigence s'imposait, montrer la noblesse et la majesté de la souffrance. Les héros de la mythologie et de l'histoire grecque ou romaine semblaient alors seuls dignes, par cet éloignement qui grandit et idéalise, de figurer dans ce panthéon des douleurs. D'autre part, le souci initial de resserrement et de concentration conduisit, dans le droit fil, à la proscription de tout épisode comique ou simplement familier, c'est-à-dire à l'unicité de ton. Le comique et la dérision ne devaient plus, comme dans la tragi-comédie, éroder de l'intérieur un tragique toujours présent ni le mettre en passe d'être éludé par les événements ou la volonté des hommes. Dans cette voie sans issue, la douleur pouvait alors atteindre, par le biais d'une expression versifiée, à une pureté paroxystique inégalée.

Dans ce même souci d'intensité, les dramaturges furent amenés à réduire les effets et les coups de théâtre et surtout le nombre des personnages, si bien que la présence de la mort n'était plus nécessaire. C'est en somme la *Bérénice* de Racine qui marque l'aboutissement de cette densification de « la tristesse majestueuse » de l'écriture tragique, composée avec le souci de « faire quelque chose de rien » dans « une action simple, soutenue de la violence des passions, de la beauté des sentiments, et de l'élégance de l'expression » (Racine, préface de *Bérénice*, 1671).

❒ ***Un théâtre « humaniste ».*** En conséquence, que ce soit chez Corneille ou chez Racine, un chœur qui glose sur les décrets du destin et amplifie le pathétique pour finalement proposer une sage résignation, ne s'impose plus. Cette absence du chœur veut signifier au bout du compte, hors de tout souci de réalisme, l'indépendance acquise définitivement par des personnages qui semblent afficher leur autonomie et proposer une conception idéaliste et humaniste du théâtre où le seul langage serait la référence de l'être et l'indice de sa profondeur psychologique.

Enfin, à cause même de la présence de ces grandes âmes agitées de grands desseins, la crise finale de chaque tragédie sera essentiellement politique et mettra en jeu les éléments fondateurs ou contestés de la morale privée et publique. Du sublime cornélien engageant à la conquête passionée des valeurs (« Je suis maître de moi comme de l'univers », *Cinna*, V, 3) jusqu'à la fièvre destructrice des héroïnes raciniennes, se dégage un territoire dont l'homme est le pivot parce qu'il a définitivement chassé, malgré les restes de quelques apparences, la notion de sacré de l'espace tragique. On s'explique mieux ainsi que la troublante modernité du XVIIe siècle, qui a mêlé les pouvoirs « de la Némésis antique et de la Providence chrétienne dans l'accomplissement de l'homme et la restitution de l'ordre » (J. Vier, *Histoire de la litérature française*, A. Colin, 1959, p. 161) trouve encore en nous, par le truchement de nouvelles mises en scène, des échos insoupçonnés.

*L'*agôn *Corneille-Racine*

Longtemps les réflexions sur la tragédie classique ont achoppé sur l'*agôn* Corneille-Racine, sur un affrontement littéraire qui, à la manière des concours de l'Antiquité, souhaitait opposer les deux hommes. On revenait continuellement à ce débat d'idées, qui semblait alors fondamental et portait, selon la formule de La Bruyère, sur « les hommes tels qu'ils devraient être » et « les hommes tels qu'ils sont ». Depuis toutes les querelles qui sont nées à l'époque autour du *Cid*, puis plus tard autour de *Bérénice* et de *Tite et Bérénice*, ce n'est point seulement la littérature ou le théâtre qui étaient en cause, mais bien des choix de civilisation. Cette querelle montre assez l'intrication entre une forme dramatique, la tragédie, que l'on souhaite fixe et épurée, et un ordre politique voulu immuable et absolu. Si l'on replace cet *agôn* dans le contexte de l'histoire politique et littéraire de l'Europe, l'on s'aperçoit qu'il s'agit ici d'un phénomène purement national qui a donné naissance à un genre théâtral universellement admiré certes, mais qui s'est difficilement adapté ailleurs en Europe.

Si toutefois, en entrant dans ce jeu de l'opposition Corneille-Racine, l'on ne s'intéresse qu'aux variations sur les formes, l'on pourrait dire que Corneille est un infatigable expérimentateur de modèles tragiques dont il explore avec hardiesse et minutie toute les possibilités, alors que Racine a semble-t-il épuisé, au point de rendre toute imitation ultérieure impossible, toutes les virtualités d'un seul et même moule en transformant l'utilisation des règles en nécessité poétique.

❒ ***Corneille.*** La carrière de Corneille commence paradoxalement par une tragédie pseudo « régulière », *Médée* (1634-1635), dont le contenu prend toute sa force dans le spectaculaire puisque l'on y voit Médée emportée sur un char tiré par un dragon et Jason se suicidant sur scène. À elle seule cette pièce posait les contradictions de la représentation tragique au XVIIe siècle et traçait les limites extrêmes entre lesquelles allaient s'inscrire les expérimentations cornéliennes. Quant au personnage de Médée, il donne déjà, dans l'exercice de ses crimes et l'héroïsme de son comportement, la mesure de la grandeur d'âme des héros cornéliens et celle de la cruauté mentale qui allait devenir une des dimensions maîtresses du tragique. La portée esthétique de ces expériences qui comme celle de *Don Sanche d'Aragon* quelques années plus tard, ouvrait des voies neuves pour le théâtre, n'a pas toujours été perçue à sa juste valeur. Il en a été de même pour *Le Cid* (1637) qui s'est voulu une tentative délibérée de syncrétisme entre le vitalisme de la tragi-comédie dont les actions tumultueuses ont été rejetées en coulisses, et l'idéal tragique des doctes qui voulait donner aux mots la violence scénique des actes. L'attaque dans la querelle porta cependant ailleurs, sur l'invraisemblance de trop d'événements dans les vingt-quatre heures requises et sur le comportement de Chimène qui choque les bienséances. L'extraordinaire succès de la pièce fut rendu suspect par les arguties des doctes qui, obnubilés par les débats amoureux, n'avaient finalement pas perçu ce qui les recouvrait : la réflexion politique et l'Histoire, devenues sources romanesques du tragique. C'est bien sur ce point en réalité que s'affirme l'originalité de Corneille, qui sait argumenter avec autant de sagacité que le meilleur des doctes. Dans les pièces qui suivirent, il utilisera en effet la concentration imposée par l'obéissance aux règles pour approfondir l'étude de l'effet dévastateur des mots en politique et par là-même « rendre la “sensation”, la complication et la vitalité cancéreuse du conflit politique » (G. Steiner, *La Mort de la tragédie*, Folio, 1993, p. 63).

Pour ce faire, c'est le thème de Rome qu'il mit en œuvre, d'abord dans une série de quatre tragédies « régulières » qui trouvaient la justification de leur régularité dans le développement du sujet lui-même : *Horace* (1640), *Cinna* (1642), *Polyeucte* (1642-1643) et *La Mort de Pompée* (1643-1644). Se met de la sorte en place une tragédie politique où s'instaure une réflexion que les romantiques reprendront (*Hernani*, *Ruy Blas*, *Léo Burckart*) en plaçant leurs héros au point de convergence entre la violence passionnée des comportements individuels et les aléas des jeux politiques. Dans la suite de sa carrière, Corneille prolongera encore ces études romaines sur les exigences de forces souvent contradictoires avec *Nicomède* (1651), réflexion sur la légitimité de l'insurrection, *Sertorius* (1662), *Othon* (1664) et *Suréna* (1674). On ne considère plus aujourd'hui cette dernière pièce comme le testament d'un Corneille désabusé, mais bien plutôt, avec ce héros qui se laisse assassiner dans un sanglot amoureux, comme l'aboutissement d'une réflexion débouchant sur le constat de l'inévitable subversion de l'amour par la politique. Comme le précise G. Steiner (*op.cit*, p. 76), « dans le théâtre cornélien, même le cœur est siège d'un pouvoir. Aimer, c'est gouverner ». On s'en apercevra encore dans *Agésilas* (1666) et dans *Attila* (1667).

Corneille explore en outre, avec d'autres techniques, d'autres veines : celles, par exemple, des tragédies « implexes », tragédies d'intrigues, de péripéties et de retournements de situations. Et c'est dans cette pratique qu'il apparaît véritablement comme homme de scène tant il sait ménager les effets et proposer une tension dramatique toujours plus intense au fil des scènes. En fait, les règles l'embarrassent moins qu'elles ne servent son ingéniosité à les détourner. Dans ce mouvement, encore que la classification puisse paraître contestable, l'on pourrait inscrire *Rodogune* (1644-1645), où la violence des femmes s'oppose à la douceur des hommes, *Théodore* (1645), tragédie chrétienne dont la préface cherche à réfuter les arguments de saint Augustin contre le théâtre, *Héraclius* (1646-1647), qui remporta un triomphe malgré l'audace d'un sujet imaginaire et d'une préface qui affirmait : « Le sujet d'une tragédie doit n'être pas vraisemblable », *Pertharite* (1652), qui déjà met en place le sujet d'*Andromaque* et dont l'insuccès accuse à ce moment ce type d'écriture.

Mais Corneille n'a jamais été rebuté par l'échec. Inlassable expérimentateur, il a toujours exploré toutes les variantes possibles de l'expression du tragique avec la tragi-comédie (*Clitandre ou l'Innocence persécutée*, 1631), le théâtre dans le théâtre (*L'Illusion comique*, 1636) et la « comédie héroïque » (*Don Sanche d'Aragon*, 1650 ; *Tite et Bérénice*, 1670 ; *Pulchérie*, 1672). Enfin, même dans ses dernières comédies, les dénouements sont parfois rien moins qu'ambigus comme dans *La Place Royale ou l'Amoureux extravagant* (1634) par exemple, où vole en éclat l'idéalisme amoureux issu des pastorales. Ces pérégrinations « interstructurelles », cette recherche d'une forme fuyante inscrite dans les formes, s'accompagnent la plupart du temps d'hésitations du héros sur la conduite la plus chevaleresque à tenir, ce qui est une autre constante du théâtre de Corneille. S'y superpose la recherche d'une catharsis qui ajoute à l'habituelle dilogie de la terreur et de la pitié, la dimension essentielle de l'effet d'admiration suscité par un héros généreux, soucieux de sa gloire. Ces dispositions optimistes, nées d'un stoïcisme confiant dans l'énergie, portent naturellement Corneille à trouver ses plus grands bonheurs d'écriture, à l'inverse de Shakespeare, dans une paradoxale tragédie historique à fin heureuse.

Toutes ces expériences transcendent, on le voit, la notion de genre. Le refus d'enfermer la tragédie dans une forme unique dynamise les impératifs catégoriques du vraisemblable et des bienséances, confère à l'intrigue un foisonnement, une vivacité et un élan qui privilégient plutôt l'exaltation et la générosité. Corneille propose une lecture plus ample du système des unités. Il préfère élargir « l'unité de jour » à une trentaine d'heures, celle de lieu aux remparts d'une ville, et concevoir l'unité d'action comme une « unité de péril » (*Discours du poème dramatique* ; *Discours des trois unités* ; *Discours de la tragédie*). En dernière analyse, le fameux dilemme cornélien se tranche comme un nœud gordien, par l'exercice de la lucidité et de la volonté, et tend vers une réconciliation toujours possible avec les forces de l'autorité, celles exercées par le pouvoir politique et celles imposées par les forces obscures du destin.

❒ ***Racine.*** La passion, créatrice de valeurs chez Corneille, va se faire destructrice chez Racine. Alors que les héros de Corneille sont tournés vers le monde pour le maîtriser et se maîtriser, ceux de Racine se transforment en êtres tourmentés, tournés vers l'intérieur d'eux-mêmes pour souffrir et se détruire. Il faut dire aussi que la société dans laquelle l'un et l'autre auteur ont vécu a, en quelques années, connu de profonds bouleversements. La fin de la Fronde et la mort de Richelieu semblent avoir considérablement modifié la mentalité collective et la pratique de la morale des passions. À l'optimisme de l'époque cornélienne succède une manière de désenchantement, qui paraît avoir sa source dans l'idée d'un double enfermement de l'homme dans un système de forces à la fois cosmiques et psychologiques à l'attraction desquelles il serait vain de vouloir échapper et qui le recentrent sur des conflits intérieurs aux désastres irréversibles.

On ne saurait ainsi réduire simplement l'opposition Corneille-Racine à une question de meilleure utilisation des formes et des règles. L'écriture de Racine s'inscrit plutôt dans la continuité de celle de son aîné. Le champ qu'il ouvre n'est pas moins riche de mystères et d'interrogations que le vaste théâtre du monde, seulement il trouve, dans le périmètre défini par les règles, le champ clos tracé à son exacte mesure. Dans un lieu théorique proche de l'abstraction, pris dans les ultimes convulsions de la phase terminale d'une « psychomachie », des personnages – parmi lesquels il est désormais impossible de désigner un héros – s'entre-tuent avec des mots. L'arme du langage paraît d'autant plus redoutable qu'elle est affûtée par un lyrisme impeccable, et que la mort, ou du moins le désespoir, est en général au bout de ces conversations meurtrières.

Ce classicisme par refus de l'acte représenté conduira probablement Racine à ce silence scénique vers lequel il tendait dès ses premières pièces : *Alexandre* (1665), proche des débats galants de l'époque, et *La Thébaïde* (1664), énième mouture de la légende d'Œdipe, « un peu trop sanglante » dans son dénouement pour ne pas paraître aux franges de la parodie. Ce que donna précisément *Andromaque* (1667) qui suivit, ce fut, au-delà de la peinture des amours en chaîne familiers aux bergeries, l'analyse de personnages hésitants et déchirés, placés sous le joug de passions intransigeantes qui les privent de l'exercice de leur liberté. La vision désenchantée de cet augustinisme poétique fait nécessairement plus appel à l'imaginaire d'un spectateur nostalgique d'une Grèce rêvée qu'à ses désirs d'un spectacle sanglant. D'une certaine façon, le spectacle comme la réception sont intériorisés. Saint-Réal, au XVIIe siècle, parlait à propos de Racine d'une « anatomie spirituelle des actions humaines ».

Ce choix esthétique porta très naturellement Racine à une simplification toujours plus grande de l'intrigue, réduite à une action simple chargée de peu de matière, comme il l'explique dans la préface de *Britannicus* (1669), et comme il y parvient dans *Bérénice* (1670). Cette dernière pièce apparaît comme le cas limite de ce système dramatique qui « cherche délibérément à approfondir l'abîme entre le public et la scène » (G. Steiner, *op.cit.*, p. 80). À propos de cette distanciation racinienne, qu'il rapproche d'une certaine façon de celle de Brecht, G. Steiner précise encore : « Ceci est une tragédie, dit Racine ; c'est quelque chose de plus pur et de plus important que la vie ordinaire ; c'est une image de ce que la vie pourrait être si elle était vécue à tout instant sur un plan hautement solennel et si elle était à tout instant pleinement consciente de ce que la noblesse exige » (*ibid.*). La tragédie rencontre ici quelque chose de supérieur à la peinture du désordre tragique des sentiments et des actes politiques, le rejet harmonieux de tout désordre, pour l'évocation d'un ordre tragique plus cruel que celui de la mort seule.

Avec *Britannicus* (1669), *Bajazet* (1672), *Mithridate* (1673), la violence politique et sanglante reprend possession de la scène sans que soit abandonnée la recherche, obsédante chez Racine, de la plus forte densité tragique. Dans la recherche du caractère de chaque personnage par exemple, la technique racinienne consiste, là encore, dans le dépouillement : ne dévoiler d'un personnage que ce qui le conduit vers les extrêmes ; c'est à ce propos que Taine parlait de « caractères abstraits ». Peu importe alors la banalité de l'argument dramatique : les données de *Mithridate*, de *Bajazet*, d'*Andromaque* ou de *Phèdre* pourraient servir de point de départ à une comédie ou à un vaudeville. De fait, la pauvreté de l'intrigue conduit à éviter d'éveiller la curiosité par le romanesque, l'attendrissement par le lyrique et la tentation de la grandeur par le sublime. Tout repose sur la clé de voûte du caractère dépouillé de tous les artifices du quotidien pour n'être, dans son dénuement, que lui seul responsable du malheur qui l'accable, malheur auquel il accorde le poids intolérable de la fatalité.

On comprend pourquoi la pratique des unités favorise la tension tragique pour la bander jusqu'à son point de rupture, encore que Racine se défende lui aussi d'être soumis aux sommations des règles : « Nous n'avons plus que faire de demander aux savants si nous travaillons selon les règles » écrit-il dans la préface d'*Andromaque*. De cette manière, l'unité de temps respectée porte à l'exaspération des gens privés de sommeil, et l'unité de lieu les condamne au huis clos. Alors que le héros cornélien cherche toujours à sortir de l'espace scénique pour répondre aux sollicitations du dehors, le personnage racinien y est continuellement ramené par la force de son obsession. C'est dans ce sens que le « Sortez ! » de Roxane à Bajazet est une condamnation à mort. Emblématiquement, Racine, dans presque chacune de ses pièces, emprisonne de la sorte un personnage et fait de la prison le lieu géométrique des tensions : ainsi avec Andromaque, Bajazet, Ériphile, Iphigénie, Monime, Aricie, Esther.

Avec *Iphigénie* (1674) et surtout *Phèdre* (1677), l'enfermement de l'être dans les déterminismes sociaux, historiques, mythologiques s'accentue et rend plus insoutenable encore, par effet d'agonie, la claustration du personnage en lui-même. S'accuse alors le hiatus entre la violence d'une douleur, qui ne devrait être qu'un cri, et la nécessité de la dire dans le langage harmonieux d'une poésie versifiée, débarrassée de toute métaphore. La fureur sacrée du tragique des passions se retrouve à son tour prisonnière dans la transparence du sens et le cristal des sonorités. *Phèdre* marque vraiment l'aboutissement et l'accomplissement de cette écriture tragique.

Les deux dernières pièces de Racine (*Esther*,1689, et *Athalie*, 1691), écrites après une longue interruption dont le mystère reste entier, explorent la seule voie désormais possible pour Racine, celle de la tragédie religieuse. A. Adam réduit même *Esther* à n'avoir été qu'une « tragédie de couvent » (*Le Théâtre classique*, P.U.F., « Que sais-je ? », 1970). Il est vrai qu'elle n'eut qu'un retentissement limité bien que finalement elle trahisse, du moins dans la définition qu'en donne Racine dans sa préface, les présupposés de l'ensemble de son art : « une espèce de poème où le chant fût mêlé avec le récit, le tout lié par une action qui rendit la chose plus vive et moins capable d'ennuyer ».

On retrouve encore dans *Athalie*, comme dans *Esther*, mais magnifiée par une action plus ample et l'architecture du Temple de l'Éternel, la stratégie de l'enfermement si obstinément récurrente dans l'ensemble de l' œuvre. Mais alors que la porte de sortie de *Phèdre* donnait sur la nuit, elle ouvre ici pour quelques âmes choisies sur la lumière du salut. Certitude réconfortante pour le croyant, mais nouvelle impasse pour la tragédie. En effet, la quête désespérée d'Athalie cherchant à franchir les enceintes et les interdits d'un lieu devenu inaccessible métaphorise en somme à la fois les rigueurs de l'augustinisme des jansénistes et le fait que le point focal de la tragédie échappe désormais au personnage principal.

Il n'en faut pas plus pour décaler l'ensemble du tragique vers le mélodramatique et, par le biais de la vision de Joad, l'unité de temps vers l'éternité. Bien que la présence des chœurs restitue l'illusion d'un retour aux formes originelles du théâtre grec, cette tragédie ne fait en somme que pousser l'ensemble vers l'opéra en donnant à la voix de Dieu une caisse de résonance. *Athalie* est peut-être le plus bel échec de la tragédie racinienne, mais une des plus grandes réussites du drame chrétien. Ce qui explique l'éloge démesuré qu'en fit Chateaubriand en la jugeant comme « l' œuvre la plus parfaite du génie inspiré par la religion » (*Génie du christianisme, seconde partie*, Livre II, ch. X).

Dom Juan, *comédie, tragédie ou drame ?*

❒ ***Un mélange de genres.*** Le *Dom Juan* de Molière a toujours eu beaucoup de peine à entrer dans les normes définies par les doctes sur l'élaboration de la comédie et de la tragédie. J. Lemaitre parlait à propos de cette pièce de « macédoine incroyable de tous les genres » (*Impressions de théâtre*, 1re série, Lecène et Oudin, 1888, p. 57). Dans une époque où commençaient à s'ossifier des stéréotypes d'écritures dramatiques, *Dom Juan* reste effectivement « le plus bel exemple, et le plus insolent, de la forme la plus libre que jamais drame ait revêtue » (Lemaitre, *op.cit.* p. 58). Reprend vie, avec cette œuvre de Molière, tout un courant qui, selon l'expression de R. Horville, pratique « le dynamitage des genres et des tonalités » en visant en somme la « démystification des formes théâtrales » (*in* : *Dramaturgie, langages dramatiques : mélanges pour J. Schérer*, Nizet, 1986, p. 65-71). *Dom Juan*, dont on sait désormais que la préparation n'a pas été hâtive mais très concertée, offre dès 1665 l'exemple de ces renversements parodiques et tragiques à l'intérieur de la structure même d'une grande « comédie » en cinq actes. R. Horville relève aussi un détournement de la tragi-comédie pastorale avec la scène des paysannes à l'acte II, et de la tragédie romanesque de cape et d'épée aux scènes 3 et 5 de l'acte III. Quant à la scène de l'hypocrisie de l'acte V, par les stéréotypes et le pathétique convenu qu'elle met en place, elle semble aussi doubler parodiquement les procédés habituels de l'emphase pathétique de la tragi-comédie. Enfin, ajoute le critique, « on peut considérer que la cohabitation constante de Dom Juan, personnage de tragédie ou de tragi-comédie, et de Sganarelle, personnage de comédie, remet en cause l'existence même du genre sérieux et du genre comique dans leur spécificité profonde » (*op.cit.*, p. 65).

Le mélange des genres par personnages interposés devient ainsi structurel et donne à l'ensemble une configuration floue, dans laquelle on trouve l'esthétique du baroquisme espagnol des *comedias* et les équivoques du *theatrum mundi*. Est définitivement consommée alors la rupture avec les certitudes scénographiques et théologiques du Moyen Âge.

❒ ***Une pièce aux interprétations multiples.*** La pièce, sans contours définis, tragi-comédie où finalement le tragique l'emporte, se prête aux interprétations les plus opposées. On peut, avec G. Forestier, faire de dom Juan « un héros de tragi-comédie dégradé en petit marquis de comédie », « typiquement moliéresque par son *aveuglement* » (« Langage dramatique et langage symbolique dans le *Dom Juan* de Molière », *in* : *Mélanges pour J. Schérer*, *op. cit.*, p. 297, 299, 300).

À l'opposé, dans la tradition de l'interprétation des dom Juans romantiques, on peut voir avec J. Janin, un « Dom Juan foulant d'un pied sacrilège toutes les lois divines et humaines ». Ainsi, « *Le Festin de pierre*, commandé par le machiniste, poursuivait J. Janin, devient le plus grand drame et le plus formidable de la scène française » (*Critique dramatique*, I, *La Comédie*, Libraire des bibliophiles, 1877, p. 109-110). À l'appui de sa thèse, qui fait en somme de *Dom Juan* le premier des drames romantiques, Janin rappelle à juste titre que Molière, sans doute effrayé de sa propre audace, retira dès la seconde représentation la scène du pauvre, car cette scène pouvait à elle seule paraître comme une tragédie inopinée, avec le pauvre en figure de Commandeur. Rappelons qu'après une petite quinzaine de représentations, la pièce sera édulcorée et versifiée par Thomas Corneille, comme s'il appartenait à l'alexandrin, sous prétexte de la révéler, de masquer l'insupportable cruauté de *Dom Juan* et de désamorcer le tragique désormais à l'œuvre dans la prose.

C'est cette version aménagée, dans laquelle la scène finale où Sganarelle réclame ses gages est supprimée, qui sera jouée au Théâtre Français jusqu'en 1841. Le public romantique aura à ce moment le sentiment de découvrir dans ce texte longtemps tenu sous le boisseau une violence tragique révélée, après le décapage d'alexandrins pédantesques, par une prose vivante. Molière, en pleine époque romantique, offre ainsi un démenti au discours hugolien sur la puissance tragique de la versification. La pièce de Molière, au-delà du classicisme, du romantisme, du clivage des genres, est bien l'esquisse la plus forte de l'écriture du drame moderne, car dom Juan est le premier personnage qui ait osé affronter, comme le rappelle M. Blanchot, « la démesure glacée de l'autre nuit [...], la statue de pierre qui n'est pas seulement la mort, chrétienne, qui est l'impersonnalité de tout rapport, le dehors même » (« Orphée, Don Juan, Tristan », *L'Entretien infini*, Gallimard, 1969, p. 282-284).

Tragédies à machines et tragédies en musique

❐ ***Les Tragédies à machines.*** Au moment où la tragi-comédie, vers les années 1640-1650, opte délibérément pour le romanesque de la « comédie héroïque », le tragique spectaculaire va s'exprimer tout entier dans les mises en scène compliquées des pièces à machines. Longtemps l'étude de ce théâtre a été négligée, car l'impondérable de sa nature rend cette écriture scénique peu littérarisée, difficilement théorisable. Pourtant, comme le rappellent judicieusement C. et J. Schérer :

> Si la tragédie classique a atteint le dépouillement que l'on connaît, si elle a pu renoncer à la mise en scène, aux effets scéniques, pour laisser au verbe la possibilité de se déployer à loisir et de régner seul sur la scène, c'est parce qu'ailleurs un théâtre à grand spectacle, la pièce à machines, qui peut être aussi bien tragédie que comédie, ou même pastorale avant 1640, a satisfait les amateurs d'illusion, de faste, de mythologie.
>
> (*in* : *Le Théâtre en France*, sous la direction de J. de Jomaron, vol. I, A. Colin, 1988, p. 215).

Les mêmes auteurs rappellent judicieusement que ce type de spectacle a servi les desseins politiques d'une monarchie centralisatrice et que Corneille et Molière ont aussi participé à la réputation du genre.

Vers le milieu du siècle arrive en France l'opéra italien ; les deux arts vont alors rapidement conjuguer leurs pouvoirs, d'autant qu'à partir de cette date les salles (le Palais-Cardinal, le Théâtre du Marais, l'Hôtel de Bourgogne) sont rénovées ou équipées de machineries permettant de déployer tous les fastes d'un spectacle de cour. C'est ainsi que l'*Andromède* (1650) de Corneille connut un succès tel qu'il se prolongea dans des représentations à la Comédie-Française. Le héros cornélien monté sur hippogriffe connaissait sur scène, en délivrant la princesse prisonnière, une singulière apothéose. Corneille récidiva en 1661 avec *La Toison d'or*, donnée à l'occasion des fêtes organisées pour célébrer la paix des Pyrénées et le mariage de l'infante Marie-Thérèse avec Louis XIV. La tragédie à machines se trouvait *de facto* directement liée à la célébration d'événements voulus historiques par le pouvoir politique. Les représentations grandioses semblaient chercher à marquer les imaginations par l'ultime caution du spectaculaire qui authentifiait la majesté d'un règne par celle d'un spectacle, par la captation du regard et le saisissement. L'année suivante, la même pièce connut au Théâtre du Marais un succès qui dura encore une année entière.

On rencontre une démarche identique et les mêmes interventions du pouvoir dans l'élaboration de *Psyché* (1671) qui vit la collaboration de Corneille, Molière, Quinault, Lully. L'écriture commune entre Donneau de Visée et Thomas Corneille donna aussi *Circé* (1673). Ces pièces, très spectaculaires, et qui s'enrichissaient de ballets à dominante mythologique, dans la tradition des ballets de cour, permirent en outre aux auteurs de découvrir l'écriture « en société », d'abandonner pour un temps la démarche solipsiste de l'écrivain de tragédies, et d'apercevoir les virtualités plastiques d'un texte en même temps que l'« espace sonore » à donner à la musique. Un prologue, qui dans ces tragédies mettait en scène les Muses elles-mêmes, leur donnait une manière de réflexion théorique esthétisée qui visait déjà la réalisation d'un spectacle total. Bel exemple de théorie mise en scène, telle que Molière la pratiqua dans *L'Impromptu de Versailles* (1663).

❐ ***Les tragédies en musique.*** Après le succès de *Psyché* et la création, l'année suivante, en 1672, de l'Académie royale de musique, la tragédie à machines, avec livrets de Quinault et musique de Lully, devint « la tragédie en musique », autrement dit l'opéra. Celui-ci, peu à peu, déréalisa complètement le spectacle pour le livrer à un imaginaire de fantaisie et de sensiblerie pathétique. On peut noter toutefois dans ces tentatives le désir, en particulier chez Quinault, de faire encore la part égale entre les beautés d'un texte et celles de la musique, contrairement à ce qui se passera au XIXe siècle où la musique condamnera le livret à l'insignifiance littéraire. Cette recherche s'affiche par exemple avec *Cadmus et Hermione* (1673) et *Alceste* (1674) que Madame de Sévigné qualifiait de « prodige de beauté ». Les créations dans le même esprit se succédèrent avec *Thésée* (1675), *Atys* (1676), *Persée* (1682), *Armide* (1686) où le rôle des chœurs est déterminant.

Toutefois, dans toutes ces pièces, le tragique paraît étrangement édulcoré car la déréalisation passe, sinon par un apprivoisement des dieux, du moins par leur présence, sur scène ou dans les airs, en simples adjuvants ou opposants. En somme, comme le précise C. Delmas, « toutes ces apparitions machinées actualisent des métaphores usuelles de l'amour » et en

« théâtralisant une mythologie psychologisée » conduit finalement à « la convertion de la scène en théâtre intérieur » (« Théâtralité du théâtre à machines », *in* : *Mélanges pour J. Schérer*, *op. cit.*, p. 51).

D'autres tentatives de renouvellement vont encore toucher l'écriture scénique, surtout dans la seconde moitié du siècle. Elles révèlent peu à peu la possibilité pour le tragique d'émouvoir par le plaisir des sens en donnant à la musique une fonction d'amplification de l'émotion. Curieusement, car l'on ne sembla pas plus tard prêter attention à ce phénomène, ce fut Racine lui-même qui fut un des premiers artisans de cette reviviscence. *Athalie*, en effet, que l'on ne connaissait presque que par la seule lecture, fut créée à la Comédie Française en 1716, et l'on s'aperçut alors des nouvelles dimensions spectaculaires que pouvait prendre le tragique racinien. D'autant que l'opéra, que fréquentaient les mêmes spectateurs, avait déjà donné à voir des « tragédies à machines » dans le style de l'*Andromède* de Corneille et un théâtre musical dansé avec des « tragédies lyriques » dans lesquelles Rameau donnait sa pleine mesure. On pouvait ainsi en 1733 comparer les pouvoirs antithétiques de la *Phèdre* de Racine où jouait la musique des mots et de l'*Hippolyte et Aricie* de Rameau où la puissance visuelle et émotionnelle du spectacle, conjugée à celles de la musique et du langage, permettait au mythe de se comprendre autrement.

Alors que la tragédie « littéraire régulière » allait perdurer dans la reprise à peine aménagée de ses procédés, l'opéra, avec la fameuse *Querelle des bouffons*, connaissait au contraire des mutations en profondeur. Mais, au bout compte, réapparaissait le désir obsédant de montrer, dans ces « tragédies-opéras », les mêmes sujets, de type racinien. Le phénomène est particulièrement sensible chez Glück avec son *Iphigénie en Aulide* donnée en 1774 à l'Opéra, et son *Iphigénie en Tauride* (1779), qui offre une variation intéressante sur la folie d'Oreste. Cette inventivité qui remodèle et module les structures déjà existantes en fonction du meilleur effet dramatique à donner (avec par exemple les techniques du *Singspiel*, du « jeu chanté ») trouvera sa pleine expression chez Mozart avec *Le Nozze di Figaro* (1786) et surtout *Don Giovanni* (1787). Dans l'Europe entière, la musique, moins sensible que le texte aux obstacles des frontières linguistiques, favorise une série de complicités, d'« interludicités » entre les techniques du spectaculaire et l'expression du tragique, dont le cloisonnement des disciplines n'a pas encore permis une étude attentive.

La tragédie des théoriciens

Au sortir du Moyen Âge et à l'époque de la Pléiade, le théâtre avait connu une double difficulté, celle de devoir modifier son statut d'art livresque pour devenir vraiment un spectacle et être ainsi reconnu comme un art à part entière. Un siècle plus tard, c'est essentiellement par l'esthétique théâtrale que passeront les exigences d'un académisme florissant, le théâtre s'étant alors imposé comme un art majeur. Entre les deux, les arts poétiques des théoriciens, plus que l'œuvre des poètes, auront contribué à faire du théâtre, et surtout de la tragédie, le point focal de la réflexion esthétique, philosophique et politique. Dans cette quête, c'est moins la philosophie d'Aristote qui est explorée que sa « casuistique dramatique » (J. Vier) et les gloses de ses épigones : *L'Art poétique (Épître aux Pisons)* d'Horace (Iᵉʳ siècle av. J.-C.), l'*Ars grammatica* de Diomède (IVᵉ siècle apr. J.-C.), le *De tragoedia et comoedia* de Donat (IVᵉ siècle apr. J.-C.).

❒ ***La Pléiade et les théoriciens italiens.*** L'impulsion première a été donnée, presque à son insu, par la Pléiade. En effet, malgré leurs liens avec Muret, proche de Scaliger, qui avant sa direction du collège de Boncourt, avait fait jouer à Bordeaux une tragédie latine, *Julius Caesar*, Ronsard et du Bellay n'accordèrent au théâtre dans leurs écrits théoriques que la portion congrue. Ronsard, qui semble pourtant avoir eu la velléité de s'y intéresser, l'élude de son *Abrégé de l'Art Poétique* (1565), et du Bellay y fait à peine allusion dans sa *Défense et illustration de la langue française* (1549). Cette réflexion sera plutôt le fait de leurs disciples, moins préoccupés peut-être d'affirmer l'hégémonie de la poésie sur les autres arts. S'élabore de la sorte, petit à petit, un premier corps de doctrine d'où se dégagent quelques lignes de forces essentielles étayées, la plupart du temps, par les théoriciens italiens qui, les premiers, ont traduit *La Poétique* d'Aristote.

L'élan avait été donné par Valla (1498) et Paccius (1536), dont les traductions latines d'Aristote avaient provoqué les débuts d'un ample mouvement d'exégèse qui s'internationalisa tout de suite et ne devait plus cesser d'alimenter, par d'abondants commentaires, les débats sur la tragédie. Le mouvement commence très tôt en France, avant même la première édition de *La Poétique* d'Aristote, qui date de 1548, et la diffusion des écrits de Scaliger en 1561, et de Castelvetro en 1571.

Les premiers jalons sont posés par la *Définition de la tragédie* que donne Lazare de Baïf, ambassadeur à Venise, avec la traduction en vers français en 1537 de *l'Électre* de Sophocle et, l'année suivante, par l'*Art poëtique françois* de Thomas Sébillet qui fait une place à la problématique du théâtre, tout comme lui en fait une aussi l'*Art poétique français* de Jacques Peletier du Mans (1555). Ce dernier avait publié, dès 1545, une traduction en vers de l'*Art poétique* d'Horace. Autant qu'Aristote, Horace devait prendre une importance prépondérante dans l'élaboration de la doctrine classique de la tragédie. J. Peletier apporte les premiers éléments de la doctrine classique en proposant, tout en maintenant les chœurs, la division en cinq actes, la limitation du nombre de personnages à trois. Enfin, il préconise la technique de l'*in medias res* qui plonge le spectateur dans l'action au plus près du dénouement et du *multa tolles ex oculis* qui ne tolère pas sur scène des événements inconvenants ou sanglants.

Mais ce sont surtout à partir des écrits de Scaliger (*Poetices libri septem*, 1561), qui ordonnent et commentent *La Poétique* d'Aristote, et de ceux de Castelvetro (*La Poetica d'Aristotele vulgarizzata et sposta*, Vienne, 1570) qui complètent et affermissent les gloses de Scaliger, tout en comblant les ellipses d'Aristote, que vont s'élaborer les règles de la tragédie classique. C'est au travers de tous ces prismes que les théoriciens de la fin du XVIe et du début du XVIIe siècles expliqueront Aristote, confondant, comme ils le faisaient en théologie, dans une attitude herméneutique incertaine, les scolies et le texte original.

C'est à cette lecture de l'Antiquité que l'on doit aussi le traité fondateur de Jean de La Taille (*De l'art de la tragédie*, 1572). L'auteur de la tragédie de *Saül le furieux* (1572) y donnait déjà les grandes lignes du dogme classique : la nécessité de suivre la règle des trois unités et de se plier aux bienséances au nom de la vraisemblance. Même interprétation chez Vauquelin de la Fresnaye qui, dans son *Art poétique* (1605), cherche à fixer des règles dramatiques identiques doublées de l'intention d'épurer la langue ; chez Laudin d'Aigaliers, qui, dans son *Art poétique françois* (1593), bien que doutant de l'efficacité de l'unité de temps, définit, avec des exigences linguistiques, des préceptes qui, *grosso modo*, seront ceux de la poétique classique.

Ces théories de caractère normatif n'ont toutefois pas encore dans la réalité la portée escomptée. Elles sont très affaiblies par les incertitudes qui pèsent sur l'avenir d'un genre que l'on perçoit alors comme très inférieur à ses modèles antiques et que l'on ne sait trop comment adapter aux nécessités du temps. Ce phénomène est particulièrement sensible dans le choix des sujets. La préférence affichée de la tragédie pour les sujets mythologiques ou l'histoire romaine est autant un alibi pour ne pas choisir les tragiques sujets du temps, qu'un choix esthétique réfléchi. Ce n'est qu'avec les débats autour de la tragi-comédie et de la querelle du *Cid* en 1636-1637 que les controverses sur les règles vont prendre une nouvelle ampleur, déboucher sur une doctrine cohérente, et construire dans l'esprit des théoriciens un théâtre idéalisé et une forme abstraite de la tragédie.

❒ ***L'interprétation des trois unités.*** À cette époque-là, le théâtre tragique cesse d'être soit un art de l'élite intellectuelle pratiqué confidentiellement dans les collèges et confiné dans les livres, soit un art populaire et loqueteux confié à des comédiens de hasard et à des auteurs de fortune ; il devient un plaisir d'essence aristocratique. C'est, semble-t-il, aux représentations du *Cid* que, pour la première fois, des spectateurs de la noblesse prennent place sur l'espace scénique. La scène tragique devient ainsi le lieu géométrique d'enjeux esthétiques, sociaux et politiques, et la tragédie un art policé de l'écriture.

En apparence toutefois, le débat se déplace sur le plan de l'efficacité dramatique, en particulier avec Mairet qui, dans sa *Silvanire* (1631), souhaite démontrer le bien-fondé de la condensation de la substance dramatique. Concentration d'abord dans le temps ; les observations de Mairet recoupent ici celles de Chapelain qui, dans sa fameuse *Lettre à Godeau sur les vingt-quatre heures* (1630), puis dans *Les Sentiments de l'Académie française sur la tragi-comédie du Cid* (1637), énonce les mêmes arguments en y ajoutant la notion essentielle de « raison », raison devenue l'aune à laquelle on mesure désormais la validité des œuvres d'art. Cette même « raison » permettra d'autre part de distinguer le vrai du vraisemblable ; ce dernier donnera à la fable toute sa crédibilité face à un spectateur devenu « honnête homme ». En conséquence, Chapelain établit une distinction à ses yeux essentielle, entre la vraisemblance ordinaire et la vraisemblance extraordinaire, cette dernière étant à proscrire car peu crédible. L'élaboration de la forme tragique passe alors *de facto* par le recours à la perception particulière d'un réalisme qui idéalise la nature et qui, grâce au concept de « belle nature », permettra de choisir opportunément les temps forts de l'action et du sentiment.

Le modèle dramaturgique théorique, qui doit beaucoup aussi, pour les gens de cette génération, aux gloses des Hollandais Heinsius et Vossius, se complète ensuite par la nécessité inéluctable de l'unité de lieu (Aristote ne l'abordait pas) qui restreint à une aire de jeu unique et indifférenciée le débat tragique. La *doxa* ainsi fondée ne variera guère avec les écrits qui suivront : *La Poétique* de La Mesnardière (1639), et *La Pratique du théâtre* (1657) de l'abbé d'Aubignac. Elle dépasse en fait de beaucoup le simple fait de choisir un modèle d'écriture théâtrale. Comme le rappelle J.-J. Roubine :

> Ce triomphe d'un aristotélisme à la fois rationaliste et dogmatique doit être replacé dans le contexte idéologique d'une époque qui combine mentalité religieuse, culte de l'*auctoritas*, horreur de l'hérésie et esprit scientifique [...]
> (*Introduction aux grandes théories du théâtre*, Bordas, 1991, p. 17).

Au bout du compte, ce qui sous-tend l'ensemble, comme en théologie, c'est l'idée de perfection. La voie qui y mène est alors entièrement balisée par Horace et Aristote, ou du moins par les lectures normatives que l'on en fait. Le succès d'une pièce se mesure moins ainsi au plaisir des spectateurs, qui peuvent être aveuglés par leurs sens, qu'à la concordance de la pièce avec les règles d'une *doxa* neo- et pseudo-aristotélicienne, qui se donne comme l'unique clé de l'intelligibilité du monde et de la perception du beau.

Les résistances furent vives, parfois épidermiques et violentes, comme celle de S. Mareschal qui, au nom de la même vraisemblance, dans la préface de *La Généreuse allemande* (1628-1629), proteste véhémentement et revendique la liberté du créateur contre les arguments d'autorité et les sommations des doctes :

> Nous autres, prenons du lieu, du temps et de l'action ce qu'il nous en faut pour le faire curieusement et pour le dénouer avecque grâce...

Quelques années plus tard, lui aussi sera, semble-t-il, amené à résipiscence, en particulier avec sa tragédie historique intitulée *Le Jugement équitable de Charles le Hardy* (1643).

Les protestations prirent alors un ton plus mesuré, comme celui qu'adopte Corneille dans ses trois *Discours* qui datent de 1660 et qui peuvent apparaître comme la réponse du praticien au bilan doctrinal de l'abbé d'Aubignac. Dans le premier, *Discours du poème dramatique*, il souligne avec bon sens et ironie la difficulté essentielle de tracer les limites du champ d'action des unités :

> Il faut observer l'unité d'action, de lieu et de jour, personne n'en doute ; mais ce n'est pas une petite difficulté de savoir ce que c'est que cette unité d'action, et jusques où peut s'étendre cette unité de jour et de lieu.

Le deuxième de ces discours, le *Discours des trois unités*, apporte sur ce sujet des précisions : Corneille préfère élargir l'unité d'action à l'« unité de péril » qui permet, sans perdre l'« unité d'intrigue », d'opposer au héros d'autres obstacles qui peuvent y être rattachés. Ainsi pour le personnage du Cid. Il propose, en outre, un desserrement du collet de l'unité de temps, qu'il souhaite étendre à une trentaine d'heures, et de l'unité de lieu qu'il voudrait élargir à l'espace d'une ville. Le principe d'admiration qui guide cette dramaturgie conduit enfin à accommoder la rationalité et les bienséances en les subordonnant à la beauté et la grandeur d'un effet dramatique. C'est ce qu'il développe dans le *Discours de la tragédie* dans lequel il dit préférer le vrai et le « vraisemblable extraordinaire » au vraisemblable ordinaire qui affadit le héros et dévitalise le tragique. Entre les exigences des sources historiques jointes à celles des règles et la tentation de la tragédie romanesque entièrement débridée, Corneille, avec originalité, trace une voie médiane de l'expression tragique où il souhaite que l'énergie du héros se préserve intacte et s'exerce sur un territoire à la mesure de l'homme.

Cependant, malgré la résistance des créateurs, s'affirme peu à peu l'interprétation étroite des trois unités, ou s'impose plutôt l'idée mythique que l'on s'en fait. Rappelons que le concept de l'unité de lieu est absent de la *Poétique* et la formule d'Aristote, « une révolution du soleil », pour définir l'unité de temps n'est pas une prescription. En fait, cet appel au respect intransigeant des règles pourrait à notre sens être structurellement lié à la suppression progressive du chœur. Les théories, en tout cas, paraissent s'élaborer de plus en plus fermement au fur et à mesure de sa disparition. Le chœur marquait, par sa constante présence sur scène, la continuité de l'unité d'action, l'épaisseur temporelle et le sentiment du lieu unique. La division en cinq actes qui survint et les césures des entractes afférentes, en fractionnant le temps de la représentation, fictionnalisèrent l'interruption de l'entracte. Ces coupures donnèrent aussi plus de souplesse à l'ensemble, facilitèrent le jeu social des interruptions des entractes, mais exigèrent en contrepartie plus de rigueur dans la restitution de l'illusion.

En réalité, l'orthodoxie des arts poétiques ne se fonde que sur des contradictions assumées et trouve sa cohérence dans d'autres unités que celle du temps, du lieu ou de l'action toujours mise en avant. Parmi ces unités qui fonctionnent comme des lois non écrites, figure l'unité de ton par exemple, qui s'appuie sur l'idée de « belle nature ». Elle dépend des bienséances et récuse le mélange des genres, signant définitivement l'arrêt de mort de la tragi-comédie. Il s'agissait moins de vouloir reproduire le réel que de lui trouver un sens. S'impose alors l'idée de la pureté nécessaire du genre tragique qui trouverait dans cette vertu épurée sa dignité, que l'on appelait « la pompe ». D'où la nécessité de l'élimination des scories : historicisation et pittoresque trop marqué des costumes ou des décors, coups de théâtre romanesques (une minutieuse exposition donne déjà tous les éléments pour le ressassement de la souffrance), moralisme distributif trop appuyé. Giraudoux parlait, à propos de l'univers tragique, d'une « unité de famille ». La tragédie idéale des théoriciens classiques se déroule ainsi dans le huis clos d'une crise finale entre caractères implexes qui se dénudent, et se déchirent d'autant mieux qu'ils se connaissent.

On pourrait *ad libitum* allonger le catalogue de ces bienséances comme le fit La Mesnardière dans sa *Poétique* qui se voulait le doublon de celle d'Aristote, mais marquée du sceau du Grand Siècle. Quant à l'abbé d'Aubignac, il est le seul peut-être, après la composition de tragédies expérimentales comme *Cyminde* (1640) et *Zénobie* (1640), à échapper, dans son *Art poétique*, à d'oiseuses pétitions de principes pour proposer, comme l'annonce le titre de son ouvrage, une authentique *techné*. Il affirme par là sa conviction de la nécessité d'une connaissance approfondie des mécanismes pour accéder à leur maîtrise, sous l'omnipotence de la vraisemblance qui, en définitive, par son flou notionnel, est la pierre d'achoppement de tous ces discours de la méthode dramatique.

Mais là où l'analyse de d'Aubignac est extrêmement moderne dans le ton et la forme, c'est quand il affirme que toute action passe par le langage (« parler, c'est agir ») et, qu'en conséquence, la tragédie ne serait que la dramatisation d'un discours. C'est certainement ce dernier point de vue qui le rapproche, par la rigueur de ses analyses, des créateurs de son époque (Racine annotait d'Aubignac) et des poéticiens contemporains qui lui donnent une importance plus grande que celle de Boileau dont la réflexion tardive dans l'*Art poétique* (1674), par l'institution de tables de la loi, verrouille définitivement le système.

Que l'époque des Renaissances et des Classicismes se termine en France à la fois sur une apothéose et une clôture allait peser longtemps sur l'écriture de la tragédie. Cette fin, en tout cas, explique l'attitude provocatrice et libératrice des théoriciens du drame qui tenteront presque aussitôt de desserrer l'étreinte. Toutefois, c'est moins cet épilogue à la française qui donne sa tonalité à l'époque que l'intense activité théâtrale qui, dans toute l'Europe, met en place des écritures scéniques et littéraires de nature fondamentalement différentes. À Londres, à Madrid ou à Paris, l'expression du tragique, de nature variable, n'a été vécue ni dans les mêmes formes ni avec la même intensité, avec cependant une dominante commune largement exploitée par toutes : la peinture des revers de fortune de personnages puissants. L'essence du tragique trouve alors sa pleine force dans le langage sublimé des passions et du politique au milieu des incertitudes de l'Histoire.

C'est en France que les réflexions sur la forme vont prendre le caractère le plus normatif. S'instaure par paliers une féodalité littéraire, qui impose la suzeraineté de la tragédie et qui double, avec ses hiérarchies, la mise en place d'un système monarchique fort. L'une et l'autre autorité, au bout du compte, se renverront l'image de leur grandeur idéalisée, avec la double caution de l'Antiquité et de la Raison. Mais à y regarder de plus près, tout est leurre. En effet, la tragédie parfaite est beaucoup plus présente dans l'imaginaire des critiques classicisants, qui ont mythifié le « siècle de Louis XIV », que dans les faits.

Les conséquences ultimes de cette attitude auront eu une portée incalculable sur critiques et créateurs. Faire reposer l'ensemble de l'histoire du théâtre et les normes de la perfection sur la pointe de diamant de quelques œuvres offertes à la dévotion, suppose avoir dévalorisé l'immense production qui a précédé, et condamner à l'ankylose, en ressassant les mêmes canons esthétiques, celle qui suit.

L'abandon de ces présupposés permet en revanche d'apercevoir plus nettement qu'à partir des Renaissances et jusqu'à la fin des Classicismes, c'est moins une évolution darwinienne du tragique qui a eu lieu, qu'une efflorescence souvent désordonnée de formes diverses. Celles-ci explorent cette « part nocturne du monde » dont parlait Malraux, mais ne cessent de se définir, en général, par l'accord ou l'opposition avec un corps répressif de doctrines, toutes obnubilées par la recherche d'une forme idéale abstraite. Ce harcèlement des arts poétiques et des arguments d'autorité finissant au bout du compte par clore les esthétiques sur elles-mêmes et par les stériliser, c'est alors à l'historien qu'il revient, au-delà des multiples écrans esthétiques et idéologiques du présent et du passé, de discerner la clarté de ce que Barbey d'Aurevilly appelait des « queues » de « comètes disparues ».

TEXTES

Racine et la poétique du regard

Dans les années 1960, le théâtre de Racine, peut-être parce qu'il apparaissait comme une chasse gardée de l'orthodoxie universitaire, fit l'objet d'approches nouvelles dont celle de J. Starobinski et de R. Barthes. Entre 1963 et 1965, le Sur Racine *de Barthes, peut-être plus iconoclaste et plus « structuraliste », servit de cible aux accusations portées contre une pensée critique accusée de démystifier l'homme et l'œuvre pour ne s'intéresser qu'aux formes et aux réseaux intérieurs qui les innerve.*

Dans le monde cornélien, le regard ébloui accédait au-delà du tragique : au moment où il appelait sur lui l'admiration du monde, le héros cornélien avait déjà surmonté le déchirement tragique, il était déjà reconnu par ses rivaux généreux ou par ses sujets. Chez Racine, au contraire, le regard ne cesse de trahir l'insatisfaction et le ressentiment. Voir est un acte pathétique et reste toujours une saisie imparfaite de l'être convoité. Être vu n'implique pas la gloire, mais la honte. Tel qu'il se montre, dans son impulsion passionnée, le héros racinien ne peut ni s'approuver lui-même, ni être reconnu par ses rivaux. Le plus souvent, il travaille à se soustraire au regard universel, par lequel il se sent d'avance condamné. Au reste, consentirait-il à subir ce regard, il ne parviendra jamais à lui apparaître dans une évidence entière. Si clair que soit le discours racinien, il laisse toujours deviner une assise psychologique qui reste dans l'ombre et se refuse à la vue. Chez Racine, derrière ce que l'on voit, il y a ce que l'on entrevoit, et, plus loin, ce dont on ne peut que pressentir la réalité, sans en rien voir. Cette perspective d'ombre est l'un des éléments de l'impression de vérité que nous font les personnages raciniens. Ils sont « profonds ». Et leur profondeur tient à l'absence d'une nature stable et entièrement visible ; elle résulte de quelque chose que l'on peut nommer tout ensemble un excès et un manque, par quoi ces personnages se dérobent à nos regards tout en nous offrant, dans la plus vive lumière, le spectacle de leur destinée.

Dans le théâtre français classique, et singulièrement chez Racine, les gestes tendent à disparaître. Au profit du langage, a-t-on dit. Il faut ajouter : au profit du regard. Si les personnages ne s'étreignent ni ne se frappent sur la scène, en revanche, ils se voient. Les scènes chez Racine, sont des *entrevues*. Les personnages du drame se parlent et s'entre-regardent. Mais les regards échangés ont valeur d'étreinte et de blessure. Ils disent tout ce que les autres gestes eussent dit, avec ce privilège au surplus de porter au-delà, d'aller plus profond, d'alarmer plus vivement : ils troublent les âmes.

Une contrainte esthétique devient ainsi moyen d'expression tragique. La volonté de style, qui fait du langage un discours poétique, élève en même temps toute la mimique et toute la gesticulation au niveau du regard. C'est le résultat d'une même transmutation, d'une même « sublimation », qui épure la parole parlée et concentre dans le seul langage des yeux tout le pouvoir signifiant du corps.

L'acte de voir reprend en lui tous les gestes que la volonté de style a supprimés, il les représente symboliquement, il contient toutes leurs tensions et toutes leurs intentions. C'est là, assurément, une « spiritualisation » de l'acte expressif, conforme aux exigences d'un âge de bienséance et de politesse : les passions peuvent ainsi s'exprimer avec décence, chastement, sans excessive présence du corps. Jusqu'à l'instant où s'abattra le poignard, les personnages ne s'affrontent jamais qu'à travers un intervalle. Le plateau de théâtre, presque nu, est livré à l'espace : c'est un espace clos, et les victimes sont d'avance prisonnières de ce décor (portiques, colonnades, lambris), qui porte quelques signes convenus de majesté et de pompe, peut-être non sans quelque excès baroque. Mais entre ces limites, le vide est fait, sans nul objet interposé, et ce vide semble n'exister que pour être traversé de regards.

J. Starobinski, « Racine et la poétique du regard »,
in : *L'Œil vivant*, Gallimard, 1961, p. 73.

■ Racine et le pouvoir des mots

Logos et Praxis. Ce que la tragédie racinienne met au jour, c'est une véritable universalité du langage. Le langage absorbe ici, dans une sorte de promotion enivrée, toutes les fonctions dévolues ailleurs à d'autres conduites ; on pourrait presque dire que c'est un langage *polytechnique* : il est un organe, peut tenir lieu de la vue, comme si l'oreille voyait [1], il est un sentiment, car aimer, souffrir, mourir, ce n'est jamais ici que parler ; il est une substance, il protège (être *confondu*, c'est cesser de parler, c'est être découvert) ; il est un ordre, il permet au héros de justifier ses agressions ou ses échecs et d'en tirer l'illusion d'un accord au monde ; il est une morale, il autorise à convertir la passion en droit. Voici peut-être la clef de la tragédie racinienne : parler, c'est faire, le Logos prend les fonctions de la Praxis et se substitue à elle : toute la déception du monde se recueille et se rédime dans la parole, le faire se vide, le langage se remplit. Il ne s'agit nullement de verbalisme, le théâtre de Racine n'est pas un théâtre bavard (bien moins en un sens que celui de Corneille), c'est un théâtre où agir et parler se poursuivent et ne se rejoignent que pour se fuir aussitôt. On

1. Le Sérail permet de faire de l'oreille un véritable organe de perception (*Baj.* I, 1).

pourrait dire que la parole n'y est pas action mais réaction. Cela explique peut-être pourquoi Racine s'est soumis si facilement à la règle formelle de l'unité de temps : pour lui le temps parlé n'a aucune peine à coïncider avec le temps réel, puisque la réalité, c'est la parole ; pourquoi aussi il a fait de *Bérénice* le modèle de sa dramaturgie : l'action y tend à la nullité, au profit d'une parole démesurée[1].

La réalité fondamentale de la tragédie, c'est donc cette parole action. Sa fonction est évidente : médiatiser la Relation de Force. Dans un monde inexorablement divisé, les hommes tragiques ne communiquent que par le langage de l'agression ; ils *font* leur langage, ils parlent leur division, c'est la réalité et la limite de leur statut. Le *logos* fonctionne ici comme un précieux tourniquet entre l'espoir et la déception : il donne au conflit originel l'issue d'un troisième terme (parler, c'est durer) il est alors pleinement un faire ; puis il se retire, redevient langage, laisse de nouveau le rapport sans médiation et replonge le héros dans l'échec fondamental qui le protège. Ce *logos* tragique, c'est l'illusion même d'une dialectique, c'est la forme de l'issue, mais ce n'en est que la forme : une fausse porte, contre laquelle le héros vient sans cesse donner, qui est tour à tour le dessein de la porte et son plein.

Ce paradoxe explique le caractère affolé du *logos* racinien : il est à la fois agitation des mots et fascination du silence, illusion de puissance et terreur de s'arrêter. Confinés dans la parole, les conflits sont évidemment circulaires, car rien n'empêche l'autre de parler encore. Le langage dessine le monde délicieux et terrible des revirements infinis et infiniment possibles ; d'où souvent chez Racine une sorte de marivaudage patient de l'agression : le héros se fait exagérément sot pour entretenir la contention, retarder le temps atroce du silence. Car le silence est irruption du faire véritable, effondrement de tout l'appareil tragique : mettre fin à la parole, c'est engager un processus irréversible. Voici donc qu'apparaît la véritable utopie de la tragédie racinienne : celle d'un monde où la parole serait solution ; mais aussi sa véritable limite : l'improbabilité. Le langage n'est jamais une preuve : le héros racinien ne peut jamais se prouver : on ne sait jamais qui parle à qui[2]. La tragédie est seulement un échec qui se parle.

R. Barthes, *Sur Racine*, Seuil, 1963, p. 65-67.

1. « Le héros et l' héroïne... qui bien souvent souffrent le plus et font le moins » (D'Aubignac, cité par Schérer, *Dramaturgie française*, p. 29).
2. « Psychologiquement », le problème de l'authenticité du héros racinien est insoluble : il est impossible de définir une *vérité* des sentiments de Titus à l'égard de Bérénice. Titus devient *vrai*, seulement au moment où il se sépare de Bérénice, c'est-à-dire au moment où il passe du *Logos* à la *Praxis*.

5

Le siècle de Pygmalion

Les relations entre drame et tragédie, précisément parce qu'elles nécessitent une étude à développer sur le long terme hors des clivages habituels, demandent d'épouser au plus près les vicissitudes des formes plus que celles de la politique, et appellent à une redéfinition de la chronologie traditionnellement utilisée. En effet, un des problèmes méthodologiques de fond que l'historiographie théâtrale rechigne à aborder parce que les enjeux d'une telle remise en question sont à la fois épistémologiques, philosophiques et institutionnels, et que ce nœud gordien paraît difficile à trancher, c'est celui de la périodisation. Les historiens du théâtre adoptent, la plupart du temps, la solution de facilité de reprendre le découpage généralement adopté par la chronologie politique, celle des changements de régime ; pour la période qui nous intéresse dans ce chapitre : 1715, 1789, 1815, 1830, 1848.

D'autre part, se superposant à ces dates fétiches de type climatérique, subsistent la conviction de l'existence d'une chronologie séculaire cyclique et la croyance à l'homogénéité des strates de cent ans (postulat entériné par l'institution universitaire et relayé par les éditeurs qui catégorisent encore les chercheurs, par exemple en dix-septiémistes ou en dix-neuviémistes). Cet usage conduit de fait à uniformiser la perception des œuvres et à éluder à la fois l'atypique, le populaire et le singulier.

Pour échapper au schématisme de ces procédures d'organisation cyclique et ternaire (naissance, chefs-d'œuvre, dépérissement) de la création littéraire et théâtrale, procédures qui par ailleurs n'ont toujours pas fait l'objet de justifications théoriques, surtout lorsqu'elles élaborent leurs réflexions autour de systèmes binaires (classique-romantique, romantique-naturaliste) ou de mouvements pendulaires (action-réaction), l'on pourrait préférer d'autres types de segmentation temporelle. Au constat des variations formelles et de l'inspiration des pièces de l'époque, il semble plus judicieux d'analyser leurs imbrications sur une période longue également d'à peu près un siècle, mais qui irait, celle-ci, de 1750 à 1860. À divers titres, ce découpage, tout arbitraire qu'il puisse aussi paraître, a néanmoins le mérite de rendre beaucoup mieux compte des transformations dramaturgiques du moment en les inscrivant dans un cadre toujours formel certes mais, en l'occurrence, devenu plus pertinent pour l'analyse.

S'il fallait proposer des dates clés qui servent de repères, l'on pourrait conjointement avancer, pour le début de la période, 1757 et 1762 : 1757 parce que paraît au tome VII de *L'Encyclopédie* l'article « Genève » de d'Alembert qui aborde de front la problématique du théâtre, article auquel Rousseau répondra l'année suivante par la fameuse *Lettre à d'Alembert sur les spectacles* ; 1757 toujours, Diderot publie *Le Fils naturel*, accompagné d'un texte fondateur de réflexion esthétique intitulé, *Dorval et moi ou Entretiens sur* le Fils Naturel. L'ensemble de ces publications, de manière contrastée et antithétique, oriente définitivement vers de nouvelles voies la perception du phénomène théâtral dans son ensemble ; 1762 parce que c'est l'entrée du mot « Drame » dans le *Dictionnaire* de l'Académie avec sa nouvelle acception (cf. introduction). C'est aussi la date de composition par J.-J. Rousseau à Môtiers d'une courte pièce intitulée *Pygmalion* qui, autant par sa forme que pour les thèmes qu'elle développe, prendra une valeur emblématique pour la suite des événements.

Encore un mot d'explication sur ces deux derniers choix. En relation avec la résolution prise d'étudier les frontières mouvantes et imbriquées entre la tragédie et le drame, la date d'entrée d'un mot dans le vocabulaire académique authentifie la réalité de la perception, dans l'opinion, d'une forme dramatique nouvelle. Quant à la pièce de *Pygmalion*, « scène lyrique », appelée par Rousseau « mélodrame » lors de sa première représentation, elle banalise dans le langage dramatique un terme appelé à faire fortune (même si l'auteur ne lui confère pas tout à fait le sens qu'il a pris aujourd'hui). D'autre part, le sujet développé dans cette scène lyrique, l'épisode de Pygmalion tombant amoureux d'une statue qu'il a sculptée et qui, une fois animée par la déesse de l'amour, tombera dans ses bras, paraît imposer une nouvelle façon d'éveiller sur scène l'émotion dramatique. En se privant délibérément des ressources habituelles du langage au profit du regard et de l'émotion, par la thématique, fortement symbolique, et l'utilisation de nouveaux moyens d'écriture scénique (long monologue en prose accompagné de musique, continuel appel au pathétique, performance d'acteur avec recours à tous les types de pantomine), elle met en place les conditions et les moyens d'une autre dramaturgie.

Cette pièce illustre enfin la théorie rousseauiste sur le langage, à laquelle nombre de dramaturges novateurs de l'époque seront redevables, théorie selon laquelle la parole n'est pas venue des besoins, mais des passions, et qui affirme que l'accent de la sensibilité, plus que l'intelligence des outils lexicaux, est apte à établir une communication profonde entre les êtres :

> [...] Pour émouvoir un jeune cœur, pour repousser un agresseur injuste, la nature dicte des accents, des cris, des plaintes. Voilà les plus anciens mots inventés, et voilà pourquoi les premières langues furent chantantes et passionnées avant d'être simples et mélodiques.
>
> (*Essai sur l'origine des langues*, ch. II).

Enfin, hors de la sphère d'influence des théâtres officiels, encore vers les années 1760, s'était aussi mis en place, sur le Boulevard du Temple, un lieu d'élection du théâtre, qui utilisait quotidiennement les nouveaux dispositifs d'une expression théâtrale attachée aux pouvoirs conjugués du spectaculaire et du pathétique. Ce lieu, profondément enté dans le terreau social de la capitale, devint pour un siècle un foyer vivace, fréquenté quotidiennement par toutes les couches de la population. Il deviendra comme un vivier d'acteurs, d'auteurs, et servira d'amplificateur dramatique à une société dont l'imaginaire est désormais traversé en profondeur, comme l'a révélé R. Mauzi, par une nouvelle idée, celle du bonheur (*l'Idée de bonheur au XVIII*[e] *siècle*. A. Colin, 1960).

C'est avec cette idée-force que se mèneront une série de révolutions politiques et esthétiques qui se termineront, les unes et les autres, par deux actes de forte portée symbolique : sous prétexte d'éradiquer la misère, en réalité pour préserver Paris des barricades et des risques de contagion populiste, la destruction totale en 1862 des Théâtres du Boulevard du Temple et, quelque dix ans plus tard, la fin, dans le sang, de la Commune de Paris. L'ère de complicité du théâtre avec les révolutions se terminait. Allait commencer, dès l'ouverture du *Théâtre Libre* en 1887, une autre révolution, celle du seul théâtre, avec des conséquences autres, mais tout aussi radicales.

LA REMISE EN CAUSE DES PRINCIPES DE LA TRAGÉDIE

Catharsis et « tragédie bourgeoise »

Pour lors, autour des années 1760, c'est bien l'idée de bonheur qui allait donner l'impulsion initiale à un débat philosophique général sur la liberté et le progrès dans lequel le théâtre était partie prenante. En effet, l'art théâtral, du moins dans les milieux proches des Encyclopédistes, était alors perçu, ainsi que le montrera l'article « Genève » de l'*Encyclopédie* (tome VII) rédigé par d'Alembert, comme un art d'élection où s'exprimeraient les valeurs suprêmes de la civilisation. Les théories théâtrales et les créations nouvelles devinrent en conséquence le terrain de manœuvres où se virent confrontés des arguments à la fois esthétiques, éthiques et politiques. La théâtromanie ambiante, qui paraît moins aujourd'hui un phénomène de mode qu'un habitus social, fait que l'on réorganise l'architecture des villes en fonction des théâtres que l'on y bâtit (Bordeaux, Lyon). D'autre part, les démêlés divers sur les fins dernières et les moyens du théâtre, présents dans des œuvres littéraires d'inspiration aussi variée que *Les Bijoux indiscrets* (1748, ch. 38) de Diderot ou *La Nouvelle Héloïse* de J.-J. Rousseau (1761, IIe partie, lettre 17), attestent l'étendue et la gravité des enjeux en présence. Le débat théâtral devient de fait le lieu géométrique où se révèlent conjointement les hésitations sur les formes d'expression et les interrogations sur l'homme.

C'est dans ce contexte que l'écriture théâtrale et sa réception vont connaître des mutations décisives amorcées par des relectures critiques de la vulgate aristotélicienne. Elles remetteront essentiellement en cause le fixisme des genres et la prédominance de la tragédie. Par soubresauts, tâtonnements, approximations théoriques et pratiques, se dégagera une conception nouvelle de l'inspiration tragique qui mènera à ce que l'on appellera communément le « drame bourgeois », entité vague aux contours incertains et dont l'apparition est liée à des conditions socio-historiques précises.

C'est la Querelle des Anciens et des Modernes, entamée dès 1653 et qui dura jusqu'à la fin du règne de Louis XIV, qui servit de détonateur aux mouvements de contestation en posant pour la première fois clairement les problèmes théoriques concernant la doctrine de l'imitation de l'Antiquité et la supériorité de la langue française. Cette querelle en plusieurs actes et multiples épisodes se termina avec la *Lettre à l'Académie* (1714) de Fénelon qui tenta de réconcilier Anciens et Modernes, après que, « chef des néologues », Houdar de la Motte eut, dans son *Iliade en vers avec un discours sur Homère* (1713), lancé une dernière provocation en projetant de corriger Homère pour l'embellir.

Dans le cas particulier de la tragédie, le médiateur Fénelon, sans remettre en cause la pérennité des principes classiques affirmait cependant : « La noblesse du genre tragique ne doit point empêcher que les héros mêmes ne parlent avec simplicité, à proportion de la nature des choses dont ils s'entretiennent. » (*Lettre à l'Académie* VI). Les doutes émis sur la pompe du langage tragique ouvraient une brèche ; Houdar de la Motte, après le succès de larmes de son *Inès de Castro* (1723) et l'essai d'un *Œdipe* non versifié, s'y engouffra en souhaitant pour la tragédie une écriture en prose (*Réflexion sur la tragédie*, 1730). Cette transgression provoqua un scandale qui fut à la mesure du statut d'intangibilité et d'exemplarité que l'on accordait alors à l'alexandrin, signe ostentatoire de la présence auctoriale et de la majesté tragique. Elle évoquait en outre une liaison possible entre prose et vraisemblance et, partant, la possibilité de susciter l'éclosion d'un tragique bourgeois. En touchant au prestige de l'alexandrin, auteurs et théoriciens donnèrent alors l'impression de vouloir ôter la pierre angulaire et séculaire de l'édifice tragique. D'où la violence des polémiques.

L'attaque des herméneutiques nouvelles se poursuivit encore sur un autre élément du dispositif tragique : la catharsis. En effet, elles n'interprétaient plus alors Aristote comme un ensemble de sommations dogmatiques, mais y lisaient un traité sur la manière de susciter le plaisir et l'émotion. Cette exégèse ressentie comme iconoclaste, avec les doutes qu'elle suscita sur la nature d'une catharsis purgative, se trouve clairement exprimée chez Fontenelle qui, s'interrogeant précisément « sur l'utilité de la tragédie », affirme :

> Je n'ai jamais entendu la purgation des passions par le moyen des passions mêmes ; ainsi je n'en dirai rien. Si quelqu'un est purgé par cette voie-là, à la bonne heure ; encore ne vois-je pas trop bien à quoi il peut être bon d'être guéri de la pitié. Mais il me semble que la plus grande utilité du théâtre est de rendre la vertu aimable aux hommes, de les accoutumer à s'intéresser pour elle, de donner ce pli à leur cœur, de leur proposer de grands exemples de fermeté et de courage dans leurs malheurs, de fortifier par là et d'élever leurs sentiments.
>
> (*Vie de M. Corneille avec l'Histoire du Théâtre-Français jusqu'à lui et des Réflexions sur la poétique*, III, p. 108).

« Vertu », « intérêt », « cœur », « malheur », « sentiment », on retrouve dans ce texte les mots clés d'une poétique dramatique fondée sur une certitude nouvelle affirmant que le plaisir théâtral se forge par l'émotion et se prend par les yeux. L'on s'est souvent mépris sur les fins dernières des théoriciens du drame qui furent aussi pour la plupart des praticiens tant ils souhaitaient échapper eux-mêmes aux rigueurs doctrinaires et à l'écriture normative des arts poétiques ; leur dessein était bien d'ouvrir une voie de compromis entre la tragédie et la comédie, mais de dépasser cette opposition en suscitant un surcroît d'émotion.

La « tragédie domestique et bourgeoise », telle que l'appela dans un premier temps Diderot en empruntant aux Anglais et en particulier à Lillo l'adjectif *domestic* (*The London Merchant*, 1731), ne se voulait pas une demi-mesure, mais un trop plein. Que ce soit Diderot (*Dorval et moi, Entretiens sur* le Fils naturel, 1757 ; *De la poésie dramatique*, 1758), L.-S. Mercier (*Du théâtre, ou Nouvel essai sur l'Art dramatique*, 1773 ; *Nouvel examen de la Tragédie française*, 1778), Beaumarchais (*Essai sur le genre dramatique sérieux*, 1767), tous sont d'avis d'amplifier cette émotion en orientant différemment le miroir de la *mimésis*.

Les infortunes de la mimésis *et l'école de la vertu*

Une *mimésis* tragique puisant sa vigueur dans les fonds et les bas-fonds de la mythologie et de l'histoire ancienne, « égout des forfaits du genre humain » (L.-S. Mercier, *Du Théâtre*, ch. III) où on ne « marche que parmi des décombres, à travers des flots de sang, sur des monceaux de morts, et [où] l'on n'arrive à la catastrophe que par l'empoisonnement, l'inceste ou le parricide » (Beaumarchais, *Essai sur le genre dramatique sérieux*), apparaît bien alors comme une incongruité. La fameuse invective de Beaumarchais, dans ce même *Essai sur le genre dramatique sérieux*, le rappelle encore : « Que me font à moi, sujet paisible d'un État monarchique du XVIIIe siècle, les révolutions d'Athènes et de Rome ? Quel véritable intérêt puis-je prendre à la mort d'un tyran du Péloponnèse ? au sacrifice d'une jeune princesse en Aulide ? ». Et Fenouillot de Falbaire de renchérir pour le public bourgeois : « Quand nous sortons du spectacle, après la représentation d'une belle Tragédie, nous rencontrons rarement des Princes fugitifs, des Rois détrônés, qui puissent profiter de l'attendrissement que nous venons d'éprouver » (Préface au *Fabricant de Londres*, 1771). Et Rousseau, pour le public populaire : « Mais qu'on me dise de quel usage sont ici les tragédies de Corneille, et ce qu'importe au peuple de Paris Pompée et Sertorius. » (*Nouvelle Héloïse*, 2e partie, Lettre XVII).

On ne peut plus nettement récuser, en se fondant essentiellement sur des arguments de bon sens, toute validité à l'imitation et à la représentation des héros de l'Antiquité. Dans la même tonalité, L.-S. Mercier, dans *L'An 2440*, concluera en montrant les auteurs de tragédies comme des « poètes harmonieux » mais des « peintres infidèles » :

> Ils ont fait des tableaux de fantaisie ; avec leurs héros, leurs vers ampoulés, leur couleur monotone, leur cinq actes, ils ont gâté l'art dramatique, qui n'est

autre chose qu'une peinture simple, fidèle, animée des mœurs contemporaines.

(éd. de 1786, I, p. 284, note).

Ce sont précisément les tribulations des « sujets paisibles » appartenant à une bourgeoisie saisie dans son quotidien le plus prosaïque, où les affaires d'argent, d'honneur et de vertu ont la meilleur part, qui intéresseront les intrigues du drame bourgeois. La *mimésis* ainsi change sa nature profonde en s'érigeant en « tableau fidèle des actions des hommes » (Beaumarchais), en « imitation si exacte d'une action, que le spectateur, trompé sans interruption, s'imagine assister à l'action même » (Diderot, *Les Bijoux indiscrets*, ch. 38). On mettra alors sur scène un drame des « relations » humaines avec « le père de famille, l'époux, la sœur, les frères » et des « conditions » sociales par le truchement de personnages : « le magistrat, le financier, le grand seigneur, l'intendant » (Diderot, *Entretiens sur le* Fils Naturel), auxquels L.-S. Mercier ajoute, avec un brin de malice, à une époque où le tragique ne touchait pas encore le populaire : « un tisserand ! un ouvrier ! un journalier ! » (*Du Théâtre*).

Pour créer l'illusion de la réalité quotidienne, « même si, comme le rappelle Diderot, le vrai peut quelquefois n'être pas vraisemblable », la première des conditions aura été de modifier la texture de l'écriture dramatique en transférant le lyrisme du texte vers le regard. Ce que perdait en dignité le héros de la tragédie classique se trouvait compensé par l'approfondissement de la sensibilité et la justesse des situations. L'adjectif « intéressant » prit alors le sens d'émouvant. L'unité du drame s'élaborait bien dans l'épaisseur même de la pâte humaine et sociale.

En jouant sur l'homologie entre les *dramatis personae*, les lecteurs et le public, « le sérieux » bourgeois se sépare du tragique. Il désire offrir « un intérêt plus pressant, une moralité plus directe que la Tragédie héroïque » (Beaumarchais, *op. cit.*). C'est ainsi que la recherche de la vertu, comme le rappelle R. Abirached à propos du théâtre de Diderot, n'est pas le simple décalque des préceptes classiques, elle permet, dans la communion artificielle mais bien réelle d'une salle de théâtre, de :

réconcilier l'homme avec lui-même [...] dans une entente provisoire, que le théâtre est seul à pouvoir susciter car il est sans rival dès qu'il s'agit de créer des impressions

(« Diderot et le théâtre », *in* : *Œuvres complètes* de Diderot, Le Club Français du Livre, 1970, III, p. VI).

La vertu des philosophes du drame bourgeois consiste, en s'appuyant sur les incitations conjointes du plaisir et de l'intérêt, à pousser l'homme à quitter une pratique solipsiste et pharisaïque de la vertu pour la faire jouer dans les « relations » et les devoirs sociaux, avec toutes les incertitudes possibles, mais tous les bonheurs probables. Le spectateur, invité au prosélytisme, se trouve dans la position du catéchumène qui communie idéalement par les sens face à un spectacle d'une autre nature cathartique que celle de la tragédie. *Exit* par là même les notions de fatalité et de faute tragique. La trancendance est absente de ce monde où la faute devient essentiellement une erreur morale qui gêne la mise en place de l'harmonie sociale. L'inexplicable et l'irrationnel de l'acte tragique grec, shakespearien ou racinien, se résorbe ici dans un univers où tout se mesure à l'aune d'un humanisme géré par la vertu, la morale et l'argent. Dans les arguments dramatiques, l'inéluctable laisse la place à l'impondérable. C'est reconnaître par là que le drame bourgeois a aussi partie liée avec l'inspiration de la comédie.

Le bonheur dans les larmes

Les auteurs du drame bourgeois dénient à la comédie classique de pouvoir corriger les mœurs. Le *castigat ridendo mores* leur paraît une formule inopérante, car ils refusent de confondre le rire et le comique. En revanche, ils accordent tout leur crédit au rire sensible. L.-S. Mercier propose là-dessus une analyse suggestive :

> Il n'y a qu'un farceur qui ne voie pas que *le rire et le pleurer*, ces deux émotions de l'âme, ont dans le fond la même origine, qu'elles se touchent, qu'elles se fondent ensemble, qu'elles ne sont ni un signe absolu de joie, ni un signe absolu de tristesse.
>
> (*Du Théâtre*, p. 68, cité par P. Frantz, *Théorie et pratique du drame bourgeois (1750-1815)*, thèse, Paris III, 1994, p. 187).

Le terme générique de « genre sérieux » avancé par Diderot dans ses *Entretiens sur* le Fils naturel marque, structurellement, la position médiane du genre en même temps que le souhait de trouver une nouvelle voie hors de l'opposition traditionnelle entre tragique et comique.

La dénomination de comédie, utilisée quelques années plus tôt par Nivelle de la Chaussée, avec en particulier *Le Préjugé à la mode* (1735) et *Mélanide* (1741), comédie qualifiée presque aussitôt et par dérision de « larmoyante », répondait déjà à ce souhait. Ce sont par ces tentatives qu'ont commencé à s'opérer les changements qui modifieront les structures de la tragédie et qui mèneront aux différentes formes du « drame bourgeois ». *Le Fils naturel* (1757) et *Le Père de Famille* (1758) de Diderot, *Le Philosophe sans le savoir* (1765) de Sedaine, s'intitulent bien encore, selon le vœu de leurs auteurs, « comédies », seul terme englobant, parce qu'il renvoyait en même temps à des pièces de nature composite et dont les personnages étaient du commun.

Dès son *Troisième entretien sur* le Fils naturel, Diderot, par la bouche de Dorval, définit la comédie de genre sérieux comme oscillant sur un axe pendulaire dans un espace encore indéterminé, entre « le genre comique et le genre tragique », « bornes réelles » de la composition dramatique. En utilisant cette métaphore et en réaffirmant que dans ce domaine « il n'y a point de principe général », Diderot tendait, en refusant de définir avec précision un territoire théorique et scénique, à se libérer d'abord des entraves formelles imposées par les grands genres et à constituer, avec ce « comique sérieux », « une branche nouvelle du genre dramatique » (*Dorval et moi. Troisième entretien*). L'exigence sur la liberté des formes et leur non fixité recoupait ici la position philosophique sur le nécessaire libre arbitre.

Même si pour Diderot, à cause surtout de la présence des monologues, et peut-être par souci encore de prestige littéraire, le genre « penche plutôt vers la tragédie » (*ibid.*, p. 176), il est indéniable que la part du rire d'indignation ou de sensibilité est déterminante dans le drame. Ainsi, depuis le *Dom Juan* de Molière qui en avait tracé la voie, avec Marivaux qui en explora les franges, une nouvelle forme de tragique semble à nouveau dériver de l'écriture comique. Les « vérités » humaines ne sont plus à ressasser dans une « pompe » versifiée, mais sont à trouver, par le rendu du langage, dans « les mouvements du cœur » (Marivaux, avertissement des *Serments indiscrets*, 1732) plus que dans les « vraisemblances ».

Les drames bourgeois semblent ainsi parvenus à apparier les formes extrêmes du tragique et du comique, dans un dépassement par le « pathétique » qui en estompe les traits les plus accusés plutôt que de les opposer violemment, comme tenteront de le faire, dans un autre choix esthétique, les drames romantiques qui suivront. Cette manière de récupérer les effets du rire par le biais du pathétique, que l'on retrouve aussi bien chez Voltaire (*Nanine*, 1749, *L'Écossaise*, 1762), chez Nivelle de la Chaussée, Fenouillot de Falbaire (*L'Honnête criminel*, 1769) ou Diderot, admirateur de Térence (*Éloge de Térence*, 1769), définit une des visées essentielles du renouvellement dramatique proposé par le drame bourgeois.

Le libertinage aristocratique de don Juan, dans lequel s'affirmait le pouvoir de dire non et que l'on retrouve dans les comédies de feintes de Marivaux, « réécritures en mineur d'une tragédie » (A. Ubersfeld, *Le Drame romantique*, Belin, 1993, p. 9), donne en fait cette ultime leçon que le destin tragique s'élude inévitablement de lui-même dans la mesure où l'on refuse de lui accorder toute-puissance. La victoire du Commandeur n'était qu'un leurre. Partant, l'idéologie du drame bourgeois, en s'opposant toutefois à celle de l'aristocratie, se réapproprie cette faculté de nier tout pouvoir déterminant à la transcendance. Elle s'appuie sur un bon sens relativiste, sinon sur la raison, voit dans la pratique de la sensibilité le gage de la vertu et, pour résoudre les conflits, fait confiance, avec des certitudes idéalistes dans l'amendement de l'humaine condition, aux actions généreuses. « Ils m'ont ouvert les yeux » disait déjà le Glorieux de Destouches au dénouement. D'où la parfaite adéquation, en l'occurrence, du terme « drame » à son objet. L'action sert l'homme au lieu de le détruire, ce qui n'empêche point le spectateur de trembler. On ne croit plus à la fin des héros par le malheur, mais à la fin du malheur par et pour les héros.

Cette dérive pathétique de la veine comique, l'œuvre de Beaumarchais, dans son développement, en rend compte presque caricaturalement, non seulement avec des pièces comme *Eugénie* (1767), encore dénommée « tragédie domestique », avec *Les Deux Amis* (1770) auquel l'auteur donne le nom de « drame », mais surtout avec la trilogie figaresque elle-même. Après le *Barbier de Séville*, conçu comme un opéra-comique, presque une pièce de parade ou de tréteaux, se met en place, dans *La Vengeance de Bégearss ou Le Mariage de Figaro* (1784), « une intrigue de comédie fondue dans le pathétique d'un drame », pathétique qui s'installera définitivement avec le troisième volet de la trilogie : le drame intitulé *La Mère coupable* (1792). L'on sait que Beaumarchais souhaitait que ces trois pièces ne soient pas dissociées et puissent être représentées à la suite (il rêvait en réalité d'une tétralogie ; le quatrième volet se serait intitulé : *La vengeance de Bégearss ou Le Mariage de Léon*). L'itinéraire suivi par Beaumarchais, qui adopta sans réticence le terme de « drame », donne la juste mesure de l'imbrication du rire et de la sensibilité. S'expliquent, par cette attitude, tous les transferts qui se sont opérés de la comédie vers le drame, drame que le vieux Bartholo, avec « le tolérantisme » et « la liberté de penser », classe dans les « sottises » d'un siècle « barbare » (*Le Barbier de Séville*, I, 3).

« Le grand mur qui sépare du parterre »

L'idée du « quatrième mur », qui définira jusqu'à nos jours l'essentiel des rapports entre le théâtre et l'illusion, appartient en propre à Diderot. Dans son *Discours sur la poésie dramatique*, il écrit aux comédiens :

> Soit que vous composiez, soit que vous jouiez, ne pensez pas plus au spectateur que s'il n'existait pas. Imaginez sur le bord du théâtre un grand mur qui vous sépare du parterre. Jouez comme si la toile ne se levait pas.

L'affirmation, presque dans les mêmes termes, sera reprise par Stendhal qui en fait une des conditions essentielles de l'existence même du drame :

> La première condition du drame, c'est que l'action se passe dans une salle dont un des murs a été enlevé par la baguette magique de Melpomène, et remplacé par le parterre.
>
> (*Racine et Shakespeare*, II, Lettre VIII).

En déplaçant de cette façon l'axe de l'écriture dramatique du textuel vers le visuel, le drame déclenche la mise en œuvre d'une esthétique du tableau, « une transformation profonde du protocole, des modalités et des fonctions de la représentation » (P. Frantz, *op. cit*, p. 203), que masque la simple définition qu'en donne Diderot dans ses *Entretiens sur* le Fils naturel :

> Une disposition des personnages sur la scène, si naturelle et si vraie, que rendue fidèlement par un peintre, elle me plairait sur la toile, est un tableau.

Alors qu'auparavant vivaient dans la même promiscuité scénique le fictionnel et le non fictionnel, un prince romain en larmes et un marquis en spectateur, un espace désormais sépare la scène et la salle et « les personnages ne savent pas qu'il y a un public » (Stendhal, *op. cit.*).

Le terme « tableau » n'était jusqu'alors utilisé dans la praxis théâtrale qu'avec une valeur simplement rhétorique, celle de l'hypotypose, pour rendre par le récit l'épisode souvent le plus douloureux d'une tragédie. Ainsi, par exemple, la mort d'Hippolyte ou le songe d'Athalie. Le langage seul servait de vecteur à la résurgence visuelle d'un passé épuré et magnifié par le filtre des rimes et des mots. Dans le cas du drame, au contraire, la technique du tableau propose une vision picturale et sensuelle de l'acte théâtral, n'interposant plus aucun obstacle entre le spectateur et la chose représentée. Les actes se jouent désormais au présent.

Dans son étude sur le drame bourgeois, P. Frantz distingue judicieusement deux types principaux de tableaux : le tableau « stase » et le tableau « comble ». Le tableau « stase » sert à la mise en place du cadre de l'action, à la description des milieux, des atmosphères, des conditions, il suggère des impressions : « Le spectateur est au théâtre, précise encore Diderot dans *De la poésie dramatique*, comme devant une toile où des tableaux divers se succéderaient par enchantement ». Le tableau « comble », quant à lui, marque une acmé, un moment où pathétique et sublime tendent l'action jusqu'à marquer une sorte de suspension plus ou moins longue dans l'action : « C'est qu'il prend en charge ainsi la fonction cathartique du théâtre », note encore P. Frantz. « À la pulsion scopique, il offre la représentation comme représentation ; au sujet, la jouissance du théâtre comme théâtre, du geste sans l'acte » (*op. cit.* , p. 473).

Qu'elle soit statique ou dynamique, cette utilisation des tableaux va entraîner une série de modifications essentielles. Tout d'abord, elle fera sortir l'écriture dramatique du strict découpage acte-scène et mettra au second plan les nécessités de l'intrigue. En effet, la nature du tableau, cette « unité thématique et non actancielle » (P. Pavis, *Dictionnaire du Théâtre*), préfèrera restituer les contours imprécis d'un climat social qu'élaborer des constructions narratives complexes. Par le biais de la peinture des « conditions de l'homme à substituer aux caractères peut-être dans tous les genres » (*Entretiens sur* le Fils naturel), la voie vers le réalisme scénique est ainsi largement ouverte, celle aussi de constructions dramatiques qui privilégieront la discontinuité et l'autonomie de chaque tableau. Cette mise en place se fera au détriment de constructions implexes d'allure factice, celle des « pièces bien faites ». Plus tard, de nombreux auteurs, parmi lesquels Hugo, Musset, Büchner et, plus proches de nous, des dramaturges de l'épique (Wedekind, Brecht), rejetteront, dans le même esprit, les artifices de l'intrigue pour chercher à susciter des situations nées de la peinture brute de certains milieux.

C'est que, dans un deuxième temps, le tableau instaure, entre le spectacle et le spectateur, dans l'élan d'un énergétisme sensualiste alors en œuvre dans la philosophie (Locke, Hume, Condillac), un nouveau rapport entre acteurs et spectateurs, de l'ordre d'une complicité des sens qui, relativisant la médiation du langage, accentue la crédibilité de la fiction représentée jusqu'à l'illusion puis l'identification. Le quatrième mur est bien un mur de verre, qui laisse intactes les images, mais grossit les émotions.

L'art théâtral, délaissant désormais la rhétorique, utilisera conséquemment les techniques de l'art pictural sur scène et leur terminologie dans les textes théoriques. Cette lecture immédiate d'images suggestives se fera aux dépens d'une lecture littéraire des textes qui seule jusqu'alors authentifiait les chefs-d'œuvre. L.-S. Mercier là dessus ne laisse aucune ambiguïté :

> [...] il faut avouer (quoi qu'on exige aujourd'hui), que le Drame est fait pour la représentation et non pour la lecture. Lorsqu'il a réussi devant le public assemblé, le poète a rempli sa tâche.
>
> (*Du théâtre*).

Diderot utilise aussi les mêmes formules pour défendre la même idée : « Une pièce est moins faite pour être lue que pour être représentée » (*Entretiens sur* le Fils naturel). À dater de ce moment, le théâtre, abandonnant sa complicité avec la littérature, trouve son autonomie artistique. Comme le rappelle Diderot dans *De la poésie dramatique*, « ce ne sont pas des mots que je veux remporter du théâtre, mais des impressions », en conséquence, il faudra désormais « mettre les figures ensemble, les rapprocher ou les disperser, les isoler ou les grouper, et en tirer une succession de tableaux, tous composés d'une manière grande et vraie ». Comment mieux qualifier en somme les débuts de l'art de la mise en scène.

DRAME ET TRAGÉDIE : LE CLIVAGE

La fracture qui, dans ce siècle de Pygmalion, se crée entre tragédie et drame sépare deux visions antithétiques de l'art théâtral, avec comme pierre essentielle d'achoppement la doctrine de l'imitation et la notion de modèle premier idéal. Dans le préambule du *Salon de 1767*, sous forme de dialogue, Diderot posait clairement la question :

– Et à quoi le [le Beau] reconnais-tu ?
– Mais à la conformité avec l'antique, que j'ai beaucoup étudié.
– Et si l'antique n'était pas, comment t'y prendrais-tu ?

En réponse, Diderot substitue à l'imitation de l'Antique « une imitation de la nature », mais en renonçant, quoi qu'on ait pu en dire, à « l'esprit observateur » du réalisme ou du vérisme. Pour lui, l'esprit d'imitation de la nature « ne regarde pas, il voit ». Cette exigence philosophique du regard l'a naturellement porté à s'intéresser à l'espace scénique sur lequel se concentre l'intensité de la vie.

Le rendu de la vie au théâtre évitera en conséquence l'indécision équivoque du langage en s'exprimant par le sentiment, à la fois fondement de la morale et source de la création artistique, qui seul permet d'établir le lien direct, pour la création du Beau, entre le Bien et le Vrai. « Le sentiment ne nous est pas suspect de fausseté » (*Réflexions et maximes*, 1746), écrivait déjà Vauvenargues qui, un des premiers, avec son Clazomène, incarna cette « vertu malheureuse » contre l'ataraxie d'une tragédie qui, en définitive, semblait avilir l'homme au lieu de l'exalter. C'est aussi ce qu'affirme avec force Beaumarchais :

> [...] les coups inévitables du Destin n'offrent aucun sens moral à l'esprit [...] ; [...] Toute croyance de fatalité dégrade l'homme en lui ôtant la liberté, hors laquelle il n'y a nulle moralité dans ses actions.
>
> (*op. cit.*).

À ce renversement des valeurs morales qui joueront idéalement par contagion plus que par purgation, s'ajoute enfin un autre étalonnage des genres dramatiques dont la palette s'élargit en sortant de l'opposition traditionnelle comique-tragique ainsi que le détaille Diderot dans le chapitre II de son *Discours de la poésie dramatique* :

> Voici donc le système dramatique dans toute son étendue : la comédie gaie qui a pour objet le ridicule et le vice ; la comédie sérieuse, qui a pour objet la vertu. La tragédie qui aurait pour objet nos malheurs domestiques ; la tragédie qui a pour objet les catastrophes publiques et les malheurs des grands.

On le voit, Diderot conteste moins l'existence des genres qu'il n'affirme la nécessité d'en élargir la palette en évitant les sous-genres et les pseudo-hiérarchies. En réalité, comme le précise P. Frantz, « Diderot procède ainsi à un aménagement du système classique qui lui permet d'insérer le genre moyen et de présenter cette moyenne comme l'excellence même » (*op. cit.*, p. 753).

Ce changement dans la perception théâtrale qui relativise l'entendement du discursif et amplifie les perceptions d'ordre sensoriel, accentue nettement le clivage entre une tragédie qui perdure dans ses formes ritualisées et un drame aux contours encore flous à la recherche de sa nature entre les termes de tragédie domestique, de comédie larmoyante et de drame bourgeois. Dans son *Essai sur le genre dramatique sérieux*, Beaumarchais, constatant ce hiatus entre une tragédie ossifiée et le monde mouvant du XVIIIe siècle, interroge :

> Faudra-t-il créer une Muse pour présider à ce cothurne trivial, à ce comique échassé ? Tragi-comédie, Tragédie bourgeoise, Comédie larmoyante, on ne sait quel nom donner à ces productions monstrueuses !

C'est finalement le terme « drame bourgeois » que retint l'historiographie, le réduisant ainsi à son plus petit dénominateur commun péjoratif, semblant le réserver à une nouvelle élite bourgeoise concurrente de l'aristocratie, alors que le terme et les innovations qu'il recouvrait avaient, comme la suite allait le montrer, vocation à l'universel. « Que le poète m'ouvre la scène du monde, écrivait L.-S. Mercier, et non le sanctuaire d'un seul homme » (*Du Théâtre ou Nouvel essai sur l'art dramatique*).

La postérité du drame bourgeois

Le prestige de la langue et de la pensée française contribue à internationaliser la portée du drame bourgeois. Un auteur comme Goldoni, par exemple, sera, pendant son séjour en France, presque naturellement poussé à suivre, dans *Le Bourru bienfaisant* (1771), ce modèle d'écriture. C'est cependant en Allemagne que le drame bourgeois connut très certainement ses plus heureuses conséquences avec le *Clavigo* (1774) de Goethe, *Intrigue et Amour* (1784) de Schiller et l'ensemble du *Sturm und Drang*. Ce mouvement, qui tire son nom d'une pièce de Klinger, professe la plus grande admiration à l'égard de Diderot, Rousseau et Mercier, la conjugue avec une vénération pour Shakespeare et Richardson, en radicalisant, dans les délices du sentiment et de la nature, le retour à un individualisme très marqué. Par les voies de la subjectivité, l'affirmation de l'individu se conforte dans une double contestation : celles des règles de l'art et des conventions sociales. À cette insoumission l'on doit encore *Les Brigands* (1782) et *La Conjuration de Fiesque* (1783) de Schiller, et le *Goetz von Berlichingen* (1771-1774) de Goethe qui devait prendre tant d'importance pour le romantisme français, comme en avait eu, sous la Révolution et l'Empire, le théâtre de Kotzebue (*Misanthropie et repentir*, 1789), qui unissait la tradition de l'esprit voltairien à la sensibilité rousseauiste.

L'ensemble de ce *Sturm und Drang* contesta le mouvement de l'*Aufklärung*, des Lumières, qui l'avait précédé, mais partagea avec lui son aversion de la tragédie classique française. C'est à Lessing, admirateur de Shakespeare mais aussi de Diderot, dont il traduisit les drames, que l'on doit, dans *La Dramaturgie de Hambourg* (1767-1769), les réflexions théoriques les plus assurées sur la relecture d'Aristote et sur la nécessité pour le théâtre de faire vivre des héros tirés de l'humanité moyenne dans des intrigues pathétiques où le sentiment du tragique se résorbe dans une fin destinée à l'élévation morale de tous. Autant de dispositions que Lessing mit en œuvre dans ses drames : *Miss Sara Sampson* (1755), premier exemple de tragédie bourgeoise, *Emilia Galotti* (1772) et *Nathan le Sage* (1783).

En France, jusqu'à la Révolution, le drame bourgeois trouva surtout son public dans une bourgeoisie qui devenait socialement dominante, toujours en opposition avec le pouvoir politique que le prestige de la tragédie continuait de servir. Encore bridée dans son expression sous le Consulat et l'Empire, la bourgeoisie affirma avec ténacité ses ambitions politiques dans une pièce comme le *Pinto* (1801) de N. Lemercier par exemple, qui met en scène précisément une conspiration réussie, et qui, à cause de cela, sera continuellement en butte à la censure. Tout bascule pendant la Restauration et la monarchie de Juillet : la bourgeoisie accède alors à une véritable autorité sociale et politique, qui durera longtemps sans partage. Dès lors, dans la littérature théâtrale, seront soulevés comme chez Scribe (*Le Mariage d'argent*, 1827 ; *Le Puff*, 1848), E. Augier (*Gabrielle*, 1849 ; *Le Gendre de Monsieur Poirier*, 1854 ; *Le Fils de Giboyer*, 1862), A. Dumas fils (*La Question d'argent*, 1857 ; *Un père prodigue*, 1859) les problèmes politiques, sociaux et moraux qui la tracassent. Mais un glissement des valeurs s'opère insensiblement : le pathétique et la vertu conjugées trouvent alors leur véritable terrain d'élection plutôt dans la littérature populaire, celle des feuilletons et des mélodrames, qui à son tour héritera de l'accusation de niaiserie, jusqu'alors véhiculée par le drame bourgeois. Par un retournement historique et une inversion, les mêmes ressorts dramatiques utilisés pour célébrer les vertus de la bourgeoisie au XVIIIe siècle, remettront en question ses valeurs clés un siècle plus tard, par exemple la foi en la science chez de Curel dans *La Nouvelle Idole* (1899), la confiance en l'argent chez Becque dans *Les Corbeaux* (1882) chez Mirbeau dans *Les Mauvais Bergers* (1897) et *Les Affaires sont les affaires* (1903).

Quant à la question des répercussions du drame bourgeois dans la production théâtrale de la Révolution française, on les mesure à vrai dire encore assez mal, sauf peut-être pour les « faits historiques », courtes scènes retraçant la conduite héroïque de gens du peuple, qui jouent le rôle de gazette théâtralisée des hauts faits civiques, la scène authentifiant en quelque sorte la valeur et la réalité d'un acte tenu désormais pour historique. À divers titres aussi, le mélodrame « classique » et le théâtre romantique sont directement redevables des avancées et des techniques du drame bourgeois. Des pièces comme *La Femme à deux maris* (1801) de Pixerécourt, l'*Antony* (1831) de Dumas ou le *Chatterton* (1835) de Vigny s'inscrivent dans ce même mouvement esthétique d'un pathétique revendicateur et utilitariste. La filiation est parfois plus nettement marquée : Balzac s'inspira directement des *Deux Amis* de Beaumarchais pour écrire son *Faiseur* (1848) ; George Sand écrivit une suite au *Philosophe sans le savoir* de Sedaine, *Le Mariage de Victorine* (1861), et Dumas fils reprit pour l'une de ses pièces à thèse un titre de Diderot, *Le Fils naturel* (1858). Cette manière de tirer de l'observation de la réalité quelque moralité bien sentie élargit aussi considérablement, à l'époque romantique, le champ du théâtre de société avec le genre des « proverbes ». Ceux de Th. Leclercq, dans cette tonalité, restent les plus convaincants.

Enfin, si l'on observe, comme le rappelle E. Auerbach dans *Mimésis* (ch. XVI), que l'obstacle essentiel au développement du réalisme dans le roman au XVIIIe siècle a été le maintien de la hiérarchie des genres et des styles, l'on s'aperçoit que les théories, et surtout les pratiques scéniques du drame bourgeois, furent déterminantes puisque, en remettant en cause l'édifice formel des règles par la théâtralisation de la quotidienneté, elles ouvrirent en même temps de nouvelles perspectives à l'art du théâtre et à celui du roman. Si donc l'ensemble de la comédie de mœurs, qui s'imposa un siècle plus tard, s'inscrit dans l'élan de l'inspiration du drame bourgeois, des romanciers comme Zola, qui rendit hommage à Mercier et à Diderot, ou Maupassant, la prolongent et lui ouvrent dans l'espace de l'écriture romanesque de nouvelles frontières.

L'on sait par ailleurs la part prépondérante prise dans l'élaboration de l'esthétique du drame bourgeois par les pièces anglaise de G. Lillo (*The London Merchant*, 1731) et de E. Moore (*The Gamester*, 1751), mais aussi par les romans anglais, ceux de Richardson (*Paméla ou la Vertu récompensée*, 1740 ; *Clarisse Harlowe*, 1747-1748) en particulier, dont Diderot rédigea l'*Éloge* (1761). Un siècle plus tard, on retrouvera ces mêmes passages obligés entre le roman et l'expression scénique, la plupart du temps sous forme d'adaptation, chaque fois que s'épauleront, surtout dans l'écriture populaire, l'expression de la vertu et du pathétique. Les cas inversés de *La Porteuse de pain* (1884 pour le roman, 1889 pour l'adaptation théâtrale) ou des *Deux Orphelines* (1874 pour la pièce, 1887-1889 pour le roman) sont à ce titre exemplaires, de même que les adaptations scéniques des romans de Zola.

La tragédie postracinienne

Pendant que se mettent en place toutes les innovations théoriques et scéniques du drame, l'esthétique de la tragédie se trouve prise à la fois par la nécessité d'évoluer et par le souvenir emphatisé de Racine invitant à décalquer les mêmes dispositions formelles. Le déchirement est d'autant plus douloureux que le propre de la tragédie racinienne avait été l'accès à une esthétique du dénuement et de l'ascèse, et qu'il était difficile de poursuivre dans ce sens sans risquer l'asphyxie. En fait, l'itinéraire suivi par Racine était une voie solitaire, ce qui explique la mythification de son œuvre car, dès son époque, la tragédie en musique, chantournée d'effets précieux et magnifiée par le luxe du spectaculaire, attirait déjà plus le public que ses épures linéaires. En cela, *Phèdre*, qui dans son temps avait été reçue avec quelques sarcasmes, marque, dans l'histoire du théâtre comme dans celle de la création racinienne, à la fois une rupture, un abandon et un embaumement.

Dès 1680, l'heure est encore à l'attendrissement pathétique et aux soubresauts de la violence. Tous les éléments du romanesque (quiproquos, méprises, reconnaissance) dont Racine avait pris soin de se délester pour écrire ses pièces, réapparaissent en force dans la facture de la tragédie. Selon Boileau, les « Wisigoths » envahissent alors la scène française. Avec Crébillon père qui cherche à capter l'héritage cornélien et racinien, la terreur tragique s'apparente même à l'horreur. On lui attribue la formule suivante : « Corneille avait pris le ciel, Racine la terre ; il ne me restait que l'enfer ». Suivent une série de succès où l'expression tragique, calquée sur des situations raciniennes, vire au dolorisme cauchemardesque et, par certains côtés, laisse présager ce que sera l'écriture, dans le même siècle, de Baculard d'Arnaud et beaucoup plus tard du Grand Guignol. Ainsi dans *Idoménée* (1705), *Atrée et Thyeste* (1707), où l'on voit un personnage offrir à boire à son propre frère une coupe remplie du sang de son fils, *Électre* (1708), *Rhadamiste et Zénobie* (1711), *Sémiramis* (1717) et près de quarante ans plus tard dans le *Triumvirat* (1754), pièce dans laquelle un personnage féminin découvre, sur scène, la tête coupée de son propre père. Crébillon dit suivre à la lettre les directives d'Aristote en préférant la violence des coups de théâtre et de la surprise à la lente maturation des sentiments tragiques. De fait, la rupture avec Racine paraît immédiatement consommée. Seul demeure l'alexandrin comme le signe du prestige et de la majesté tragiques.

Les tentatives de renouvellemment, qui ne touchent pas dans un premier temps le noyau intangible de la versification et du langage, se superposent les unes aux autres. Même celles qui suivent au plus près le modèle racinien ne peuvent que s'en éloigner. L'œuvre de Campistron, par exemple, si durement daubée par Hugo (« Sur le Racine mort, le Campistron pullule »), connut à son époque un immense succès, mais elle paraît sombrer dans la mièvrerie tant elle demande de s'apitoyer sur des héros languissants comme dans *Alcibiade* (1685) ou *Tiridate* (1691) qui raconte les tourments d'un impossible amour incestueux et qui remporta un triomphe. Mais, dès que l'on touche précisément au vers en préconisant l'emploi de la prose comme Houdar de la Motte avec son *Œdipe* (1726) ou dans ses *Réflexions sur la tragédie* (1730), le tollé est général.

On se rabat alors sur d'autres aménagements, encore préconisés par Houdar, concernant la diversification des sujets et la nécessité d'abandonner les thèmes de la mythologie classique au profit de ceux tirés d'une histoire plus récente. *Inès de Castro* (1723), du même Houdar, en suivant cette voie, remporta un des plus grands succès du siècle. Voltaire emboîte le pas en choisissant plutôt des sujets dans l'histoire nationale (*Adélaïde du Guesclin*, 1734) ou dans celle de territoires lointains avec *Alzire, ou les Américains* (1736) ou *Irène* (1778) qui se déroule à Constantinople et lui vaut d'être couronné sur la scène de la Comédie-Française.

❒ ***Les tragédies de Voltaire.*** L'arrivée en France de Shakespeare d'abord traduit par Laplace (1745-1748) puis par Letourneur (1776-1782), va faire découvrir d'autres flamboyances d'écriture et de dramaturgie que l'on va pourtant s'empresser de mettre sous le boisseau. L'on traite aujourd'hui avec condescendance les innovations « shakespeariennes » de détail entreprises par Voltaire dans *Adélaïde du Guesclin* (1734) où l'on tirait du canon, dans *Sémiramis* (1748) où apparaissait un spectre, celles aussi devant lesquelles il a reculé, comme dans *Tancrède* (1760) où il n'a pas osé placer un échafaud sur scène, mais, en revanche, a écrit l'ensemble en rimes croisées. Toutes ces innovations furent toutefois essentielles pour l'époque. La prudence et les reculades d'un Voltaire, si hardi et iconoclaste dans d'autres domaines, donnent la mesure des pesanteurs qui ankylosaient une tragédie qui s'affichait toujours chez le public et les auteurs comme une institution inviolable et le signe de la perfection formelle.

Même si Voltaire, toujours lucide, avait vu juste dans son *Discours sur la tragédie, à Milord Bolingbroke* (1730) ; « Nous avons en France des tragédies qui sont plutôt des conversations qu'elles ne sont la représentation d'un événement », on mesure encore le peu d'impact que put avoir Shakespeare aux timides adaptations d'un Ducis obligé de sacrifier la scène du balcon de *Roméo et Juliette* (1772) à l'unité de lieu et, dans *Hamlet* (1769), le meurtre de Polonius et la mort d'Ophélie aux bienséances. C'est moins Ducis ici qui est à mettre en cause que l'ensemble d'une époque qui révère une forme mythifiée et croit que la barbarie du théâtre élizabéthain ne pourra trouver sa force réelle que façonnée au moule d'une tragédie de type racinien.

Cette attraction racinienne est particulièrement sensible chez Voltaire, considéré comme un des dramaturges les plus novateurs de son époque, qui cherchera encore à enrichir la tragédie avec des débats d'idées et les délices du sentiment, en essayant toujours de préserver dans sa manière comme un écho de l'écriture racinienne, proche parfois de la réminiscence. Le phénomène est particulièrement sensible dans *Zaïre* (1732), inspiré pourtant de la jalousie d'*Othello*, et surtout dans *Mérope* (1734) qui pourrait s'apparenter à une *Andromaque* où les cœurs vaillants et vertueux finissent par trouver leur récompense. Mais le plus souvent c'est le débat philosophique qui l'emporte, comme dans *Mahomet* (1741), *Les Guèbres*

(1769, non représentée), ou la réflexion politique comme dans *Brutus* (1730), une des pièces les plus appréciées lors de la Révolution française.

❐ ***De la Révolution à la Restauration.*** Dans ce même ordre d'idées, on aurait pu croire que la Révolution allait apporter un changement à la fois dans la perception esthétique des œuvres tragiques et dans leur écriture. Il n'en a rien été, bien au contraire, car la Révolution et plus tard l'Empire, pour les mêmes raisons d'appropriation d'un prestige aristocratique et national, ont annexé la tragédie en la considérant comme le signe de la permanence et de l'originalité du génie français. La chose fut particulièrement sensible avec le *Charles IX* (1789) de Marie-Joseph Chénier et son *Caius Gracchus* (1792), pièce dans laquelle l'esthétique néo-classique, sous l'égide de l'esprit romain, permit de dresser une tribune pour lancer des mercuriales manichéennes contre prêtres, tyrans et aristocrates. « La tragédie est plus instructive et plus philosophique que l'histoire » écrivait alors M.-J. Chénier. La Révolution semble d'ailleurs avoir tellement éprouvé et épuisé les pouvoirs de la tragédie que beaucoup d'historiens (R. Abirached) font correspondre la fin de la Révolution et la mort de la tragédie avec l' *Agamemnon* (1797) de Népomucène Lemercier.

Il est vrai que l'on peut considérer que sous l'Empire, qui la vénéra officiellement pour les mêmes raisons que la Révolution, la tragédie n'a pu que se survivre grâce au génie d'un acteur d'exception, Talma, et au culte des héros, savamment entretenu par l'épopée militaire. On reprend principalement du Corneille (*Cinna*, joué 61 fois de 1801 à 1810), du Racine (surtout *Phèdre*), du Voltaire (*Zaïre* et *Tancrède*). Et de cette immense production réglementaire qui repasse inlassablement sur les mêmes topoï – le songe prémonitoire, la colère et les imprécations, le récit –, se détachent *Les Templiers* (1805) de Raynouard pour leur violence oratoire, et l'*Hector* (1809) de Luce de Lancival pour sa poésie hiératique et picturaliste.

Sous la Restauration, l'écriture de la tragédie, devant la vive pression romantique, commence à subir un assaut en règle mené contre les conventions, et des auteurs comme P.-A. Lebrun préfèrent parfois se réfugier derrière l'alibi d'adaptations déguisées qui paraissent aujourd'hui affadies, mais eurent à l'époque de brillants succès. Ainsi sa *Marie Stuart* (1820), décalque régularisé mais flou de Schiller, et *Le Cid d'Andalousie* (1825) emprunté à Lope de Vega qui, par certains côtés lumineux fait déjà penser, dans le ton et les images, à *Hernani*. En 1838, une très jeune comédienne, Rachel, « guère plus grosse qu'un des bras de Mademoiselle George » (Musset), donne l'illusion, en reprenant les classiques, d'un renouveau de l'art de la tragédie. En 1843, l'année de la chute des *Burgraves*, elle prête à Phèdre un visage si émouvant qu'elle aide à créer la chimère d'une possible renaissance de la tragédie classique, d'autant que la même année triomphe la *Lucrèce* de Ponsard. Mais la pièce de Ponsard, et les suivantes qui, croyait-on, devaient marquer la fin du romantisme, fut surtout l'ultime sursaut d'un genre dont les alexandrins, malgré leurs enjambements, étaient devenus trop prosaïques. Une fois l'alexandrin touché, l'ensemble se fissure. Et cette héroïne, trop proche dans ses passions mesurées et son intérieur de petite bourgeoise romaine, de « l'école du bon-sens », ne put ranimer durablement une flamme presque éteinte. L'écriture de la tragédie classique n'allait désormais que se survivre, hormis quelques tentatives de plus en plus isolées (l'*Ulysse*, 1852, de Ponsard, qui tente de réintroduire les chœurs). Le genre finissait par ressembler à la charge que Vigny en faisait dans sa *Lettre à Lord* *** :

> [...] dans des vestibules qui ne menaient à rien, des personnes n'allant nulle part, parlant de peu de choses, avec des idées indécises et des paroles vagues, un peu agitées par des sentiments mitigés, des passions paisibles, et arrivant ainsi à une mort gracieuse ou à un soupir faux.

Cependant la tragédie, ailleurs que dans les matinées classiques pour potaches, allait rapidement connaître une seconde vie. Parce que, précisément, elle était devenue forme close et donc révérée, elle allait désormais servir de champ d'expériences scéniques pendant toute la durée de l'ère du metteur en scène qui allait s'ouvrir.

Le cas du mélodrame

L'affirmation selon laquelle l'époque révolutionnaire n'a permis aucune création théâtrale originale est une idée reçue insistante sur laquelle il convient de revenir, au risque d'accréditer un hiatus béant entre Beaumarchais et Hugo. Si la date de 1789 n'est certes pas pertinente pour l'histoire du théâtre, celle de 1791, date de l'édit de libération des théâtres, l'est plus. Cet édit va en effet, du moins pour un temps, permettre à l'ensemble des pratiques dramatiques en cours d'aller jusqu'à leurs limites, et souvent de fusionner entre elles. De ce vaste champ d'expériences, qui aura permis en quelques mois d'escamoter les barrières esthétiques et sociales contre lesquelles avait buté le drame bourgeois, et continuait de buter la tragédie, sortiront des productions de nature composite, données à un public mêlé, qui avait déjà fait l'expérience de la mixité esthétique et sociale à la Foire puis au Boulevard du Temple. En quelques années, ces expérimentations se codifient : l'inspiration comique va ainsi trouver sa pleine expression dans une forme nouvelle de vaudeville, et l'inspiration tragique se mouler dans les canons du mélodrame. Ces deux formes très marquées par l'esprit populaire doublent et recouvrent en somme l'ancienne partition académique entre tragédie et comédie, sans pour autant créer un clivage entre littérature d'élite et littérature populaire.

Ni le vaudeville ni le mélodrame, qui se caractérisent tous deux par l'immensité de leur production, ne vont rester longtemps des formes fixes ; du moins leurs fixités successives vont s'emboîter les unes aux autres, épousant au plus près les mutations sociales et politiques du siècle. L'écriture scénique du vaudeville, passant de Piis et Barré à Désaugiers puis à Scribe, arrivera par Hennequin jusqu'à Feydeau. Il en est de même pour le mélodrame « classique » qui, pendant toute la durée de l'Empire, sous la pression de son inspirateur principal, Guilbert de Pixerécourt, suivra des codes très contraignants et voudra d'abord se définir comme une « tragédie populaire » (Nodier). Dès la Restauration, en particulier avec Victor Ducange, l'écriture mélodramatique change d'inspiration, d'architecture dramatique, de thèmes, de personnages et propose, avec F. Soulié, J. Bouchardy, F. Pyat, une vision populaire et fortement politisée du romantisme. Après le relatif échec du mouvement romantique au théâtre, le mélodrame va relayer l'esthétique « oculaire » du genre vers un mélodrame à grand spectacle de nature diversifiée qui, après la destruction du Boulevard du Temple en 1862, essaime ses techniques spectaculaires pour les mettre au service du naturalisme et du vérisme, puis au bout du compte va trouver son ultime aboutissement dans l'art du cinéma (cf. J.-M. Thomasseau, *Le Mélodrame*, P.U.F., 1984).

En conséquence, il paraît désormais difficile de considérer le terme « mélodrame » comme simplement générique, et les genres théâtraux populaires à la fois comme immuables et subalternes. La catégorie esthétique du mélodramatique, de nature riche et complexe, ainsi que l'a mis en évidence Peter Brooks (*The melodramatic Imagination* : *Balzac, Henry James, Melodrama and the Mode of Excess*, New Haven, Yale University Press, 1976), réclame que l'on affine des éléments de méthode et d'analyse de la littérature et du théâtre populaires, afin que l'on puisse, comme l'ont récemment tenté J. Przyboś (*L'Entreprise mélodramatique*, J. Corti, 1987) et M.-P. Le Hir (*Le Romantisme aux enchères. Ducange, Pixerécourt, Hugo*, John Benjamins, 1992), débrouiller la complexité du phénomène en menant conjointement investigations sociologiques et analyses dramaturgiques.

Jusqu'à l'éclosion spectaculaire et savamment orchestrée du drame romantique avec *Henri III et sa cour* d'A. Dumas père et *Hernani* de

Hugo, le mélodrame, entre 1800 et 1830, va connaître deux inspirations radicalement différentes, dont l'antagonisme, d'une certaine façon, explique les choix esthétiques de la dramaturgie romantique.

❒ ***Le mélodrame « classique ».*** Au sortir de la Révolution, sous la pression d'une vigilante censure, dont l'importance restera déterminante jusqu'à la fin du siècle, s'impose la volonté d'effacer jusqu'au souvenir d'une Révolution qui avait éveillé la conscience historique nationale et montré le rôle que des individus isolés pouvaient jouer dans les destinées d'une nation. L'homme de la rue avait alors quitté le rôle de spectateur de la politique pour en devenir acteur. L'Histoire et la conscience de cette Histoire vont donc se trouver au centre d'enjeux esthétiques et politiques. C'est dans ce sens que l'on peut parler à ce moment-là de mélodrame « classique » puisqu'il va s'agir, pour Pixerécourt et ses épigones, de substituer aux canons d'une tragédie aristocratique, ceux d'une tragédie populaire aux principes aussi rigides et au message politique aussi précis. Le mélodrame de l'Empire proposera ainsi à de nouvelles couches de population qui ne savent pas encore lire, mais qui ont appris à voir et à comprendre la théâtralisation politique des actes et du langage, un spectacle qui devient une école du regard et des vertus individuelles, civiques et patriotiques. Le Boulevard du Temple, par ses diverses attractions, facilitera l'intégration sociale de ces valeurs.

Mis en place après quelques tâtonnements par une pièce canonique, *Cœlina, ou l'Enfant du mystère* (1800) de Pixerécourt, le système mélodramatique se développe autour d'un axe argumentaire qui sera continuellement repris dans la littérature populaire, celui de la persécution d'une victime innocente. La structure de la tragédie, réduite à trois actes, avec une montée pathétique scandée par une alternance en dents de scie du cocasse et du poignant, superpose des coups de théâtre menant à un état paroxystique des situations et des émotions. L'intrigue se dénoue par l'intervention retardée d'un autre ressort dramatique, celui d'une reconnaissance qui, dans les dernières scènes, rétablit la victime dans ses droits sociaux et familiaux, la replace dans le cercle des bienheureux. Sous la vigilance d'une Providence attentive, une justice distributive rétribuant bons et méchants à leur juste valeur ne manque jamais d'intervenir au moment dramatiquement juste. Les personnages, fortement typifiés, se répartissent selon un ordre manichéen : d'un côté un traître, « noir des pieds jusqu'à la tête », parfois aidé de quelques sbires patibulaires ; de l'autre la victime et ses adjuvants, le père noble, le naïf, le protecteur mystérieux... L'aspect résolument itératif de l'ensemble est masqué par une utilisation pertinente de tous les moyens d'une « mise en scène » (le terme naît à cette époque) imaginative, jouant habilement du picturalisme des décors et mettant en jeu les ressources conjugées de la pantomime, de la musique (ouverture, thème d'entrée et de sortie des personnages, trémolo à l'orchestre) et de la danse (la scène de la fête et du ballet sont des constantes du genre). L'adhésion émotive est définitivement affermie à l'acmé du drame par des duels, des combats, et surtout par un « clou » de mise en scène (orage, incendie, inondation, explosion de forteresse) qui frappe l'imagination, amplifie le pathos, et transforme l'illusion théâtrale en commotion.

Pour la première fois, par le biais d'une visée totalisante superposant et conjuguant des codes visuels moraux et de copieux dialogues, s'élabore une dramaturgie du débord qui, à un spectateur visuellement et sentimentalement mystifié, montre des pièces à dominante bourgeoise (*La Femme à deux maris* de Pixerécourt, 1802) ou héroïque (*Tékéli*, 1803, *l'Homme à trois visages*, 1803, de Pixerécourt ; *Dago, ou Les Mendiants d'Espagne*, de Cuvelier, 1806) qui ressassent inlassablement les mêmes aphorismes exaltants et apaisants. Ce répertoire des maîtres du genre, sous les mirages d'un pseudo-réalisme et d'une couleur locale vivante mais approximative, recèle en effet des idées-forces inébranlables : le mal social est incarné dans quelques traîtres qu'il suffit de chasser de l'espace clos du bonheur, espace toujours nettement et symboliquement délimité sur scène par les éléments principaux du décor.

Ce bonheur, d'autre part, se construit sur le goût de l'ordre civique, la pratique des vertus personnelles et familiales, mais sans le souvenir de la Révolution ni le ressort des passions amoureuses, considérés comme également destructeurs. À la fin de chaque drame se reconstitue le noyau familial éclaté, image en réduction de la société tout entière qui se recompose autour d'un nouveau père de la nation. Si l'on ôte de ce théâtre la sincérité et l'ébaubissement d'un public nouveau, naïf et ductile, reste une forme dramatique fortement structurée, mais vide, prête à servir par son manichéïsme à n'importe quelle utilisation politique ou sociale. J. Przyboś, en se servant du concept de violence de R. Girard, a montré comment ce rituel (au sens durkheimien du terme), qui prend place pour la première fois dans une économie de marché, peut *in fine* être indifféremment réemployé « dans des sociétés qui traversent une crise anomique aiguë » (*op. cit.*, p. 193). À la chute de l'Empire, la crise change de nature et le mélodrame, qui a pu justement paraître comme une forme indéfectiblement liée à l'idéologie napoléonienne va, par la parodie spectaculaire de *L'Auberge des Adrets* (1823) et le personnage de Robert Macaire, trouver très vite la subversion de ses propres valeurs.

❐ ***Un auteur subversif : Victor Ducange.*** Cette subversion sera surtout mise en œuvre par un auteur dramatique dont on a longtemps méconnu l'importance, mais dont l'œuvre révèle les étapes qui, entre les années 1820 et 1830, mènent à l'écriture des drames romantiques : il s'agit de V. Ducange. Ainsi que l'a montré M.-P. Le Hir (*op. cit.*), Ducange se démarque l'un des premiers du mélodrame de l'Empire en orientant politiquement le genre vers le renouveau d'une inspiration libérale irriguée par la philosophie des Lumières. Alors que précisément les libéraux de l'époque étaient dans leur ensemble plutôt favorables au maintien des traditions classiques, fussent-elles revues par Voltaire, V. Ducange engage le mélodrame dans l'attitude romantique de réduire définitivement à néant le rituel mélodramatique de l'Empire : il abandonne la structure en trois actes, les unités, le culte inconditionnel d'une vertu abstraite. Il réintroduit surtout la passion et le sentiment de l'échec, en suivant l'itinéraire chaotique de héros contemporains, malheureux et fatals. Son propos fut surtout servi par le couple Frédérick Lemaître-Marie Dorval, qui à lui seul incarnait les tourments romantiques dans un mélodrame *Trente ans ou la vie d'un joueur* (1827), qui fut joué « au milieu de cette fièvre des premières représentations qui brûlait tout le monde » (Dumas, *Mes Mémoires*, II, CIX). La même année 1827, c'est aussi, avec la deuxième visite des comédiens anglais à Paris, la date du retentissant manifeste de la Préface de *Cromwell* qui pourtant, à aucun moment, ne cite le mélodrame classique ou romantique et libéral. Le genre mélodramatique se trouve de cette façon définitivement marginalisé dans les théâtres du Boulevard du Crime, ce qui recréera artificiellement après 1830 le clivage social et esthétique qui s'était estompé sous l'Empire et la Restauration. Il existera désormais une forme de tragique populaire, le mélodrame, et une forme de tragique plus littérarisé, de type hugolien, qui cherchera à faire entrer le peuple dans ses intrigues tragiques. Cette rupture est définitivement attestée par la disparition, chez les auteurs, du terme de « mélodrame » qui demeurera seulement dans le discours critique. Il prendra alors le sens péjoratif, que l'on connaît, de pièce larmoyante aux effets spectaculaires et pathétiques outrés.

On mesure mieux dès lors l'importance « en creux » prise par le mélodrame dans l'élaboration de l'esthétique dramatique du romantisme. Cette dernière en fait utilisera tous les moyens scéniques spectaculaires et les décors du mélodrame, mais inversera ses valeurs morales en redistribuant les emplois selon d'autres critères : les traîtres, les brigands et les associaux deviennent des héros ; la passion se substitue à la vertu, et la mort injuste vient, en lieu et place de la justice distributive, clore le débat, (cf.

J.-M. Thomasseau, « Dialogues avec tableaux à ressorts », « Le Mélodrame », *Europe*, nos 703-704, p. 61-70).

Le drame romantique, théorisé par Victor Hugo en 1827 dans la Préface de *Cromwell*, trouvera donc sa dignité esthétique dans le refus d'un académisme de l'écriture tragique déjà rejeté dans les faits par le mélodrame libéral depuis une bonne dizaine d'années. Malgré la véhémence théorique de ce premier manifeste, les hésitations demeurent toutefois, ne serait-ce que sur le point capital du choix de la prose ou des vers. En conséquence, les pièces prendront des aspects protéiformes sans jamais se couler dans une forme unique ; il serait donc plus pertinent de parler plutôt de drames romantiques, au pluriel. « Le XVIIIe siècle a tout mis en question, le XIXe siècle est chargé de conclure » écrit Balzac dans *Illusions perdues*. Quels sont les termes, dans le domaine dramatique, de cette conclusion ?

LES DRAMES ROMANTIQUES

Le principe de refus et le recours à l'Histoire sont les deux éléments qui caractérisent l'écriture romantique au théâtre. Alors que le spectacle et le souvenir de la Révolution avaient fasciné intellectuels et artistes européens, l'Empire s'était évertué à gommer de la mémoire collective ce qu'il voulait donner à voir comme un chaos auquel aurait succédé une harmonie sociale doublée de gloire militaire.

La génération romantique française, dans un premier temps, souffrira à la fois de l'amnésie de l'époque révolutionnaire et de la fascination de l'époque impériale. Alors que l'ensemble des penseurs européens dénonce sous l'Empire la subversion des idéaux prônés par la philosophie des Lumières, cette dernière réapparaît avec force sous la Restauration, et c'est avec elle que se met en place l'écriture de l'histoire de la première génération des grands historiens français : Villemain, A. Thierry, Barante, Thiers, Mignet, Guizot ; *La Vie de Shakespeare* de Guizot (1821) contribuera à affermir l'assise théorique du romantisme. Le théâtre, comme l'ensemble des autres arts, est ainsi marqué par l'Histoire qui à la fois réinscrit le passé dans le présent, met en avant la « couleur locale », les particularismes et l'identité des différents peuples, de chaque nationalisme, de toutes les couches sociales qui ont été les acteurs d'un drame généralisé. L'on sait désormais que le destin individuel de chacun, pour peu qu'il soit motivé par l'ambition ou poussé par la fatalité sociale, peut aussi peser sur le cours des événements, et que l'histoire ne se joue plus uniquement dans les alcôves ou les salles du trônes, mais partout ailleurs où agissent les forces souterraines qui travaillent le corps social.

Pour la mise en place d'une telle esthétique, s'imposait une rupture avec la doctrine de l'imitation de l'Antique, rupture déjà amorcée par le drame bourgeois. Le génie créateur de l'artiste romantique le renvoie à la solitude, à l'absence de repères, et atteste en fait l'inanité de tout système doctrinal. Les créateurs ne purent toutefois s'empêcher de tracer de vastes perspectives en ouvrant d'abord de larges brèches dans la forteresse de l'aristotélisme néoclassique. La véhémence de ces textes doctrinaires n'égale cependant que leur empirisme avoué qui se propose de « changer de moule autant de fois que de composition » (V. Hugo, Préface de *Cromwell*). Les premières de ces variations, qui se mirent en place entre 1820 et 1830 et touchèrent précisément l'écriture de l'Histoire au théâtre, ne furent pas un simple épiphénomène préliminaire, mais représentent en réalité une des tentations essentielles de l'esthétique visionnaire des romantiques : le refus latent de la représentation et de « l'espace machiné » des théâtres. Il est significatif en effet, que le texte de référence de l'esthétique romantique : La Préface de *Cromwell*, précède un drame délibérément rendu injouable par son auteur lui-même, à cause essentiellement de ses 60 personnages et de ses 6 000 vers. La vitalité et les errances des drames romantiques s'expliquent d'une certaine manière par ce paradoxe fondateur.

Un fauteuil pour l'imaginaire

❐ ***L'esthétique de Ludovic Vitet.*** La première des tentatives qui cherchent à conjuguer la rigueur de la recherche historique avec la vérité de l'écriture théâtrale a été conduite par Ludovic Vitet, qui est à la fois homme politique, historien et homme de lettres. Elle mérite plus qu'une simple allusion, car non seulement elle a préparé la mise en œuvre du drame romantique, mais elle l'a placé sur une des pentes naturelles qui infléchira son esthétique : le refus de la scène. Le dessein avoué de Vitet dans *Les Barricades, Les États de Blois, La Mort d'Henri III* (1826-1829), œuvres regroupées en 1844 sous le titre global de *La Ligue*, aura été, comme il l'explique dans la Préface des *Barricades*, de « peindre des faits historiques autrement que par un simple récit » et de proposer une Histoire théâtralisée par la lecture.

De fait, Vitet pose le problème de fond sur lequel buteront jusqu'à nos jours les historiens, qu'ils soient de la littérature ou de la politique : les faits se trouvent soumis à la subjectivité de l'historien qui en donne toujours une relation à sa convenance ou à celle de l'idéologie qui l'anime. En conséquence, pour Vitet, la vérité historique est mieux rendue, malgré les apparences, par le dialogue que par le récit. D'autre part, ce style d'écriture « de l'histoire en action » permet au lecteur de percevoir, hors des limites de la dramaturgie du regard définies par les mélodramatistes, à la fois le déroulement temporel dans son rythme mais aussi dans son épaisseur humaine, en somme à la fois en diachronie et en synchronie. Le lecteur enfin, grâce à l'alternance de scènes, courtes ou longues, joue de son don d'ubiquité pour découvrir et nouer lui-même, presque dans la simultanéité, les mille fils tissant une histoire qui, dans son déroulement, prend d'elle-même la configuration d'une œuvre dramatique. Vitet clarifie ce point dans l'avant-propos des *États de Blois* :

> Ces nouvelles scènes sont encore purement historiques ; néanmoins nous espérons qu'on y trouvera un peu plus d'action et d'intérêt dramatique que dans les précédentes. Le sujet le permettait ainsi ; les faits se trouvent disposés si heureusement par l'histoire, qu'en se bornant à en tracer le pouvoir fidèle, on ne saurait manquer de leur donner un certain arrangement théâtral.
> (Éd. H. Fournier, 1829, p. V, VI).

Enfin, il insiste sur le fait qu'écrire une œuvre d'art d'inspiration historique mêlait à l'époque la subversion politique à la hardiesse artistique :

> L'on s'obstine à croire que reproduire le passé sans l'altérer, c'est vouloir faire injure au présent.
> (*op. cit.* p. 6).

Le fond du débat était révolutionnaire ; dans *Le Globe*, organisme d'inspiration libérale à la rédaction duquel il participait, Vitet écrivait : « Le goût, en France, attend son 14 juillet ».

La pensée de Vitet n'était pas isolée, et ses chroniques théâtrales en « dialogues tragiques » (Stendhal) loin de n'être que du théâtre avorté ou de l'Histoire au rabais. Stendhal de son côté appelait aussi de ses vœux une « tragédie en prose » nationale qui « entretienne cinq ou six fois par mois des grandes actions de nos du Guesclin, de nos Montmorency, de nos Bayard » (*Racine et Shakespeare*). On retrouve des choix dans le même esprit chez Cavé et Dittmer (*Les Soirées de Neuilly*), Rémusat, Loève-Veimars, Roederer qui, dans la préface de sa *Mort d'Henri IV* (1827), reprenait l'argumentation de Vitet sur une histoire rigoureusement reproduite et naturellement théâtralisée :

> Je puis affirmer que ce drame est de l'histoire toute pure. Je me suis borné à unir les textes et l'enchaînement était marqué par les faits qu'ils expriment.

Le moins connu, mais certainement un des plus originaux de ces auteurs qui prêtaient à l'Histoire un déterminisme théâtral, Duchatellier, contribuera à créer chez les romantiques le mythe politique des Girondins (cf. *Le Dernier banquet des Girondins* de Nodier, 1833 ; *Le Chevalier de Maison-Rouge* de Dumas père, 1847 ; l' *Histoire des Girondins* de Lamartine, 1847) en donnant une des premières et des rares théâtralisations de la Révolution française avec *La Mort de Louis XVI* (1828) et *La Mort des Girondins* (1829).

❐ ***Un « théâtre en liberté ».*** La nature hybride de ce théâtre, qui mobilise le lecteur en proposant autant d'ellipses que de scènes données à lire, convenait parfaitement à ce premier romantisme qui cherche son identité à travers ambiguïtés et paradoxes. Ainsi de Mérimée qui, dans les « scènes féodales » de *La Jacquerie* combine une succession heurtée, dans des lieux épars, de tableaux violents et sanglants (sc. XI ; sc. XVIII) où les destins personnels finissent par ourdir la trame de l'histoire. Cette technique des petits faits vrais, qui annonce déjà l'utilisation moins subversive et plus conventionnelle qu'en fera Scribe dans ses grandes comédies historiques (*Bertrand et Raton*, 1833 ; *Le Verre d'eau ou les Effets et les causes*, 1840), avait déjà été éprouvée avec autant de rigueur et plus de liberté encore dans les pièces du *Théâtre de Clara Gazul* (1825) de P. Mérimée précédant *La Jacquerie*, en particulier dans *Une femme est un diable, Le Carrosse du Saint-Sacrement, Les Espagnols en Danemark*, qui réaffirment en somme, qu'avant 1830, écrire l'Histoire au théâtre c'est se montrer réfractaire à la fois aux règles, aux bienséances de l'esthétique classique autant qu'à un régime politique conservateur.

Cette technique d'écriture, que les succès les plus retentissants du drame romantique vont masquer un temps, demeura cependant très présente et offerte comme un recours toujours possible dès qu'apparaîtront trop pesants, et finalement inexpressifs les impedimenta du spectaculaire. « Une tragédie est une pensée qui se métamorphose tout à coup en machine », écrit Vigny dans sa *Lettre à Lord* ***. C'est ainsi que Musset, après la déconvenue de *La Nuit vénitienne* (1830), donne avec *Lorenzaccio* (1834), dans la seconde livraison de *Spectacle dans un fauteuil*, un drame inspiré par une « scène historique » de George Sand, *Une Conspiration en 1537*. L'un et l'autre de ces textes procèdent directement de cette esthétique du théâtre de lecture. Au bout du compte et beaucoup plus tard, par sa liberté de composition et d'écriture, et parce que cette dramaturgie joue comme à loisir avec les espaces vides (Vilar le révèlera à Avignon) et les contrées de l'imaginaire, *Lorenzaccio*, par sa liberté de composition et d'écriture, se montrera bien plus scénique que nombre de pièces romantiques qui supportent désormais avec plus de mal l'épreuve de la scène. Hugo lui-même, après l'échec des *Burgraves*, dont la construction comme celle de *Cromwell* marque les limites atteintes par l'écriture d'un drame historique garotté dans des espaces combles et codés, suivra, après l'exil, cette inclination inévitable du théâtre romantique en donnant à son recueil de pièces à lire un titre significatif, le *Théâtre en liberté* (1872).

*Les batailles d'*Henri III *et d'*Hernani

Dès la parution de la *Préface de Cromwell*, la rupture s'opère entre les théories de Vitet et celles du romantisme théâtral, en particulier celles de Vigny qui, en 1829, oppose à la vérité de l'Histoire la vérité de la poésie. Après la fausse entrée ratée d'*Amy Robsart* de V. Hugo à l'Odéon (1828), pièce dans laquelle le souvenir de Shakespeare était très présent comme dans *Le More de Venise* (1829) de Vigny, après *Marion de Lorme* de V. Hugo encore, arrêtée par la censure, c'est Dumas qui, à l'emporte-pièce, impose le premier une vision scénique du drame romantique historique avec *Henri III et sa cour* (1829). L'intérêt de cette pièce est qu'elle applique en fait à la lettre le programme tracé par Stendhal dans *Racine et Shakespeare*, dans le fait surtout que, sans tenir compte des unités, elle retrace un épisode de l'histoire nationale en utilisant la prose dans le fief même de la tragédie : la Comédie-Française. Et pourtant, le remue-ménage qu'elle provoqua n'eut aucune commune mesure avec, un an plus tard, les affrontements de la fameuse bataille d'*Hernani*.

La différence d'écriture des deux pièces met au jour une des incertitudes théoriques du drame romantique, l'hésitation sur le choix de la prose ou des vers et, en conséquence, la tension qui ne cessera de s'exercer entre poésie et vérisme historique. Le fait que le parti des classiques ait contesté la pièce de Dumas sans la chahuter comme il le fera d'*Hernani*, montre assez qu'à ses yeux toutes les innovations de la dramaturgie nouvelle pouvaient être tolérées sinon acceptées (elles étaient déjà depuis longtemps à l'œuvre dans le mélodrame), sauf celles modifiant les codes de la poésie versifiée. Les classiques avaient, avec *Henri III*, supporté pêle-mêle le manque d'unité, la violence physique sur scène (la scène du gantelet de fer), les bilboquets, la sarbacane, les dragées, l'assassinat final avec un mouchoir. Malgré toutes ces hardiesses, la pièce, comme le souligne l'ensemble de la presse, connut au Français un « succès immense » et « complet ». Lors de la Bataille d' *Hernani*, le charivari commence dès l'enjambement trop hardi du premier vers ; c'est bien là en fait le point névralgique, celui qu'Hugo dans la Préface de *Cromwell* appelle, avec sa vision idéaliste et généralisante de la scène, un « point d'optique ». « Tout ce qui existe dans le monde, dans l'histoire, dans la vie, dans l'homme, tout doit et peut s'y réfléchir, mais, précise-t-il, sous la baguette magique de l'art ». Pour lui, comme pour les classiques, c'est l'alexandrin qui tiendra lieu de baguette magique.

La Préface de *Cromwell* était là-dessus sans ambiguïté, et Hugo considérait le drame comme l'aboutissement et l'accomplissement de l'écriture poétique : « Le drame est la poésie complète. L'ode et l'épopée ne le contiennent qu'en germe ; il les contient l'une et l'autre en développement ; il les résume et les enserre toutes deux. » « Mais c'est surtout », précise-t-il un peu plus loin, « la poésie lyrique qui sied au drame. » L'alexandrin romantique sera idéalement à la fois le garant et l'expression de la théâtralité : « Le vers est la forme optique de la pensée. Voilà pourquoi il convient surtout à la perspective scénique. » Abandonnant définitivement l'idée d'un prosaïsme théâtral un moment entretenue par le drame bourgeois, la Préface réaffirme que « la vérité de l'art ne saurait jamais être, ainsi que l'on dit plusieurs, la réalité *absolue* ». En conséquence, l'illusion de vérisme donnée par la prose est trompeuse, c'est en réalité le vers renouvelé qui procurera cet enchantement. « Ce vers-là », écrit Hugo, « serait bien aussi beau que de la prose » ; c'est lui qui, en définitive, devient le révélateur de l'idée. Et l'idée, trempée dans le vers, prend soudain quelque chose de plus incisif et de plus éclatant. C'est le « fer qui devient acier », précise-t-il enfin.

Le risque esthétique ainsi pris apparaît comme une reconnaissance détournée de la tragédie classique. Il conduira Hugo à charrier dans ses drames un univers d'images mythiques magnifiées par un lyrisme qui trouvera son extrême accomplissement dans *Les Burgraves*. Son amplitude et sa démesure ouvriront les perspectives au drame symboliste et à l'écriture torrentielle de Claudel, celle de *Tête d'or* ou du *Soulier de satin*. Hugo avait parfaitement perçu que l'usage du trimètre romantique avait encore l'avantage d'établir une irrémédiable distance avec le prosaïsme bourgeois dont il craignait à la fois la promiscuité et la prolixité. Mais ce faisant, il élargissait la fracture entre le drame romantique, le mélodrame populaire et la tragédie romantique bourgeoise d'un Casimir Delavigne (voir *infra*, « les Romantismes parallèles »). Sa position isolait à nouveau l'écrivain de théâtre dans une écriture solipsiste qui le poussera à la démesure dénoncée plus tard par Zola : « Je désigne par drame romantique toute pièce qui se moque de la vérité des faits et des personnages » (*Le Naturalisme au théâtre*, 1881).

Le partage entre les différentes inspirations des drames romantiques va donc s'effectuer pour une bonne part selon cette ligne de faîte séparant la prose du lyrisme scénique en alexandrins. Lorsque Hugo utilisera la prose pour certains de ses drames (*Marie Tudor*, 1833 ; *Lucrèce Borgia*, 1833 ; *Angelo*, 1835), il résoudra la contradiction en faisant appel à Shakespeare et aux notions opposées de « vérité » et de « grandeur », « qualités presque opposées, ou tout au moins tellement distinctes, que le défaut de chacune d'elles constitue le contraire de l'autre » (Préface de *Marie Tudor*), en substituant à la poésie du vers la poésie de l'action elle-même ou, comme dans *Lucrèce Borgia*, en invoquant la mission civilisatrice du drame :

> Le drame, sans sortir des limites impartiales de l'art, a une mission nationale, une mission sociale, une mission humaine.
>
> (Préface de *Lucrèce Borgia*).

Enfin, si Hugo est quelquefois contraint à l'emploi de la prose au théâtre, jamais elle ne lui servira d'alibi pour proposer un drame d'inspiration contemporaine. Elle devient une manière de concession à ce drame ouvert à la compréhension de tous qu'il appelle de ses vœux. En effet, s'il souhaite que le passé serve de grille de lecture pour le présent, il n'a pu se résoudre à l'écriture de drames dont les sujets soient de son époque, ce qui l'aurait condamné au prosaïsme. « Le vers », précise à ce propos A. Ubersfeld, « est le rempart contre le “commun”, le “trivial”, la peinture du réel faussement représenté, *anobli*, c'est-à-dire faussement vulgarisé » (Introduction à *Cromwell*, G.F., 1968, p. 51). L'utilisation de la grandeur lyrique de l'action et /ou du vers, au mépris de toute visée réaliste, désigne ce « beau idéal » que recherche fébrilement Hugo, mais l'enferme, et les autres dramaturges avec lui, dans des impasses esthétiques dont chacun, à sa manière, cherchera à s'extraire.

Dramaturgies en liberté

❒ ***Victor Hugo.*** Avec Hugo, sans que pour cela un modèle dramaturgique précis puisse être défini, des héros prométhéens et déchirés inscrivent la fulgurance d'un destin fatal dans l'Histoire. La passion amoureuse, valeur d'ordre éminemment spirituel, brûle de ses exigences le monde autour d'eux, et leur langage élevé, qui manque souvent son destinataire scénique, porte le drame sur des hauteurs irrespirables. Leur chute, après cette ascension fulgurante motivée par la recherche tendue de leur identité, sera scellée par l'absolu de la mort. De ce passage tumultueux dans des décors flamboyants, le bruit et la fureur d'épisodes mélodramatiques, ne restera qu'une empreinte vite effacée. L'Histoire gardera le fin mot d'un sens incertain et peut-être dérisoire, car le pouvoir y est toujours lié à la fatalité et à la mort. Dans ces drames qui se veulent une reconstitution de l'Histoire et qui proposent des clés pour d'hasardeuses interprétations, seules demeureront les certitudes compensatoires de la poésie. Dans ce sens Hugo, qui dans un premier temps assume tous les impedimenta scéniques de son époque et même les complique, reste isolé dans sa conception élevée du drame, et ne trouvera véritablement ses épigones que plus tard, avec Maeterlinck et Claudel. Dans cette création voulue continuellement comme sublime, l'écriture, de type mythique, méprisant définitivement toute évocation contemporaine, remontera toujours plus haut dans l'Histoire pour y chercher ses *exempla*, vers le plus lointain Moyen Âge avec *Les Burgraves*, qui apparaissent très normalement comme le butoir final d'une dramaturgie sans autre issue qu'une glorieuse désintégration dans le fracas poétique.

❒ ***Alexandre Dumas.*** Avec Dumas l'écriture du drame romantique explore la double voie inverse, celle de la banalisation romanesque et feuilletonnesque de l'Histoire (*Henri III et sa cour*, 1829 ; *La Tour de Nesle*, 1833) et des drames contemporains (*Antony*, 1831 ; *Térésa*, 1832 ; *Angèle*, 1834). Si ce type d'écriture, qui donnait à voir des tableaux animés et jouait sur les mirages de l'illusion, trouvait plus de résonance dans le public, elle n'en était pas moins hardie dans la théorie. Dumas, peu porté aux manifestes, en vient pourtant à théâtraliser la théorie elle-même dans la longue scène 6 de l'acte IV d'*Antony*. Il oppose au refus hugolien de traiter l'univers contemporain le constat de l'intangibilité des passions, rappelant avec le personnage d'Eugène que « le cœur bat d'un sang aussi chaud sous un frac de drap que sous un corselet d'acier ». L'originalité de Dumas ira encore jusqu'à montrer des anti-héros romantiques comme *Richard Darlington* (1831), politicien arriviste et assassin piétinant l'Histoire de sa morgue et de son mépris, à proposer des pièces historiques pensées comme des tragédies en tableaux (*Charles VII chez ses grands vassaux*, 1831), à reprendre le mythe de don Juan avec le style des mystères du Moyen Âge (*Don Juan de Marana*, 1836), à se colleter avec la manière et le sujet d'une tragédie à l'antique (*Caligula*, 1837), à faire du comédien exclu (*Kean*, 1836) l'emblème du héros romantique pris dans les exigences de l'ordre social et le désordre turbulent mais vivifiant du génie. L'écriture de Dumas, en utilisant ainsi indifféremment la prose ou une versification moins lyrique, se pliera plus facilement aux attentes de son temps, mais pourra aussi en explorer toutes les possibilités pour finalement, entre les années 1840-1844, lier, comme nombre de dramaturges de l'époque, l'écriture romanesque à l'écriture théâtrale. L'écriture théâtrale « historique » achève alors d'accentuer son tropisme vers le romanesque que laissait déjà apparaître *Henri III.* Seront successivement portées à la scène *Les Mousquetaires* (1845) et, au Théâtre Historique, entre beaucoup d'autres pièces, *Le Chevalier de Maison-Rouge* (1847) se terminant par le *Chant des Girondins* qui enflammera les barricades de 1848, et *Le Comte de Monte-Cristo* qui fut joué en deux soirées. Cette dernière pièce apparente définitivement l'écriture scénique à la technique « à suivre » des feuilletons, et provoque l'adulation de héros ambigus, toujours hors d'atteinte.

La dramaturgie de Dumas apparaît de fait multiforme, composite, moins unitaire que celle de Hugo, parce qu'ouverte à tous les possibles et moins entravée par les exigences du lyrisme. Il semble même qu'elle ait répondu, mot pour mot, à la définition du drame que donnait Hugo lui-même dans la préface de *Marie Tudor* :

> Le drame, selon le XIXe siècle, [...] ce n'est pas [...] un seul côté des choses systématiquement et perpétuellement mis en lumière, c'est tout regarder à la fois sous toutes ses faces.

Les deux expressions cependant, en s'appuyant sur un large socle historique et sur le refus absolu des « deux unités » (temps et lieu ; cf. la Préface de *Cromwell*), se retrouvent sur l'élément fondamental du renouveau romantique : le mélange du sublime et du grotesque. Cet aspect unitaire apparente la nature de leurs personnages à celle de leurs drames. Telle description de Cromwell esquissée par Hugo conviendrait à la description du héros romantique : « C'était un être complexe, hétérogène, multiple, composé de tous les contraires... »

❒ ***Alfred de Vigny.*** Ce que sera aussi le héros éponyme de Vigny dans *Chatterton.* Dans ce « drame de la pensée », en prose, Vigny met en scène la marche au suicide d'un poète dans un univers de drame bourgeois, avec la rigueur temporelle d'une tragédie. On se souvient de la définition racinienne que donnait l'auteur de sa propre pièce : « C'est l'histoire d'un homme qui a écrit une lettre le matin et qui attend la réponse jusqu'au soir ; elle arrive et le tue ». Dans sa *Lettre à Lord *** sur la soirée du 24 octobre 1829*, Vigny résumait de cette façon l'ensemble des problèmes qui se posaient aux nouveaux auteurs :

> La scène française s'ouvrira-t-elle ou non à une tragédie moderne produisant : dans sa conception un tableau large de la vie, au lieu de la catastrophe

> d'une intrigue, dans sa composition des caractères, non des rôles, des scènes paisibles sans drame, mêlées à des scènes comiques ou tragiques, dans son exécution, un style familier, comique, tragique et parfois épique ?

Ce syncrétisme, comme le laisse à penser Vigny, pourrait être au bout du compte la voie de sortie entre les formes liminairement extrêmes d'*Henri III* et d'*Hernani*.

❒ ***Gérard de Nerval.*** L'espoir de renouvellement des formes tragiques du romantisme, celui qui allie à la révolte métaphysique et au sentiment de l'échec le goût de la révolution politique et sociale, se retrouve dans une pièce peu connue du romantisme, mais qui en souligne fermement toutes les contradictions, le *Léo Burckart* (1839) de Gérard de Nerval. Dans une Allemagne presque contemporaine, le héros contestataire et rêveur est brutalement confronté aux réalités politiques puisqu'il devient conseiller du prince. Amour et pouvoir lui resteront, mais au prix du désenchantement. Le problème de fond, philosophiquement, métaphoriquement et structurellement, était donc de pouvoir et de savoir résoudre, dans la pratique, l'harmonie des contraires.

Sublime et grotesque

C'est précisément pour saisir le destin de l'univers dans son entier et de l'être dans toutes ses contradictions que le drame, dont la visée est totalisante, cherche à mêler sublime et grotesque. « C'est de la féconde union du type grotesque au type sublime que naît le génie moderne » écrit Hugo dans la Préface de *Cromwell*. « La muse moderne se mettra à faire comme la nature, à mêler dans sa création, sans pourtant les confondre, l'ombre avec la lumière, le grotesque et le sublime », précise-t-il encore. De même que le quotidien fait se juxtaposer inopinément comique et pathétique, de même l'être semble un « alliage dans lequel le sublime représentera l'âme telle qu'elle est, épurée par la morale chrétienne », quant au corps, il « jouera le rôle de la bête humaine » (Préface de *Cromwell*). Non seulement l'individu, mais le corps social tout entier est ainsi soumis à cette dualité dans laquelle réside toute la fatalité tragique du drame romantique. Ce qui porte le dramaturge à garder son rôle d'annonceur de vérités et de dispensateur de panacées :

> Le drame, comme l'auteur de cet ouvrage voudrait le faire, et comme le pourrait faire un homme de génie, doit donner à la foule une philosophie, aux

> idées une formule, à la poésie des muscles, du sang et de la vie, à ceux qui pensent une explication désintéressée, aux âmes altérées un breuvage, aux plaies secrètes un baume, à chacun un conseil, à tous une loi.
>
> (Préface d'*Angelo* de V. Hugo).

La recherche de jonction du sublime et du grotesque serait donc l'aspiration à une unité perdue de l'être que l'action théâtrale pourrait recréer, d'autant que le grotesque est une force difficilement maîtrisable qui a partie liée avec la liberté :

> La liberté dans l'art, la liberté dans la société, voilà le double but auquel doivent tendre d'un même pas tous les esprits conséquents et logiques.
>
> (Préface d'*Hernani*).

Il s'agit pour l'écrivain romantique, dans l'opposition entre sublime et grotesque, non seulement d'établir un contraste d'ordre esthétique qui transgresse les tabous littéraires et épate le philistin, d'éluder les règles qui contingentent les genres et les émotions, de jouer les iconoclastes avec d'antiques ou classiques modèles qui stérilisent toute innovation, mais idéalement, de recréer, dans une unité fondamentale, le « drame carnavalesque » joué par l'humanité. D'où la nostalgie des romantiques pour le Moyen Âge et son théâtre, qui comme Hugo tente de le faire, avait tendance à superposer le laid et le grotesque, et qui dans ses fêtes religieuses, nous l'avons vu (chap. 2), libérait aussi ses pulsions et ses fous.

La difficulté pour le romantisme et pour Hugo en particulier aura été précisément de penser qu'il pourrait, en se coupant délibérément du public populaire, faire partager cette euphorie libératrice à un public bourgeois encore trop bridé par les convenances sociales et théâtrales. Cette attitude condamne l'artiste à une quête désespérée et à la pratique ascétique de son art, à incarner ce « grotesque » dans quelques individualités bouffonnes : les fous de Cromwell, Angely dans *Marion de Lorme*, Triboulet dans *Le Roi s'amuse*, Don César dans *Ruy Blas*, ou renvoie aux libertés toutes permises du « spectacle dans un fauteuil ». Il est révélateur précisément que le drame romantique de lecture, dont on découvre depuis un siècle les qualités scéniques, soit celui qui ait le mieux réussi à mêler le sublime et le grotesque, si bien qu'il reste encore perçu comme une comédie, alors qu'il était conçu, selon la formule de E.-L. Gans, comme un « drame tragique » (*Musset et le « Drame tragique »* ; *Essai d'analyse paradoxale*, J. Corti, 1974). Ainsi des *Caprices de Marianne* (1833), par exemple, et surtout de *On ne badine pas avec l'amour* (1834), qui libère la cruauté d'une passion de jeunesse devenant assassine parce qu'elle cherche à prendre place dans un monde où les adultes sont réduits à une collection de pantins bouffons.

Musset, en mêlant sublime et grotesque non plus dans le ton, mais au cœur même des structures dramatiques, dénie en fait toute pertinence aux clivages des genres. Dans la Préface de *Cromwell*, Hugo affirmait déjà cette fécondité potentielle du grotesque : « Le beau n'a qu'un type, le laid en a mille » (voir sur le sujet : A. Ubersfeld, *Le Roi et le Bouffon*, J.Corti, 1974, p. 461-508).

Avec lucidité, en choisissant le personnage de Cromwell pour inaugurer sa tentative de renouvellement dramatique, Hugo d'entrée de jeu le pose comme un personnage emblématique de cet écartèlement entre le sublime et le grotesque : « Tibère-Dandin, tyran de l'Europe et jouet de sa famille », montré dans « le moment où sa chimère lui échappe, où le présent lui tue l'avenir, où [...] sa destinée rate » (Préface de *Cromwell*). L'échec du héros romantique et du drame qui le raconte tient peut-être en conséquence tout entier dans ce mal du siècle qui avive les contradictions intimes de l'être, et rend une représentation, nécessairement impudique, à la lettre, impossible.

Si le mélange du sublime et du grotesque ne réussit que difficilement à cohabiter dans les mêmes pièces, il y parvient finalement très bien dans la réception sociale de ces mêmes pièces. Le drame romantique, comme la tragédie grecque avait eu son drame satyrique et la romaine son *exodium*, a eu ses parodies, et l'on ne peut finalement comprendre l'ensemble de sa portée sans prendre en compte leur existence et leur fonction esthétique et « ontologique ». Que ce soient pour *Hernani (N,I, N,I, ou le Danger des Castilles, Harnali ou la contrainte par cor, Oh ! qu'nenni ou le mirliton fatal*), pour *Ruy Blas* (*Ruy Brac*, *Ruy Blag*), pour *Toussaint Louverture* (1850) de Lamartine (*Traversin et couverture* de Labiche et Varin), pour tant d'autres drames, les parodies, par leur régularité, leur nombre, par le retournement des procédés dramatiques qu'elles enclenchent et la rupture de l'illusion qu'elles opèrent, font entrer dans la perception esthétique globale un grotesque populaire finalement presque absent des drames eux-mêmes. Le jeu de massacre des personnages et des valeurs, le grossissement des conventions jusqu'à l'absurde dégagent entre le drame et sa dérision un territoire dramatique nouveau, qu'investira d'abord l'opérette (*Orphée aux enfers, La Belle Hélène*), puis A. Jarry et les surréalistes, enfin le burlesque tragique de la dramaturgie contemporaine. Le drame romantique, en portant dans sa besace sa propre subversion, dévoilait sur la place publique, avec la tension d'une âme déchirée entre des polarités extrêmes, le désaveu de toute certitude. Le tragique romantique, devant la désespérance des questions sans réponses « laisse la conscience en porte à faux sur un vide ». (G. Gusdorf, *Le Romantisme*, Payot, 1993, II, p. 46).

Les romantismes parallèles

Tous les romantismes au théâtre n'ont pas vécu ces tourments avec autant d'intensité. D'autres dramaturges auxquels il est difficile pourtant de ne pas accorder l'épithète de romantiques, ont tenté de modifier les structures de la tragédie, l'apparence des personnages et la nature des sujets, sans toutefois labourer aussi profond. Ces audaces tranquilles leur ont néanmoins permis de se concilier les faveurs d'un public attentiste et vite effarouché, qui leur a accordé des succès « pyramidaux ». Le cas de Casimir Delavigne est à l'époque exemplaire.

❒ ***Casimir Delavigne.*** Après les tentatives solitaires de N. Lemercier, qui avec son *Pinto* (1801) avait appliqué les théories du drame bourgeois aux faits historiques et transformé un héros figaresque en conspirateur aux grands desseins politiques, qui avait, en outre, provoqué un tollé proche d'une émeute pour avoir, avec son *Christophe Colomb* (1807), osé toucher aux unités, Delavigne avait été un des premiers à entreprendre une entière refonte de la tragédie historique. Il suivait en cela le mouvement amorcé par les réflexions de Mme de Staël dans *De l'Allemagne* (1810), de Schlegel dans son *Cours de littérature dramatique* (1811), et de B. Constant dans *Quelques rélexions sur le théâtre allemand* (1809).

Avant Hugo, qu'il détestera fermement, il avait su, en écrivant *Les Messéniennes* (1818), se mettre en parfaite harmonie, après Waterloo, avec une opinion populaire blessée. Porté à la fois par les libéraux et les bonapartistes, il donne dans cette même tonalité, à l'Odéon, *Les Vêpres siciliennes* (1819). La pièce rencontre un extraordinaire succès car, avec une inspiration nationaliste, elle modifie le moule de l'ancienne tragédie sans le faire éclater. Dans cet esprit de conciliation, face au romantisme tapageur du *Henri III et sa cour*, Delavigne opposera en 1829 une pièce imitée de Byron, *Marino Faliero* qui, à l'inverse de ce que montrera *Hernani* l'année suivante, met en scène un vieillard amoureux mais magnanime face à une héroïne adultère. Delavigne, c'est en somme la tragédie classique ravaudée par la sensiblerie bourgeoise du juste milieu et du bon goût, tant et si bien que toutes ses audaces scéniques, bien réelles, paraissent aujourd'hui comme chloroformées. *Louis XI* (1831) et *Les Enfants d'Edouard* (1833) donnent pourtant du pouvoir royal, comme le fera Hugo, en particulier dans *Le Roi s'amuse* (1832), une image très ambiguë, de même dans *Don Juan d'Autriche* (1835) où l'on voit le roi Philippe près de prendre de force une jeune fille qui ne se sauve du déshonneur qu'en avouant qu'elle est juive. Cette dernière pièce mêle en outre les genres ; la suivante, *Une famille au temps de Luther* (1836), se prive délibérément de la peinture des passions amoureuses pour étudier le conflit des passions religieuses. Pour tout cela, les pièces de Delavigne s'imposent à l'époque par l'ampleur de leur succès, mais, selon le mot du critique A. Nettement, restent un théâtre de « transaction » proche, dans les moyens et l'expression, de la peinture de Delaroche qui lui servait de décor et d'inspiration. Après Greuze et le drame bourgeois, le picturalisme dramatique en tableaux trouvait, dans ces pièces qui hésitent entre drame et tragédie, une nouvelle application. Le critique P. Bert disait fort justement à propos des *Vêpres siciliennes* et de leur couleur locale : « Le poète ne raconte pas, il peint » (éd. Garnier, s.d.I, p. 56). Rien n'est plus vrai : les drames de Casimir se parcourent encore comme un *keepsake* rempli de vignettes.

❐ ***Les auteurs des Boulevards.*** La potion est beaucoup plus épicée du côté du romantisme populaire. Le mélodrame avait développé de fortes ramures avec V. Ducange avant 1830 ; il trouve, après la révolution de Juillet, un terrain d'élection sur les Boulevards. Le Théâtre de la Porte-Saint-Martin y joue le rôle de « sas » entre le monde des littérateurs briguant le Théâtre-Français et celui des « carcassiers » de drame populaire alimentant l'Ambigu ou la Gaîté. Les échanges sont constants, favorisés en particulier par les acteurs, qui jouent indifféremment sur toutes les scènes avec la même technique et les mêmes élans. De cette façon, le Boulevard sert ainsi à la fois de banc d'essais dramatiques et de lieu d'échanges. Le cas d'une pièce intitulée *Le Fils de l'émigré* est à ce titre exemplaire. Rien n'y manque, pas même un échec retentissant par trop de hardiesse dans la conception, comme sur les théâtres officiels. Que l'on en juge ! Ce drame, joué en 1832 à la Porte-Saint-Martin porte, comme deuxième titre, *Le Peuple* ; il était le fruit de la collaboration entre A. Dumas père et Anicet-Bourgeois, un des meilleurs et des plus prolifiques « charpentiers » dramatiques de l'époque. Interprété par le couple Mademoiselle George - Frédérick Lemaître, il tomba parce que la peinture de la misère d'une femme du peuple, incarnée par l'ancienne actrice du Français, était encore prématurée, trop violemment exprimée par des décors et des scènes réalistes alors ressenties comme insoutenables (on la montrait sur scène venant d'accoucher d'un bâtard).

Avant Hugo, qui crut seulement le faire, les auteurs des Boulevards donneront au peuple la parole sur scène, avec véhémence ; en particulier F. Pyat dans *Le Brigand et le Philosophe* (1834), *Les Deux serruriers* (1841) et *Le Chiffonnier de Paris* (1847), joué à la Porte-Saint-Martin par F. Lemaître, avant et pendant les journées de février 1848. Le tragique est souvent ici celui de la misère des bas-fonds. On mesure par là toute la distance entre le peuple idéal rêvé par Hugo et celui des carreaux du Temple qui applaudit les drames noirs. D'autres écrivains encore, révèlent ces misères poignantes : F. Soulié, à son époque considéré comme le rival de Hugo et Balzac pour son roman intitulé *Les Mémoires du Diable* (1837-1838), écrit une pièce peignant l'honnête homme du peuple, *L'Ouvrier* (1840), et donne à l'Ambigu-Comique un drame paysan se déroulant en Bretagne, *La Closerie des Genêts* (1846), qui fut un des plus grands succès dramatiques du siècle ; A. Dennery qui, la plupart du temps en collaboration, écrit plus de deux cent cinquante pièces et, après l'universel succès de *La Grâce de Dieu* (1841), donne lui aussi des drames où les revendications sociales apparaissent avec force : *Marie-Jeanne ou la Femme du peuple* (1845), joué à la Porte-Saint-Martin par Marie Dorval. Marie Dorval, dont ce fut le dernier rôle, donnait une des clefs de l'écriture de ces drames romantiques populaires travaillant à même l'émotion brute : « Le rôle a six cents lignes, il a six cents effets » disait-elle. Elle soulignait là une autre de leurs caractérisques essentielles : un débord des effets, des sensations et des surprises qui réclamaient la double sincérité de l'acteur et du spectateur, ce qui ne laissait plus aucune place à l'éventualité d'un jugement esthétique, en réalité devenu secondaire, tant l'adhésion était forte.

L'écrivain romantique qui a peut-être le plus joué avec les limites extrêmes du jeu dramatique par « la complication excessive de la charpente, l'entassement des faits et l'absence de développement » (Th. Gautier) est sans contexte J. Bouchardy, avec *Gaspardo le pécheur* (1837), *Le Sonneur de Saint-Paul* (1838), *Lazare le pâtre* (1840). Ces drames provoquent, « par une curiosité harcelée sans relâche et satisfaite à tout prix », une écriture scénique où le rythme et le trop plein d'actions et d'émotions font naître une manière de poésie issue de la matière dramatique seule.

On le voit, le spectre de l'écriture dramatique du romantisme est en réalité beaucoup plus large qu'il n'y paraît au premier abord, et ne saurait, en tout cas, être réductible aux seules théories et expériences hugoliennes qui, si l'on s'en tient par exemple au strict nombre des représentations, doivent être réduites à des proportions bien plus modestes que celles que leur accordent habituellement les histoires de la littérature. On pourrait ainsi relever, à titre d'exemple, qu'*Hernani* a été à sa création représenté une bonne trentaine de fois, alors que le moindre mélodrame du boulevard l'était plusieurs centaines de fois. Cette mise en perspective qui, en faisant appel aux seuls chiffres, peut certes paraître contestable, fait aussi apparaître qu'à l'époque le grand auteur « romantique » à succès, reconnu par l'institution (il entre à l'Académie française en 1825), et qui gagne beaucoup d'argent, c'est sans conteste Casimir Delavigne.

Un dernier point encore. La réception dramatique à l'époque romantique connaît un champ plus vaste que le nôtre ; elle n'établit pas, comme nous le faisons, de frontières presque infranchissables entre le théâtre, le ballet et surtout l'opéra. En effet, l'essor du grand opéra de 1830 à 1850 paraît être inséparable des théories romantiques sur le théâtre et, d'une certaine manière, cette scène est la seule peut-être à les avoir accomplies avec le plus de justesse et d'ampleur. On ne peut comprendre, au bout du compte, la vigueur de l'expression tragique du romantisme sans inclure l'opéra dans la réflexion.

Opéra et drame romantique

L'art de l'opéra, de « réactionnaire » qu'il était jusqu'à la Restauration, devient à partir de l'universel succès de *La Muette de Portici* (1827), dont les chants accompagnèrent les révolutions de 1830, l'aire de prédilection dans laquelle s'exprimeront les contestations conjuguées du politique et de l'esthétique. En même temps, par le biais de la musique, du chant, des manipulations d'images et de symboles, l'opéra imposera une manière de concilier les traditions et les réformes. L'on cite beaucoup le *Racine et Shakespeare* de Stendhal ; ce manifeste est en fait indissociable de sa *Vie de Rossini* publiée la même année.

Comme l'a bien montré Jane Fulcher dans un récent ouvrage sur le sujet (*Le Grand opéra en France* : *un art du politique, 1820-1870*, Belin, 1987), l'opéra à la française, par nature plus orienté vers la pratique scénique que l'opéra italien par exemple, se charge de réduire la contradiction essentielle de l'attitude romantique en politique : à la fois « servir à illustrer la légitimité d'une politique et à contester cette prétention » (p. 44). En outre, l'opéra permettra à l'esthétique romantique de résoudre, d'une certaine façon, ses contradictions fondamentales. En effet, l'ampleur des moyens scéniques, joints au picturalisme de décors monumentaux fidèles à une couleur historique et locale (ceux de *Robert le Diable*, par exemple, ou des *Huguenots*), satisfera l'illusion en restituant un passé à lire au présent. D'autre part, la musique, le chant et la danse magnifieront une poésie de l'espace et des sons en atténuant le pouvoir ambigu des mots. L'ensemble conjugué de ces signes fera d'une poésie aux limites imprécises l'élément moteur de l'action. Comme le précise J. Kerman (*Opéra et drame*, Aubier, 1988), l'opéra ne sera désormais plus conçu ni comme une « forme inférieure de musique », ni comme une « forme inférieure de drame » (p. 24), mais comme la forme idéale et musicale du drame. On peut s'en convaincre avec les premiers opéras-drames de l'époque romantique contemporains des premiers succès du drame : *La Muette de Portici* qui, en 1830, en était déjà à sa centième représentation, et *Robert le Diable* (1831), tous deux de Scribe, G. Delavigne et Meyerbeer ; *Les Huguenots* (1836) de Scribe, Deschamps, Meyerbeer qui connut sa centième en 1839 ; *Le Prophète* (1849) de Scribe et Meyerbeer qui connut sa centième en 1851... Cette simple énumération met en évidence le rôle essentiel tenu par le couple Scribe-Meyerbeer dans la mise en place de cette dramaturgie romantique, le même Scribe que l'on enferme généralement dans le seul rôle étriqué d'écrivain bourgeois, spécialiste du vaudeville et de la « pièce bien faite ».

On perçoit dès lors le point de départ des théories de Wagner selon lesquelles l'opéra *est* drame, c'est-à-dire non pas un ensemble de situations convenues, d'effets et de coups de théâtre plus ou moins habilement brochés par un livret, mais un drame total (*gesamtkunstwerk*) où, selon la formule de Lessing que Wagner reprendra telle quelle, s'opère une « synthèse d'arts à leur plus haut niveau de tension ».

On comprend alors pourquoi, après Wagner, cette attitude esthétique, fortement marquée par les présupposés symbolistes contre le langage et les acteurs, portera les metteurs en scène à s'intéresser à l'opéra pour essayer d'y conjuguer au mieux les effets de l'audible et du visible. Ainsi Stanislavski, pour éviter de présenter aux spectateurs des opéras réduits à des « concerts costumés », proposa ses techniques du « tempo-rythme intérieur » et « spirituel ». « Et il faut qu'on puisse le percevoir », précisait-il, « dans le son, la parole, l'action, le geste et la démarche des chanteurs, bref dans l'œuvre tout entière » (*Ma vie dans l'art*, l'Arc, 1925). On retrouvera un souci du même ordre dans la démarche d'Appia qui refusait l'encombrement décoratif des mises en scène du XIXe siècle pour lui substituer des « espaces rythmiques » qui dépassent les habituelles oppositions entre musique, peinture et poésie (*La Mise en scène dans le drame wagnérien*, 1895). Wieland Wagner, dans le renouveau de Bayreuth, s'inscrira aussi dans le droit fil de cette inspiration, puis suivront tous ceux d'aujourd'hui qui, sans trop se soucier de dogmes établis, ont trouvé dans la mise en scène d'opéras un champ ouvert à de nouvelles expériences théâtrales : Brook, Strehler, Ronconi, Lavelli, Chéreau, etc.

La pérennité romantique

On ne saurait, au bout du compte, mesurer chichement la portée des changements introduits par l'écriture des drames romantiques en limitant leur histoire entre les dates fétiches de 1830 et 1843, et leur architecture aux seuls drames des écrivains reconnus. Le propre du mouvement, d'ordre spirituel, est précisément de se dérober aux clôtures, mais pas au tragique. Il ne peut donc qu'échapper aux conceptions trop nominalistes de l'historiographie théâtrale habituelle. Le spectre très large de cette écriture qui se déploie autour de l'axe de la transgression et de l'harmonisation des contraires, va d'un théâtre purement livresque à l'opéra et au *gesamtkunstwerk*. Malgré le flou reconnu de ses limites, il ouvre cependant un territoire qu'Hugo, à la fin de sa vie, définissait, dans un projet de préface du *Théâtre en liberté*, comme ce « théâtre idéal que tout homme a dans l'esprit ». Programme rêvé et ambitieux qui réaffirme en fait l'apport essentiel du romantisme dans le domaine de l'expression du tragique : la disparition de la notion de genre. La tragédie classique s'est disloquée, et le drame devient protéiforme et polyphonique.

Après que le drame bourgeois eut commençé précisément à remettre en cause la tragédie en cherchant une voie intermédiaire qui dépasse par le contenu émotionel l'opposition entre tragique et comique, le romantisme au théâtre, par la tension qu'il crée entre sublime et grotesque, porte l'homme vers l'inconfort spirituel, et les formes vers une mouvance constante. En ouvrant son esprit vers l'infini, l'artiste refuse d'utiliser le fini des modèles anciens :

> L'écrivain, le penseur romantique exercent une régence sur l'univers des apparences dont ils peuvent réaliser la métamorphose selon les exigences de l'espace du dedans.
>
> (G. Gusdorf, *op. cit.* I, p. 27).

Le romantisme au théâtre ne peut donc pas être compris comme un aboutissement, mais plutôt comme une libération qui ouvre une autre ère pour l'expression du tragique au théâtre. Ce phénomène est particulièrement sensible avec trois auteurs : Musset, Kleist et Büchner dont les œuvres n'ont pas été à leur époque mesurées à leur juste portée. Aujourd'hui, après Vilar et G. Philipe pour Musset (*Lorenzaccio*) et Kleist (*Le Prince de Hombourg*), après Jessner et Reinhardt qui révélèrent Büchner cent ans après sa naissance, et Vilar encore qui donna *La Mort de Danton* au Festival d'Avignon de 1948, l'esprit libertaire et désespéré du romantisme semble avoir pénétré pour longtemps le théâtre d'aujourd'hui. Une pièce comme le *Woyzeck* de Büchner, œuvre inachevée qui fragmente l'intrigue en éclats et humanise le héros en le détruisant, dans ses aspects novateurs et ses accents artaudiens, est devenue une pièce fétiche du répertoire universel. L'impulsion initiale avait toutefois été donnée bien avant, avec les premiers émois de Pygmation. Puis Hugo, qui lui aussi, à la fin de sa vie, avait rêvé et écrit un *Théâtre en liberté* (publication posthume en 1886), meurt en 1885, deux ans avant l'ouverture du *Théâtre Libre* d'Antoine. Le relais est passé. Pygmalion, qui se désolait de l'inertie de sa statue, la découvre soudain vivante, lui échappant déjà peut-être.

Texte

■ Parentés secrètes entre drame et tragédie

Après une traduction du Faust *de Goethe en 1829, Gérard de Nerval, avant de tenter plusieurs expériences d'écriture dramatique avec A. Dumas père (*Caligula, *1837 ;* l'Alchimiste, *1839 ; et surtout* Léo Burckart, *1839), entreprend, en se dégageant des passions encore vives soulevées par les manifestes romantiques, de porter un regard froid sur l'opposition drame-tragédie. Ce texte peu connu frappe aujourd'hui par sa lucidité et sa profonde compréhension de la convention théâtrale.*

Il nous semble que la différence de la tragédie et du drame existe principalement dans l'idée providentielle ou fatale, et dans l'idée du hasard et de la liberté, appliquées systématiquement aux actions humaines. Le fatalisme domine l'histoire antique ; la liberté et le hasard règnent dans les traditions et les caractères modernes. Le paganisme nous montre ses héros gouvernés par des traditions de famille ou des influences divines. Le christianisme nous montre les siens libres dans l'action et contrariés seulement par les choses. Or, comme on sent derrière chaque personnage antique un Dieu bon ou méchant, secourable ou vengeur, qui tient le fil d'or de sa vie, les moyens qui nouent et dénouent l'action sont toujours nobles et imposants. Pourquoi le poète descendrait-il à des détails vulgaires, à des nuances basses ou comiques, puisque dans aucun cas elles ne peuvent se mêler, d'une manière nécessaire, à son action ? Détruira-t-il l'harmonie de grandeur qui règne dans son œuvre, pour ajouter un degré d'illusion à celle que les costumes, la vraisemblance relative et l'analyse élevée des sentiments humains peuvent suffire à procurer au spectateur ?

Trop souvent un personnage, un détail *vrai*, risquerait de tout bouleverser, tout confondre, ainsi qu' Énée, en voulant monter vivant dans la barque des morts, lui fit faire eau de toutes parts et mit en fuite au bruit de son armure *vraie* les ombres errantes sur le bord du Styx.

Cette convention n'est point applicable à la plupart des actions modernes ; du moment qu'elles obéissent à la loi du hasard, les moyens qui mettent en jeu les hommes et les choses sont souvent mesquins, petits, indignes ; les types héroïques et les types vulgaires se mêlent forcément dans une action qui leur est commune. De là ressort toute une poétique différente dont M. Victor Hugo a donné l'idée complète dans sa préface de *Cromwell.*

La théorie du hasard des faits a été traitée surtout par Pascal et Voltaire qui ont énuméré tant de grands événements résultant d'une cause insignifiante ou ridicule, tant d'incidents risibles se mêlant de toute nécessité à la trame éclatante de l'histoire.

Est-ce à dire maintenant qu'il y ait moins de *convention* et de *choix* dans le système théâtral du drame que dans celui de la tragédie ? Nous ne le pensons pas. Nous voyons seulement le poète opérer d'après deux systèmes différents. Shakespeare est-il plus *vrai* qu'Eschyle ? Rubens est-il plus *vrai* que Raphaël ? Voilà à peu près la question. L'un a cherché le beau dans une nature primitive, harmonieuse et grave, l'autre dans une nature dégradée, exubérante et pleine de contrastes ; mais leurs œuvres ont au même degré le cachet du grandiose et de l'idéal, et c'est ce qui les place au-dessus de toutes les autres.

Pense-t-on que les personnages comiques de Shakespeare, que Iago, Falstaff, Mercutio, Caliban, soient moins exceptionnels que ses types héroïques ? Non. Ils réunissent plusieurs traits généraux de la réalité : mais ils sont aussi loin du possible absolu que les personnages des tragédies antiques. Quant au style même du drame, il est comme celui des tragédies, mêlé de poésie et de naturel ; le *trait comique* de certains passages serait aussi rare à rencontrer dans le langage ordinaire que le trait poétique des autres.

Il est clair d'ailleurs que le système moderne admet beaucoup plus de complication et de détails et ressemble davantage par ce côté à la vie ordinaire ; mais ce n'est presque là qu'une question de mise en scène et de costume applicable à la différence des mœurs et des temps.

G. de Nerval, « De l'avenir de la tragédie »,
in : *La Charte de 1830* des 20 et 26 mars 1837 ;
texte repris dans *La Revue théâtrale, n° 9-10 ; 1948, p. 25-36.*

6

La fin et le commencement

Entre la disparition du Boulevard en 1862 et la fin de la Belle Époque, le théâtre, du moins en France, se donna le sentiment d'être immuable, d'avoir définitivement assis ses pouvoirs d'illusion. En réalité, depuis l'ouverture du Théâtre Libre, de profondes mutations étaient engagées qui allaient mettre à bas l'ancien édifice dans son entier.

Dans le domaine du théâtre populaire, les anciennes conceptions mélodramatiques perdurent, raffinent sur les enchantements du spectaculaire pour capter le spectateur et l'emporter dans de palpitantes aventures vers des mondes lointains (*Le Tour du monde en quatre-vingts jours*, 1874 ; *Michel Strogoff*, 1883, de J. Verne et A. Dennery) ou celui, non moins exotique, des argousins et des arsouilles (*Le Fiacre* n° 13, 1887, de X. de Montépin ; *Gigolette*, 1893, de P. Decourcelle). Le pathétique est alors tendu jusqu'à rompre, surtout dans les drames sociaux (*Les Deux Orphelines*, 1874 de Dennery et Cormon ; *La Porteuse de pain*, 1889, de X. de Montépin ; *Roger la Honte*, 1894, de J. Mary). Ce n'est encore qu'après les débuts d'Antoine, surtout avec M. Pottecher (*Le Théâtre du peuple, renaissance et destinée du théâtre populaire*, 1899) et R. Rolland (*Le Théâtre du peuple, essai d'esthétique d'un théâtre*, 1903), que l'on s'interrogera autrement sur la vocation du théâtre populaire.

Sur les autres scènes parisiennes triomphe essentiellement, dans la ligne d'E. Augier (*Le Fils de Giboyer*, 1863 ; *Les Fourchambault*, 1879) et de Dumas fils (*La Femme de Claude*, 1873 ; *Francillon*, 1887), le drame social et psychologique où la société s'offre à elle-même la comédie de ses tares pour s'accorder la sensation de pouvoir les réformer. En outre, après la défaite de 1870, le drame historique flatte l'amour-propre national (*Les Dernières cartouches* de J. Mary et E. Rochard, 1903) ou le hérisse (*Thermidor* de Sardou, 1891). Ce théâtre, sous toutes ses formes, attise le cabotinage des vedettes de la scène pour lesquelles l'on taille des patrons sur mesure : *Théodora* (1884) ou *La Tosca* (1887) de Sardou pour Sarah Bernhardt. L'époque se donnera l'illusion de vivre un des moments les plus fastueux de l'histoire du théâtre français, animé par une pléiade d'auteurs : F. de Curel « préoccupé des problèmes de la conscience et attentif à la vie sentimentale » (*Le Repas du lion*, 1897 ; *La Nouvelle idole*, 1899), P. Hervieu à la recherche d'un tragique dans la famille (*Les Tenailles*, 1895 ; *La Course au Flambeau*, 1901), E. Brieux abordant dans ses drames toutes les questions sociales de l'époque (*Le Berceau*, 1898 ; *Les Avariés*, 1901), G. de Porto-Riche explorant dans les siens les détours imprévus de l'âme humaine (*Amoureuse*, 1891), enfin H. Bataille (*Maman Colibri*, 1904) et H. Berstein (*Le Bercail*, 1904 ; *La Rafale*, 1905) en agitant le fond trouble.

Il ne serait jamais venu à l'idée d'aucun de ces auteurs que le théâtre puisse se concevoir d'une autre manière que celle qu'ils épuisent. Les attaques contre l'illusion réaliste, qui reste au cœur de la problématique théâtrale d'aujourd'hui, viendront de plusieurs côtés à la fois : du naturalisme d'abord, dont l'inspiration scientiste récuse les explications psychologiques traditionnelles et qui, revisité par les « drames du Nord », contribuera, en outre, à mettre en place l'art du metteur en scène ; du symbolisme ensuite, des poètes et des dramaturges inscrits dans sa mouvance qui ramèneront dans la littérature le sens du divin ; et enfin de la violence torrentielle d'un auteur atypique quasi ignoré de l'époque, P. Claudel, dont nous savons aujourd'hui l'écriture annonciatrice de renouveau.

Puis, la remise en cause de ces artifices de théâtre, formalisée par Brecht, en révélant l'insuffisance d'anciens procédés, accentuera encore le rôle déterminant des metteurs en scène, toujours dans le besoin de trouver l'expression dramatique la plus dense et de redéfinir la position de l'homme dans un monde désormais déserté par les dieux. En définitive, ces doutes sur la nature de l'illusion et la façon de l'utiliser provoqueront des interrogations de fond sur les entités vitales de l'art théâtral : le personnage et le langage. De ces incertitudes et de ces interrogations vit encore le théâtre d'aujourd'hui, que ce soit dans la reprise assidue, sous l'apparence de célébrations nostalgiques, des formes désormais caduques du drame et de la tragédie, ou dans des œuvres nouvelles qui récusent les formes consacrées, mais non le tragique.

PERSONNAGE ET LANGAGE AU CENTRE DU DÉBAT DRAMATIQUE

La mort du Phénix

Tout s'est donc joué, en l'espace d'une vingtaine d'années : entre 1887, l'ouverture du Théâtre Libre, et 1913, celle du Vieux Colombier. Ce bouleversement, à notre sens, peut se résumer tout entier dans l'opposition de deux auteurs et deux pièces : P. Claudel et E. Rostand ; *Tête d'or* (1890, 1re version) et *Cyrano de Bergerac* (1897).

Il est difficile aujourd'hui de restituer l'enthousiasme avec lequel fut accueilli *Cyrano de Bergerac*. De 1897 à 1899, la pièce connut quatre cents représentations à guichets fermés ; en 1913, à la veille de la guerre, l'on célébrait la millième. À elle seule, en effet, elle théâtralise toutes les magies de l'ancienne illusion en jouant de leurs limites jusqu'à l'extravagance. Le triomphe de Cyrano, c'est en somme la célébration spectaculaire de ce que ne sera plus jamais le théâtre.

Rostand, il est vrai, emphatise, et pétrifie dans leur certitude d'exister, les deux entités clés sur lesquelles porteront précisément les doutes de l'écriture contemporaine : le personnage et le langage. Il choisit d'ailleurs la difficulté en mettant l'accent, dans l'élaboration du personnage du héros, sur les points névralgiques : la franche opposition entre l'être et le paraître, le grotesque et le sublime, le personnage et son double. Au dernier acte, au moment où vient à la connaissance de Roxane la vérité qui lui permet de donner enfin au personnage de Cyrano sa cohérence, le drame bascule tout entier dans la tragédie, celle de l'homme prolixe qui a gardé le silence. Après nous avoir offert chez Ragueneau quelques épisodes de farce, de franche comédie puis de drame bourgeois, dans les fossés du côté d'Arras des moments de drame historique et patriotique, dans le récit du voyage dans la lune de la tragi-comédie et de la féerie, la pièce, lors du dénouement, célèbre la tragédie et la mort du héros. *Cyrano* se présente en somme comme un centon des situations et des formes traditionnelles du théâtre. Rien n'y manque, pas même le duel, couplé avec l'improvisation. La pièce s'ouvre sur une représentation théâtrale qui, de fait, annonce l'autocélébration du théâtre par lui-même, ce que Jehan Rictus appelait un « bluff littéraire ».

On pourrait même aller jusqu'à dire que le personnage principal, dans sa diversité et sa virtuosité, est moins Cyrano que l'alexandrin lui-même (cf. P. Citti, « La fausse réconciliation de *Cyrano de Bergerac* », *Littérature et nation*, 5, mars 91, p. 34). Rostand traite la virtuosité prosodique, sa souplesse et son panache comme des personnages ou des actes théâtralisés, qui jouent de l'attente de la rime et de l'ostentation de la parure sonore. L'alexandrin au théâtre meurt avec Cyrano, emportant aussi avec lui un style de cabotinage d'acteur et l'adulation dont on entourait les auteurs. C'est ainsi que le drame de Rostand marque tout à la fois l'apothéose et la disparition des anciennes formes dramatiques.

La résurrection du Phénix

Quelque dix ans avant le succès de *Cyrano*, un jeune auteur, qui avait dans l'esprit des réminiscences de Wagner et de Nietzsche et suivait le sillage d'un Mallarmé pour qui le théâtre était une forme d'essence supérieure, donnait vie à une nouvelle écriture dramatique. En composant, en 1889, la première version de *Tête d'or*, il replaçait en effet le personnage et le langage au centre du débat dramatique, mais leur donnait des dimensions jusqu'alors insoupçonnées. À l'image de celle de Rostand, l'œuvre de Claudel englobe tous les genres traditionnels, mais pour porter en leur cœur la contestation, puis la régénération. Le personnage de Tête d'or invite lui-même les hommes à « contempler avec des yeux nouveaux un temps nouveau » (I, 105).

Ce texte fondateur de *Tête d'or* débute une œuvre colossale dont on n'a découvert que par étape la richesse scénique (*L'Annonce faite à Marie*, montée par Lugné-Poe en 1912 ; *L'Échange* par les Pitoëff en 1937 ; *La Ville*, par J. Vilar en 1955 ; *Le Soulier de satin*, par Barrault, en 1943, et Vitez en 1989). Elle « préfigure, comme le précise M. Lioure, la plupart des recherches et des innovations actuelles » (*L'Esthétique dramatique de P. Claudel,* A. Colin, 1971, p. 631). Fasciné par les formes du théâtre oriental et avec le souci hérité des symbolistes d'éviter le réalisme, de combattre les fausses valeurs du siècle, en particulier le statut artificieux du personnage de théâtre, Claudel ne pouvait que parvenir à des effets de distanciation épique de type brechtien.

Dans le domaine du langage, il dépasse le conflit entre l'alexandrin classique et la prose romanesque pour créer avec le verset une langue et une rythmique dramatiques qui réconcilient les exigences les plus anciennes de la métrique grecque et biblique, où le rythme est à la fois forme et sens, et celles de la rhétorique théâtrale contemporaine. Ionesco reconnaissait sur ce point sa dette à l'égard de ce grand manieur de mots qu'il considérait comme « le plus grand poète du XXe siècle » (cité par M. Lioure, *op.cit.*, p. 632).

Avec Claudel, le tragique, auquel ne manque pas même la dimension du drame satyrique (*Protée*, 1913, et les passages grotesques et bouffons de ses drames), échappe pour longtemps aux rigueurs des règles par le baroque d'un réalisme épique recelant l'ordre caché de la parabole. Lui qui a redonné au drame son souffle, en a proposé une définition particulièrement riche :

> Le drame, écrit-il, ne fait que détacher, dessiner, compléter, illustrer, imposer, installer dans le domaine du général et du paradigme, l'événement, la péripétie, le conflit essentiel et central qui fait le fond de toute vie humaine. Il transforme en acte pour aboutir à une conclusion une certaine potentialité contradictoire de forces en présence.
>
> (*Mes idées sur le théâtre*, Paris, Gallimard, 1966, p. 186).

Quand on aura complété cette définition, qui se réfère essentiellement au *Soulier de satin*, par une didascalie liminaire de cette même pièce, on aura en fait défini, dans les termes mêmes de ce démiurge, l'esprit et les formes mouvantes du drame d'aujourd'hui : « Que tout ait l'air provisoire, en marche, bâclé, incohérent, improvisé dans l'enthousiasme... » Suivront alors les premiers mots de l'annoncier : « La scène de ce drame est le monde... »

LE RÔLE NOUVEAU DU METTEUR EN SCÈNE

La percée naturaliste

On pourrait reconnaître à Zola le même mérite qu'à Claudel, celui d'avoir, en refusant les mensonges affabulateurs du théâtre de son temps, provoqué, avec d'autres moyens et d'autre visées, une réflexion sur les limites de cet art. La crise ouverte par Zola se continue aujourd'hui dans les mêmes termes et avec les mêmes exclusives. En effet, l'esthétique naturaliste au théâtre souffre encore d'un mal rédhibitoire, celui de paraître aux yeux de tous les créateurs de notre époque comme le mal théâtral absolu.

❒ ***La théorie du naturalisme au théâtre.*** Lorsqu'on lit pourtant Zola qui fut son théoricien le plus véhément dans *Le Naturalisme au théâtre* (1881) et dans *Nos auteurs dramatiques* (1881), l'on découvre, dans son vocabulaire, la même suspicion que la nôtre à l'égard de la tragédie classique, mais aussi du romantisme et de la comédie sociale d'Augier ou de Dumas fils qui, à certains égards, auraient pu paraître comme les prémices de l'esthétique naturaliste.

Dans les premières pages de son manifeste, Zola montre que le drame romantique a certes donné la liberté aux créateurs, mais n'a mené, en réalité, qu'« une simple guerre de costumes et de rhétoriques, rien de plus » (*Le Naturalisme au théâtre,* Cercle du Livre Précieux,vol.11, p. 281). Il explique comment, sur le fond du problème, la recherche de la vérité dramatique, le romantisme n'a rien changé : « Les héros romantiques ne sont que les héros tragiques, piqués un mardi gras par la tarentule du carnaval » (*ibid.*). En conséquence, le drame, soumis aux exigences aristotéliciennes de la pièce bien faite, avec exposition, nœud et dénouement, « en moins d'un demi-siècle [...] est tombé dans le même état de vétusté que la tragédie, qui a mis deux siècles à vieillir » (*op. cit.*, p. 283).

Ce que Zola dénonce d'emblée, à un moment où l'on découvre les pouvoirs de la photographie et où l'électricité démasque tous les trompe-l'œil, c'est l'aspect idéalisant et « menteur » des drames de son époque. Il songe aux drames historiques à « panaches et à ferraille » et aux drames contemporains qui, tous deux, « sont basés sur l'arrangement et sur l'amputation systématiques du vrai » (*op. cit.,* p. 287), sur l'idée aussi d'une indignité de la « vérité des personnages et du milieu » (Préface de l'adaptation scénique de l'*Assommoir*) et de la nécessité d'en « tirer une essence, une poésie, sous le prétexte qu'il faut expurger et agrandir la nature » (*ibid.*). Il propose, en conséquence, qu'au lieu de prétendre, avec des visées déréalisantes et édifiantes, reproduire le réel, le théâtre le rende vraiment en « jouant le drame de la vie dans sa réalité » avec « la vérité brutale et implacable » (*Mes Haines, Œuvres complètes*, X, p. 114).

Pour ce faire, Zola, s'adossant dans un premier temps à son statut de critique théâtral, souhaite, en écrivant pour le théâtre, « individualiser, descendre à l'analyse expérimentale et à l'étude anatomique de chaque être » (*Nos auteurs dramatiques*). Les premiers échecs d'une écriture de type naturaliste directement conçue pour le théâtre, l'*Henriette Maréchal* (1865) des Goncourt par exemple, révélèrent la difficulté de l'entreprise. Malgré ses réticences, Zola s'aperçut, dès le succès de l'adaptation de *L'Assommoir* (1879), que la recherche d'une *mimésis* plus fidèle passerait par un transfert des moyens de l'écriture romanesque vers le théâtre. Comme le relève Bernard Dort, le fait que Zola refuse les euphémismes des bienséances sociales et soit dès lors convaincu que l'écriture dramatique n'est plus seulement une activité littéraire, mais scénique, « est bel et bien le signe d'une profonde mutation dans l'activité théâtrale, d'une nouvelle définition de celle-ci, au-delà du mythe naturaliste d'un théâtre qui reproduirait totalement le réel » (Introduction au *Naturalisme au théâtre*, p. 271).

Le plus déterminant de ces transferts venus du romanesque, déjà pratiqué dans cet esprit par tous les mélodrames sociaux qui, sur les scènes des Boulevards, traduisaient en langage scénique les romans feuilletons, concerne le décor. Celui-ci s'intègre désormais à l'architecture dramatique en devenant indispensable à « l'analyse des faits et des personnages » (*op. cit.* p. 339). Cette translation d'une écriture à l'autre, conduite pour la plupart des drames de Zola par Busnach, familier des scènes populaires, combinera pour l'essentiel un couple d'éléments : les descriptions se changeront en décors et les temps forts du récit en scènes à faire. Le drame toutefois restera un artefact auquel le roman apportera la caution antérieure d'une crédibilité sociale. Le rythme d'ensemble est donné par une juxtaposition alternée de « tableaux » de « nature », d'atmosphère (*Le Lavoir, La Barrière Poissonnière*) et de « crises » (*La Maison en construction, La Dernière Bouteille*).

❐ ***Un tournant dans la mise en scène : le théâtre d'Antoine.*** En fait, c'est le génie d'Antoine qui permit de sortir du dilemme dans lequel s'était enfermé Zola et le naturalisme, dilemme qu'il décrit fort bien dans la préface de l'adaptation de *L'Assommoir* : soit tirer du roman une « forte pièce en cinq actes, en étudiant la déchéance d'une famille ouvrière [...] mais c'était là une œuvre bien grosse, bien difficile à mener et qui aurait exigé pour être acceptable, des modifications profondes » ; soit « tailler simplement dans le roman une dizaine de tableaux avec la seule prétention de faire ainsi défiler devant les yeux des spectateurs les pages les plus connues du livre ». Cette démission, déléguant dans un premier temps ses pouvoirs à un carcassier des théâtres populaires puis à un metteur en scène qui repensa les moyens scéniques, permit au théâtre la révolution que l'écrivain aurait voulu mener seul.

Dès la création de son théâtre, Antoine, en effet, s'appuya dans un premier temps (ce qu'on lui reprocha lontemps) sur l'esthétique naturaliste pour émanciper la représentation scénique et renforcer le statut de ce nouvel intermédiaire entre l'œuvre écrite et le plateau. Ce sont en somme les exigences du naturalisme qui permirent et ouvrirent l'ère du metteur en scène grâce encore à une diction théâtrale hors de l'emphase et des postures, dans la recherche d'un naturel imité des comportements du quotidien. L'ensemble de ces recherches sur l'art de l'acteur se poursuivront par le relais de Stanislavski et l'on en retrouve la trace jusque dans les mises en scène de Vitez.

❒ ***La postérité du naturalisme.*** Chez les écrivains de théâtre, la postérité du naturalisme semble avoir tourné court après les œuvres de H. Becque : *La Parisienne* (1885), qui traite des habitudes de l'adultère, et *Les Corbeaux* (1882), de la rapacité financière. Quelques années plus tard, *Les Affaires sont les affaires* (1903) d'O. Mirbeau tendront encore jusqu'à l'extrême le ressort dramatique de l'argent. Adultère et argent, on retrouve là les deux thèmes majeurs du théâtre de Boulevard qui perpétuera jusqu'à nos jours, sur un mode mineur, la tradition du jeu « naturel » et de l'esthétique des drames naturalistes.

Enfin, depuis les années 1950, se développe un théâtre qui reprend à son compte les effets de réel du naturalisme comme pour les subvertir de l'intérieur par une forme d'hyper-réalisme lucide et critique qui débusque le tragique et l'absurde dans les désillusions sordides du quodidien le plus insignifiant : en Angleterre, les « drames de l'évier de cuisine » (Kitchen-Sink dramas) de A. Wesker (*La Cuisine*, 1959), en Allemagne, le théâtre de Kroetz (*Travail à domicile*, 1969), en France celui de J.-P. Wenzel (*Loin d'Hagondange*, 1975). On trouve encore la trace de ces tentatives de restitution du quotidien dans l'art de metteurs en scène comme Lassalle, Chéreau ou l'écriture d'auteurs comme M. Vinaver (*Les Travaux et les jours*, 1979) qui, les uns et les autres, continuent à jouer de la contradiction fondamentale « entre "rendu scientifique" et prise en charge théâtrale et subjective de la réalité » (P. Pavis, *Dictionnaire du Théâtre*, art. « Théâtre du quotidien »).

LES FISSURES DANS L'ART DRAMATIQUE

Les drames du Nord

Alors que l'écriture naturaliste s'enfermait en France dans des impasses, une lumière venue du Nord donna un éclairage si cru sur scène qu'il révéla les fissures des soubassements les plus solides du théâtre : le temps, le personnage et les rapports avec les spectateurs. La conception intuitive que l'on avait jusque-là du personnage et du temps au théâtre admettait, selon un présupposé de type humaniste, que le langage suffisait à donner épaisseur et autonomie au personnage et à l'inscrire aussi dans une temporalité scénique qu'idéalement, depuis la tragédie et sa règle des vingt-quatre heures, l'on souhaitait voir recouvrir celle de la fiction représentée. L'ensemble avait un rythme, une construction, une harmonie concertée, mais qui paraissait, malgré les ellipses, « naturelle ».

❒ ***Le retour de la subjectivité.*** Certes, comme dans la plupart des drames romantiques, l'on admettait que le passé, sous la forme d'un personnage ou d'un événement, revienne offensivement sur le présent, avec une trajectoire de boomerang, pour nouer le drame. Avec Ibsen, Strindberg et Tchekhov, et à un moindre degré Hauptmann, ce temps écoulé prend soudain une épaisseur inattendue, une densité d'ombres et de méandres dans lequel le personnage finit par se perdre pour mettre au jour une vérité cachée qui serait la sienne. Ce ne sont pas des faits seuls qui reviennent alors mais « un sentiment diffus de culpabilité » (J.-P Sarrazac, *Théâtres intimes*, Actes Sud, 1989, p.15).

Le spectateur du théâtre naturaliste regardant un décor l'imaginait comme un lieu ayant une profondeur et donnant à l'arrière sur des espaces aisément reconstitués par l'imaginaire. Désormais, il en est de même pour le personnage dont le passé, comme une immense ombre portée, recompose le présent et sa solitude essentielle. La malédiction tragique semble tout entière prise dans la substance d'un temps écoulé qui immobilise l'individu et le porte, par les voies détournées d'une compulsion irrémédiablement biaisée, vers la conscience, lentement dévoilée, de son néant. Cette durée sur laquelle personne n'a plus de prise et qui cause des dégâts irrémédiables agit avec d'autant plus de force qu'elle réduit le personnage à l'impuissance. Ces pièces, en révélant, en fait, la densité d'une subjectivité que nos pièces modernes, à la suite de Brecht, éluderont souvent, inscrit l'action dramatique dans la trame de la construction psychologique en lui donnant une compacité que le roman seul avait jusqu'alors pu traduire.

❒ ***La psyché comme source du drame.*** Cet univers fébrile et instable, on le retrouve d'abord dans l'œuvre d'Ibsen, dans *Maison de poupée* (1879), *Les Revenants* (1881), *Le Canard sauvage* (1884), *Romersholm* (1886) ou *Hedda Gabler* (1890). Les drames d'Ibsen opèrent en somme, puisqu'ils participent conjointement de leurs deux natures, la transition entre le théâtre naturaliste et social et le théâtre intérieur que magnifiera le symbolisme.

Le dépassement du naturalisme par le spirituel et ce que l'on peu appeler, par un léger anachronisme, l'inconscient (Freud écrira sur Ibsen) se repère encore, avec une amertume encore plus forte, dans l'œuvre de Strindberg. Dans la réalité profuse de ses pièces, qui furent pour lui aussi d'abord d'inspiration naturaliste, mais d'un naturalisme plus inspiré par les observations des psychologues français (Ribot, Charcot) que par des enquêtes à la Zola (*Père*, 1887 ; *Mademoiselle Julie*, 1888), court cette inquiétude du « meurtre psychique » et du « combat des cervaux » (*in* : *Vivisection*, 1887) qui tracera une trajectoire rectiligne entre la tragédie la plus dépouillée et l'expressionnisme le plus crispé. Hors des clivages des genres et des catégories habituelles de l'espace et du temps, l'œuvre de Strindberg se construit dans la restitution d'un espace onirique à la vertigineuse vastitude, qui, avec sa logique et ses lois propres (*Le Chemin de Damas*, 1898-1903 ; *La Danse de mort,* 1900 ; *Le Songe,* 1902), défie lui aussi les lois habituelles du théâtre puisque « la continuité sans faille de l'action n'a rien d'une nécessité, puisqu'il n'y a aucune corrélation entre l'unité de temps et de lieu et l'unité du moi » (P. Szondi, *op.cit.*, p. 37). En conséquence, l'œuvre entière de Strindberg révèle la caducité du découpage habituel en actes et en scènes. Car, chez lui, le mot « scène » est rendu à son sens fort de moment intense hors des contraintes techniques de la « scène à faire ». Avec ses longueurs, ses langueurs, ses tensions et ses stases, la « scène » marque la pesanteur de la durée dans le drame.

Les mêmes obsessions temporelles et spatiales qui affectent le personnage chez Ibsen et Strindberg, et qui appartenaient jusqu'alors à l'art du roman, se retrouvent chez Tchékhov qui commence par mettre à la scène des nouvelles qui précisément traitent du théâtre : *La Mouette* (1880), *Le Chant du Cygne* (1887), *Tragique malgré lui* (1889). Partout encore, dans les pièces qui suivront, *Oncle Vania* (1896), *les Trois sœurs* (1900), *La Cerisaie* (1904), les gestes du quotidien masquent mal, dans leur banalité, la lenteur des heures qui confinent les personnages dans l'inaction et la solitude. Les regrets du temps, qui passe et pèse là encore comme un poids mort, empêchent, avec l'ankylose sociale, l'élan de l'être hors de lui-même.

C'est bien, avec ce thème du refus, à une manière de négation métaphorique de l'acte dramatique que l'on assiste, ainsi que le revèle P. Szondi :

> Le refus de l'action et du dialogue – ces deux catégories les plus importantes de la forme dramatique –, donc de la forme dramatique elle-même, semble devoir correspondre au double renoncement qui caractérise les êtres de Tchékhov.
>
> (*op.cit.*, p. 31).

Une formule d'Hauptmann dans *Indipohdi* (1920) découvre, comme incidemment, ce qui remet en cause à la fois l'harmonie manquée du fond et de la forme du drame : « L'homme n'est capable que de souffrance, il ne peut agir. » Cette déréliction fondamentale, marquée par « l'insularisation du drame dans la psyché du personnage » (J.-P. Sarrazac, *op.cit.*, p. 11), que l'on retrouvera plus tard encore dans les drames d'O'Neill, de Th. Bernhardt ou de M. Duras, prédisposera aussi l'ensemble des personnages contemporains à l'expression d'une nature incertaine et d'une identité vague, à l'errance pour la quête d'un espace dans une durée sans contours. Le travail mené par les écrivains du Nord sur la forme et la durée du drame confère en dernière analyse aux personnages une mobilité et une vulnérabilité qui nous permettent une appropriation plus aisée de l'expression de leurs doutes et de leurs angoisses.

Brecht et la « distanciation »

La tension entre l'illusion pratiquée par les fresques sociales du naturalisme et les arrière-plans du drame révélés par les écrivains du Nord réapparaît dans l'œuvre de Brecht qui, elle aussi poussée sur le terreau naturaliste, résout autrement la contradiction. Pour construire sa dramaturgie, après avoir d'emblée pris ses distances avec le naturalisme et ses prolongements expressionnistes (*Baal*, 1918 ; *Tambours dans la nuit*, 1918 ; *Dans la jungle des villes*, 1923), Brecht s'attaque d'abord au prestige de la fatalité tragique en utilisant, dans *Homme pour homme* (1927), sorte de tragédie-pastiche, les procédés parodiques et bouffons du drame satyrique ou de l'hilaro-tragédie. La métamorphose du commissionnaire Galy Gay participe encore d'une fatalité, mais uniquement sociale cette fois, animée par des ressorts de marchandages dont le pouvoir, l'argent et l'abêtissement sont les fins dernières.

Puis Brecht remet en cause, avec *L'Opéra de quat'sous* (1928), une autre forme canonique révérée, celle de l'opéra. Son opéra des gueux, déforme sciemment les codes établis, offre à la bourgoisie l'image grossie de ses tares et lui découvre l'inanité des formes esthétiques véhiculant ses valeurs. Le succès paradoxal qui suivit conforta Brecht dans la nécessité d'affirmer plus nettement encore ses positions dans un texte annexé à un autre opéra de même style : *Grandeur et décadence de la ville de Mahagonny* (1930). Il ne cessera d'affiner par la suite ses propositions dans des écrits théoriques (*Le Petit Organon*, 1948 ; *la Dialectique au théâtre*, 1951-1956 ; *L'Achat du Cuivre*, 1937-1951) et dans des pièces qui prendront un tour souvent didactique : *La Décision* (1930), *L'Exception et la règle* (1930), *Sainte Jeanne des abattoirs* (1931), *La Mère* (1932)... La visée pédagogique est encore plus nette et délibérée dans les *Lehrstücke*, courtes pièces de nature expérimentale où les acteurs eux-mêmes faisaient l'expérience de la distanciation que l'on souhaitait voir pratiquer par le spectateur. La forme, dans sa mise en œuvre, était une invite à modifier la nature et le comportement de la réception qui, partant, devient un acte de lucidité politique et de désaliénation.

Le principe esthétique qui sous-tend l'effet de distanciation (*Verfremdungseffekt*, littéralement, « effet d'étrangeté ») se définit d'abord par un refus, celui de se laisser leurrer par les artifices de la représentation théâtrale ; ceux des décors qui cherchent l'effet de réel, ceux des acteurs qui tendent à faire croire, par leurs gestes et leur diction, que le personnage a un caractère autonome et une psychologie, ceux des auteurs enfin qui découpent la vie en séquences organisées de « pièces bien faites » capables de capter le spectateur et de le ravir ainsi à lui-même.

À ces procédés « dramatiques », Brecht substitue les exigences d'un théâtre « épique » affirmant par là que la catégorie de l'épique déborde largement le cadre de l'épopée et de l'écriture romanesque pour intéresser aussi le théâtre. La rigueur de l'habituelle partition aristotélicienne entre épique, lyrique et dramatique s'en trouve brouillée ou du moins réorganisée dans un mouvement dialectique entre le dramatique et l'épique. La visée anti-illusionniste de l'ensemble touche d'abord la fable. Celle-ci doit échapper à la construction artificielle de l'intrigue traditionnelle tributaire des seuls enchaînements d'une logique causale. Lui sera préféré un assemblage de séquences narratives dont on verra nettement les articulations et qui seront régulièrement ponctuées de commentaires, de « songs », de ruptures de rythme. Quand à l'acteur, il cherchera aussi à établir la plus grande distance, dans son jeu, entre lui-même et son personnage, en montrant la façon dont il le manipule en s'appliquant à rendre le *gestus* « social », c'est-à-dire les attitudes réglant le comportement en société. Ce personnage, en effet, dépourvu de psychologie, réfractaire à toute identification venue de la salle, mais engagé dans une action, ne donne à voir que la gestuelle habituelle de son groupe social, ce qui lui tient lieu de caractère et détermine ses traits distinctifs. Le personnage n'est alors que l'ombre portée de la société qui l'aliène et le soumet à toutes les compromissions. Il prend place enfin dans un décor qui refuse lui aussi toute connivence avec l'illusion en affichant ostensiblement sa nature de décor par les constrastes violents, une mise en place dévoilée ou l'utilisation de panneaux. Bref, tout participe d'une ample explication commentée du monde par les moyens d'un théâtre de tréteaux.

Le système brechtien, dans sa très forte cohérence, nous met en demeure de ne plus jouer le jeu d'un théâtre irresponsable, et inscrit cette attitude dans un mouvement plus général de refus du monde tel qu'il est. La négation de l'illusion théâtrale, qui vampirise le spectateur et lui ôte sa substance, est, pour Brecht, un principe qui remet en question non seulement le spectacle, mais les trompe-l'œil de la réalité et les faux semblants du politique. L'homme, comme le spectateur, endormi par des constats d'évidence, est ainsi changé en automate dans un théâtre d'ombres au lieu de garder intact son droit de regard. En conséquence ultime, comme l'a montré R. Abirached :

> Le foyer de la mimésis ne saurait plus être, dans ces conditions, le personnage sur la scène, mais l'obervateur du théâtre au dehors.
> (*La crise du personnage dans le théâtre moderne*, Gallimard, coll. « Tel », 1994, p. 279).

L'observation est fondamentale pour notre propos : les pouvoirs cathartiques de la tragédie sont désormais réduits à néant par l'impossibilité de concevoir aujourd'hui une trancendance imposant d'en haut ses diktats. Quand à l'Histoire dans laquelle nous sommes pris, elle ne s'explique que par le simple jeu des rapports de force sociaux et politiques entre les individus. Ne reste que « le grand drame » qui « a pour fondement la similitude qui existe entre tous les hommes » (*Écrits sur le théâtre*, I, p. 193, cité par R. Abirached, *op.cit.* p. 283).

L'éternel retour des mythes

Aussi surprenant que cela puisse paraître, jamais avant 1844, qui vit la première adaptation d'*Antigone* à l'Odéon par P. Meurice et A. Vacquerie, les tragiques grecs n'avaient été montés sur la scène française. C'est précisément à un moment où l'écriture de la tragédie s'épuise dans la reprise de ses procédés que cette résurrection a lieu. L'institution elle-même entérine ce retour puisque *Œdipe roi* de Sophocle entre au répertoire de la Comédie-Française en 1858. On se rendit compte alors *de visu* du hiatus entre la tragédie grecque imaginaire véhiculée pendant des siècles par le discours critique, et la force torrentielle de textes fondateurs que l'on traduisait en alexandrins et découpait en actes selon les normes apprises dans les collèges et reproduites dans les matinées classiques. Ce sont des acteurs d'exception, en particulier Mounet-Sully, qui firent oublier ces contradictions. Ce dernier redonna ainsi une vie intense et douloureuse au personnage de l'*Œdipe roi* de Sophocle, qu'il joua régulièrement jusqu'à sa mort en 1916. Cette reviviscence, qui s'accompagna – avec les Chorégies d'Orange – d'une redécouverte du théâtre en plein air, se sclérosa bien vite dans la recherche cabotine de la pose, du phrasé modulé ou psalmodié et d'une couleur locale antique de convention. Elle trouva cependant un second souffle avec le Groupe de Théâtre Antique de la Sorbonne qui, en 1936, prit le parti de « réhabiter » ces textes de l'intérieur en donnant des

Perses d'Eschyle une idée de la tragédie grecque qui sert encore de référence absolue, tant elle s'était attachée à l'esprit plus qu'à la lettre.

❒ ***Le mythe d'Œdipe.*** Ainsi, lorsqu'après les amertumes et les horreurs de la Grande Guerre et, plus tard, les craintes d'une proche apocalypse qui suivirent Hiroshima, naquirent des réflexions sur la survie de l'humanité, elles s'inscrivirent comme d'elles-mêmes sur une trame symbolique originelle connue de tous. La réappropriation des mythes de l'Antiquité et leur réécriture participent d'un réflexe de survie qu'il s'agissait de provoquer par un retour interrogateur sur les valeurs fondatrices d'une civilisation dont on savait désormais, selon le mot de P. Valéry, qu'elle était mortelle. Gide, à propos de son *Œdipe* (1932), s'en explique dans son *Journal* en retraçant les étapes de cet itinéraire.

> Vous avez la pièce de Sophocle et je ne me pose pas en rival : je lui laisse le pathétique ; mais voici ce que lui, Sophocle, n'a pas su voir et comprendre et qu'offrait pourtant son sujet, et que je comprends, non parce que je suis plus intelligent, mais parce que je suis d'une autre époque [...] ; c'est à votre intelligence que je m'adresse. Je me propose non de vous faire frémir ou pleurer, mais de vous faire réfléchir.
>
> (Cité par S. Bonnerot, *Le Théâtre de 1920 à 1950*, Masson et Cie, 1972, p. 142).

La tragédie de l'histoire, arrivée à ce qui paraissait être son dénouement, offrait aux mythes ses plus belles résurgences en s'attachant plus particulièrement aux personnages d'Œdipe, d'Électre et d'Antigone.

Le personnage d'Œdipe, par sa manière de répondre aux interrogations du destin, de les subir mais aussi d'affirmer sa liberté essentielle, devint le héros emblématique d'une époque, comme celui d'A. Gide ou celui de J. Cocteau. Dans la pièce de Cocteau la fatalité reprend la forme familière d'une « machine infernale » dont le Prologue détaille avec jubilation le funeste engrenage :

> Regarde spectateur, remontée à bloc, de telle sorte que le ressort se déroule avec lenteur tout le long d'une vie humaine, une des plus parfaites machines construites par les dieux infernaux pour l'anéantissement mathématique d'un mortel.
>
> (*La Machine infernale*, 1934).

❒ ***Électre.*** Avec le personnage d'Électre, dans un monde d'aléas et de compromissions, l'expression du tragique retrouve aussi ses exigences de pureté et de droiture. Cette quête en effet pose les interrogations les plus douloureuses sur l'insatisfaction profonde du monde et de soi. Ainsi, dans

L'Électre (1937) de Giraudoux, le personnage éponyme illustre, en provoquant la catastrophe pour sauver des valeurs immatérielles, ce que Giraudoux affirmait dans *Bellac et la tragédie*, l'élection de quelques-uns pour le salut de tous :

> Ainsi, la tragédie sert-elle, à constituer une humanité spéciale chargée d'éprouver les grandes souffrances et de supporter les grands coups du sort, à diviser le monde entre un nombre infini de spectateurs et un nombre limité d'acteurs.

Mais, comme le révèle à l'entracte le jardinier, porte-parole de l'humanité moyenne : « C'est une entreprise d'amour, la cruauté..., pardon, je veux dire la Tragédie ». Persistent ici l'ambiguïté et la dérision qui présidaient déjà au dénouement d'*Amphitryon* 38 (1929) et de *la Guerre de Troie n'aura pas lieu* (1935). L'harmonie de la langue giralducienne y masque les chaos et les fractures, dévoilées dans *Électre*, par la promesse de clarté d'une incertaine aurore.

❐ ***Oreste.*** L'ambiguïté persiste mais se trouve dépassée avec le personnage d'Oreste dans *Les Mouches* (1943) de J.-P. Sartre. C'est l'exemple type du personnage mythique auquel l'évolution du monde donne une nouvelle signification. La pièce était alors présentée comme une « tragédie de la liberté » en opposition avec l'habituelle « tragédie de la fatalité ». Dans cette pièce, en effet, Oreste n'est plus l'exécutant d'Électre, mais l'homme qui « a inventé son chemin » et fait à Argos le cadeau d'une encombrante liberté : « Ils sont libres, dit-il à un Jupiter impuissant, et la vie humaine commence de l'autre côté du désespoir. »

❐ ***Antigone.*** On retrouvera le même style de démarche et de formules dans l'actualisation du mythe d'Antigone, en particulier avec la pièce d'Anouilh (1944) qui accentue encore le processus d'assimilation des mythes modernes par le choix de costumes modernes. D'autre part, le sens originel du mythe est à nouveau volontairement gauchi pour mieux répondre aux inquiétudes contemporaines. L'opposition entre un homme qui accepte de se salir les mains pour diriger les autres et une jeune fille insoumise qui refuse d'entrer dans le jeu des rapports de force et des compromis, instaure une manière de dialogue parallèle où chacun est voué à l'incompréhension de l'autre, marque suprême de la fatalité tragique aujourd'hui.

Par ailleurs, dans le prologue de la pièce, Anouilh, sur le ton de la dérision, se justifie de l'adoption du moule de la tragédie en l'opposant précisément à celui du drame jugé trop lâche dans ses composantes pour la rigueur du propos et de la démonstration :

> ... C'est propre la tragédie. C'est reposant, c'est sûr... Dans le drame, avec ces traîtres, avec ces méchants acharnés, cette innocence persécutée, ces vengeurs, ces terre-neuve, ces lueurs d'espoir, cela devient épouvantable de mourir, comme un accident. On aurait peut-être pu se sauver, le bon jeune homme aurait peut-être pu arriver à temps avec les gendarmes. Dans la tragédie, on est tranquille. D'abord, on est entre soi. On est tous innocents en somme. Ce n'est pas parce qu'il y en a un qui tue et l'autre qui est tué. C'est une question de distribution. Et puis surtout, c'est reposant, la tragédie, parce qu'on sait qu'il n'y a plus d'espoir, le sale espoir... et qu'on n'a plus qu'à crier – pas à gémir, non, pas à se plaindre – à gueuler à pleine voix ce qu'on avait à dire, qu'on n'avait jamais dit et qu'on ne savait peut-être pas encore. Et pour rien : pour se le dire à soi, pour l'apprendre, soi. Dans le drame on se débat parce qu'on espère en sortir. C'est ignoble, c'est utilitaire. Là, c'est gratuit. C'est pour les rois. Et il n'y a plus rien à tenter, enfin !

Par sa flexibilité, le mythe d'Antigone se prêtera ainsi aisément à dépeindre tous les types d'affrontement et toutes les dérives politiques. Le même texte peut alors être amené à servir des causes différentes. Dans l'*Antigone* (*Die Antigone des Sophocles*, 1948) d'un Brecht qui ne dédaigne pas non plus de recourir aux mythes, le chœur, par son silence et sa lâcheté, laisse s'accomplir dans l'histoire l'œuvre de la vilenie, alors que dans le représentation de la même pièce par le Living Theatre donnée en 1967 à Krefeld, le chœur paraissait plutôt mettre au jour les ténèbres de notre subconscient et l'hostilité à toute forme d'autorité.

Jusqu'aux années 70, les mythes de l'Antiquité continueront de la sorte à servir de support à la forme théâtrale et à la pensée philosophique alors convergentes ; le phénomène est particulièrement sensible dans l'œuvre de Sartre et de Camus (Sartre écrit *Les Mouches* et adapte *Les Troyennes* d'Euripide ; dans le droit fil du *Mythe de Sisyphe*, Camus écrit *Caligula*). Le double enfermement de la pensée dans l'argument d'un mythe connu et dans la facture d'une écriture classique permettait de rendre l'évidence tragique d'une liberté compromise et la nécessité angoissante d'un choix métaphysique et politique. Même si tous les malentendus d'interprétation restaient possibles, le modèle mythique, précisément parce qu'il mettait en jeu des actes irréparables, servait d'abord à réaffirmer le préalable de tout constat tragique : « les jeux sont faits ».

La tragédie des metteurs en scène

L'emprise de plus en plus marquée du metteur en scène et la substitution du langage scénique à un dialogue théâtral désormais chargé de toutes les suspicions, favorise aussi la relecture et la reprise des textes « classiques », des dramaturges grecs à Racine.

D'autre part, en démontrant clairement que les textes de théâtre n'offraient pas un sens unique, essentiel et secret, qu'une mise en scène devrait rechercher pour le mettre en évidence (ce qui est encore au fond la position de Copeau, des membres du Cartel et celle de Jean Vilar), mais autant de sens qu'il y a de lecteurs potentiels, la critique moderne ouvrait aux commentateurs une infinité de « lectures » possibles des textes classiques. D'une certaine façon, le metteur en scène a pris aujourd'hui la place que tenaient jadis les théoriciens rédacteurs d'arts poétiques. Leurs choix esthétiques formalisés en quelques brillantes formules dans des programmes de plus en plus élaborés, prennent toute leur dimension sur scène, mais participent en somme de la même démarche. Les tragédies de l'Antiquité et de l'époque classique souvent « mises en pièces » dans des exercices qui portent la marque irrévérencieuse ou déférente de toutes nos interrogations sur le spectacle, se retrouvent, *a contrario*, désormais mythifiées, devenues points de référence obligée de l'écriture théâtrale dans un monde qui en conteste les pouvoirs et dont les valeurs sont trop mobiles pour servir de repères.

Les exemples ici abondent, des classiques grecs aux classiques français, et on ne saurait citer tous ceux qui, à la suite de J.-L. Barrault qui, en 1941 et surtout en 1955, redonna vie aux *Perses* dans l'esprit scénique de Copeau, participent de ce mouvement. Si l'on s'en tient aux seules vingt dernières années, L. Ronconi revisite *L'Orestie* (1972) et A. Vitez trois fois *Électre*, la dernière fois en 1986 ; P. Stein investit l'*Orestie* d'Eschyle en 1980 ; les plus créatifs des metteurs en scène contemporains, parmi lesquels Chéreau, Brook, Mnouchkine, Vitez, Planchon, Strehler, Langhoff, Sobel, Grüber montent régulièrement Racine, Corneille, Molière, Goldoni ou Shakespeare. Récemment encore, en 1991, A. Mnouchkine redonnait *Les Atrides* au Théâtre du Soleil. L'on sent bien, dans la multiplication de ces tentatives, comme la nostalgie de la forme définitivement perdue de la tragédie et la nécessité de retrouver, en s'appuyant encore sur les mythes fondateurs, un langage qui exprime et traduise le tragique contemporain de notre histoire. On se retrempe dans l'univers des mythes anciens comme dans une source de jouvence tragique.

Enfin, ces exégèses scéniques, en décapant les textes dans le souci d'en révéler toutes les perspectives, oblige les historiens à ne plus figer l'histoire dans un savoir académique et des échelles intangibles de valeur, à la revisiter constamment pour éviter de laisser les textes en jachère. Un des exemples les plus révélateurs de ce phénomène est certainement celui qui touche Marivaux. Considéré, et traditionnellement joué comme un auteur de comédies légères au langage apprêté, il a vu, depuis les scandales provoqués par les mises en scène de Planchon (*La Seconde surprise de l'amour*, 1959), de Chéreau (*La Dispute*, 1973), et les nombreuses « lectures » qui ont suivi ces tentatives, son statut changer et ses pièces se révéler être celles d'un auteur inquiet qui se situe continuellement aux lisières du tragique.

Cette attitude de doute systématique à l'égard de l'écriture de théâtre et de l'écriture sur le théâtre a conduit à se préserver des arts poétiques et des manifestes autres que ceux proposés par les choix esthétiques d'une mise en scène. Dans ces exercices, le metteur en scène a acquis de plein droit une autorité auctoriale. De plus, la recherche d'expressions mythiques et tragiques nouvelles dans d'autres cultures est désormais tenue pour indispensable tant le destin de l'homme et l'expression de son malheur paraissent échapper à toutes les frontières pour se fondre dans l'universalité de mythes partagés. C'est ainsi qu'incidemment l'on peut retrouver dans d'autres systèmes dramaturgiques d'étranges similitudes, la structure naturellement bivalente du théâtre occidental par exemple, et le couple sérieux et bouffon du Nô et du Kyôgen. G. Banu étudiant le théâtre oriental cite et développe dans ce contexte la phrase de Lévi-Strauss : « Les mythes se re-pensent entre eux » (*L'Acteur qui ne revient pas*, Gallimard, Folio/Essais, 1993, p. 32).

C'est encore dans cette perspective par exemple que P. Brook met en scène en 1985 *Le Mahabharata* et qu'A. Mnouchkine monte en 1987 *L'Indiade ou l'Inde de leurs rêves* d'H. Cixous, dans le droit fil de Claudel et de Brecht qui avaient tôt découvert le Nô et d'Artaud fasciné par le Kathakali. D'autre part, les metteurs en scène français travaillent à l'étranger et des metteurs en scène étrangers (Ronconi, Strehler, Kantor, Grüber, Brook,...) montent des spectacles en France et partout dans le monde. Le langage théâtral, surtout dans sa dimension tragique, hors de tout souci d'élaboration de formes canoniques, tend désormais, idéalement, à quitter l'enfermement nationaliste pour se soumettre à la tentation de l'universel.

Le personnage en imposteur

Dès l'époque du drame naturaliste, après que les dramaturges du Nord eurent révélé la force mais aussi l'extrême fragilité des conventions sur lesquelles s'était peu à peu affermie l'illusion théâtrale et la naissance de l'individualisme à la fin du Moyen Âge, le personnage de théâtre entre dans une ère de soupçon. Les doutes et les refus vont essentiellement porter sur le double processus qui invitait l'acteur et le spectateur à entrer dans un jeu d'identifications. L'acteur, en prêtant ses traits et son tempérament, « incarnait » un personnage jusqu'à prétendre se fondre en lui ; le spectateur de son côté, par un entrelacs d'émotions difficiles à dénombrer et à identifier, pouvait s'imaginer être aussi, à sa façon, par la préhension intuitive d'une intériorité, « dans la peau » du personnage représenté. Les acteurs charismatiques du romantisme, F. Lemaître, M. Dorval, puis quelques années plus tard Sarah Bernhardt ou Mounet-Sully, portèrent au plus haut degré les envoûtements de cette illusion dont, au moment même où triomphe l'esthétique naturaliste, l'on ressent l'insuffisance et l'artifice. Toutefois, en dénonçant à ce moment l'imposture du personnage, le théâtre allait enclencher une remise en cause de l'ensemble des procédures qu'il avait suivies depuis l'époque du drame bourgeois qui, le premier, dans une relation diffuse entre vrai et vraisemblable, avait greffé, sur l'idée d'un personnage censé exprimer des valeurs exemplaires, toutes les caractéristiques d'une véritable identité, l'insérant de plain-pied dans l'univers social.

❒ ***Lugné-Poe.*** L'itinéraire suivi par Lugné-Poe, qui fut d'abord collaborateur d'Antoine, rend compte à lui seul des trois voies principales suivies par la remise en cause du personnage. Tout d'abord, dans son Théâtre de l'Œuvre, il accueille Ibsen, Strindberg, Hauptmann, en entourant, dans ses mises en scène, le naturalisme et les créatures des dramaturges du Nord, d'une aura brumeuse qui accentue leur trouble ambiguïté. Il crée d'autre part, en décembre 1896, le fameux *Ubu roi* de A. Jarry qui, à la façon de l'hilaro-tragédie, déréalise brusquement et complètement le personnage et « met à mal l'image du monde qu'elle représente [...] en minant l'ensemble des langages de la scène et de la société » (R. Abirached, *op.cit.* p. 193). Enfin, proche du mouvement symboliste, il tente d'ôter le personnage de l'histoire, de la société, de la théâtralisation factice pour lui donner la carnation immatérielle du songe. On retrouve dans ces trois attitudes couronnées par la découverte de Claudel dont il joue *L'Annonce faite à Marie* (1912) et *L'Otage* (1914) les voies que suivront peu ou prou les dramaturgies d'aujourd'hui dans leur abandon des canons « aristotéliciens » et leur redéfinition des catégories habituelles de l'esthétique. Le metteur en scène, en intervenant désormais avec un statut d'auteur à part entière sur la littérature théâtralisée, jusque-là conçue comme un écrit dont la scène était la simple illustration, donne au théâtre une autonomie et une force expressive dont on n'a pas fini d'user.

❐ ***La « psychologie » du personnage.*** La première des manières consacrant la métamorphose de la notion de personnage consistait donc, dans un premier temps, à toujours feindre d'accréditer le mythe de sa liberté pour achever de donner l'impression qu'il possédait une psychologie propre. La découverte de la psychanalyse viendra accentuer encore l'illusion de profondeur de la personnalité fictive. Il s'agira alors, pour le metteur en scène, de continuer à se servir d'un instrument dont il maîtrisait depuis longtemps les sautes de comportement et à se laisser abuser par lui en toute connaissance de cause. La convention, lucidement acceptée par tous, exprimera les forces du tragique en dévoilant le poids de la destinée qui pèse sur les êtres ou les pulsions venues d'une nuit antérieure. La vérité du tragique accepte alors de se dire par le mensonge délibéré d'une illusion.

Jusqu'à aujourd'hui, le théâtre n'a jamais cessé d'exploiter cette veine. Les différentes façons de concevoir le personnage de théâtre, en cohabitant sans toujours se contrarier, ont de cette manière élargi la perception et facilité la capacité d'adaptation des spectateurs. De plus, la manière traditionnelle de l'analyse psychologique sert, en n'attirant pas l'attention sur une forme qui dérangerait les habitudes de voir et de sentir, à focaliser l'intérêt sur une tension dramatique définie ou à maintenir délibérément une tradition d'humanisme et de grandeur. C'est par exemple l'attitude de H. de Montherlant qui, dans ses drames « en pourpoint » (*La Reine morte*, 1942 ; *Malatesta*, 1946) ou « en veston » (*Fils de personne*, 1943 ; *Celles qu'on prend dans ses bras*, 1950), perpétue délibérément les formes classiques pour réagir contre l'idée de décadence et de médiocrité et exalter la grandeur d'une âme maîtrisant les turpitudes du corps. Ces spéculations sur la nature du personnage et la fonction du héros ont encore permis d'alimenter les réflexions sur la liberté et la responsabilité de chacun devant le tragique persistant de l'Histoire comme dans *Les Mains sales* (1948) ou *Le Diable et le Bon Dieu* (1951) de J.-P. Sartre, *Caligula* (1945) ou *Les Justes* (1949) d'A. Camus. La rhétorique classique du débat d'idées et les jeux de l'illusion théâtrale servent et recouvrent alors les présupposés philosophiques.

❒ ***La destruction du personnage.*** À l'inverse de l'ensemble de ces pièces qui font encore confiance au personnage de type classique ou utilisent l'ambiguïté de sa nature pour exprimer un conflit de l'existence ou une réflexion d'ordre philosophique et esthétique, se met en place, dès les années 1890, tout un dispositif parodique de grossissement des effets qui va nier la possibilité, pour le théâtre, de mener ce type d'analyse et subvertir définitivement tous les systèmes de codes et de classement des genres. À la suite de l'*Ubu roi* (1896) d'A. Jarry et de son article fondateur, « De l'inutilité du théâtre au théâtre » (*Mercure de France*, 1896) qui définit le personnage comme une « abstraction qui marche » composée d'un conglomérat d'éléments épars, s'organise la « destruction du personnage » de type traditionnel auquel on supposait un caractère.

Dada et les surréalistes, pour qui le théâtre représente l'art le plus compromis avec les codes sociaux et esthétiques, dénoncèrent par leurs pièces provocatrices « les petites sensibilités torturées des psychologies variables ». Ainsi dans *La Première aventure céleste de M. Antipyrine* (1916) de T. Tzara ou *Le Serin muet* (1916) de G. Ribemont-Dessaignes. Cependant la bouffonnerie ubuesque se montra plus féconde que les exercices parfois avortés du surréalisme. On la retrouve sous des aspects divers dans *Les Mamelles de Tirésias* (1917) d'Apollinaire ; la façon dont Y. Goll surréalise l'expressionnisme (*Mathusalem*, 1919 ; *La Chaplinade*, 1920), la manière dont Ghelderode, en passant de la marionnette au théâtre construit les personnages empâtés de ses « tragédies bouffes », les alourdissant des pesanteurs conjuguées d'éros et de thanatos (*La Balade du Grand Macabre*, 1934 ; *Fastes d'Enfer*, 1937). Elle apparaît encore dans le refus de l'hypocrisie de l'acte théâtral et de l'acte de vivre par un enfant de neuf ans dans *Victor ou les Enfants au pouvoir* (1928) de Roger Vitrac, intitulé, par provocation, « drame bourgeois ».

La troisième façon de nier l'existence du personnage dans les dramaturgies contemporaines a commencé enfin dès les « remises en cause » du théâtre traditionnel par l'école symboliste à la fin du siècle dernier. Par le relais de metteurs en scène et de théoriciens (parmis lesquels A. Appia et C. Graig, qui définissait l'acteur comme une « surmarionnette »), ces visées esthétiques prirent une place prépondérante et trouvèrent leurs développements ultimes dans l'œuvre de Pirandello.

L'écriture symboliste au théâtre, dont Mallarmé avec *Hérodiade* et *L'Après-midi d'un faune* avait défini les principes liminaires, éludait idéalement la représentation scénique, mais l'acceptait comme un pis-aller incapable de rendre la richesse de l'espace mental d'un livre. C'était là un terrain d'élection pour réagir contre la vague naturaliste représentée par

Antoine et caricaturalement par les quartiers de bœuf disposés sur scène dans la pièce de F. Icres, *Les Bouchers* (1888). C'est ainsi avec Lugné-Poe jouant Maeterlinck au Théâtre de l'Œuvre que le symbolisme théâtral estompe pour longtemps la présence du personnage sur scène, ce qui provoquera beaucoup plus tard, par le relais d'Artaud, le positionnement hasardeux, dans un espace étrange, des personnages de Beckett.

Cette déambulation incertaine des personnages de Maeterlinck est parfaitement restituée dans de courtes pièces comme *Les Aveugles* (1890), *L'Intruse* (1890), *Intérieur* (1894), mais aussi dans le drame en cinq actes de *Pelléas et Mélisande* (1893) et dans son essai intitulé *Le Tragique quotidien* (1894). Comme le montre P. Citti, la texture de *Pelléas et Mélisande* est « le mystère, la chose qu'on ne saura pas et que les personnages ignorent ou ne font qu'entrevoir et ne savent pas dire », conditions qui définissent en somme un « théâtre sans catharsis » (Préface à *Pelléas et Mélisande*, Livre de Poche, 1989, p. 10).

La mort tragique qui frappe les personnages de ces « drames statiques » est, dans ce climat particulier, moins le signe de la malignité d'un destin que quelque chose d'inévitable qui arrive. En effet, plus d'action, plus de personnage qui la conduise ; le personnage, déréalisé, s'efface derrière la gaze des rêves ou celle que disposait Lugné-Poe en guise de quatrième mur dans la *Gardienne* (1894) d'Henri de Régnier.

Ce jeu exploratoire et expiatoire, qui fait errer le personnage dans le *no man's land* entre la matérialité de la représentation et les formes du songe, fut d'une autre façon mis en évidence par l'œuvre de Pirandello qui déstructure patiemment tous les codes du théâtre (*Chacun sa vérité*, 1917) et, à partir de *Six personnages en quête d'auteur* (1921), remet en cause la possibilité d'être vivant ailleurs que sur la scène, où là aussi finalement, le personnage sera mis en procès et verra dévoilés les ressorts de sa mécanique interne (*Ce soir on improvise*, 1930). Sans que pour cela soient encore totalement niés les pouvoirs d'une illusion avec laquelle l'on vient de jouer, l'on assiste, à l'inverse du drame symboliste qui la refusait, à « un retournement de la mimésis » qui procède à « la dissolution progressive du personnage en lui-même, à travers le progrès de l'action où il est engagé » (R. Abirached, *op. cit.* p. 233).

Aujourd'hui, après cette expérience liminaire et fondatrice de Pirandello, le personnage a fait l'objet de toutes les expériences comme si, pour parodier Ionesco dans *Amédée* (1953), l'on cherchait à savoir comment s'en débarrasser. Un des accents tragiques du théâtre d'aujourd'hui est précisément la haine que depuis les années 50 l'on semble porter au personnage, en s'acharnant contre lui parce qu'il est essentiellement porteur d'un langage fauteur de troubles.

Les personnages finissent, au bout du compte, par se dissocier entièrement de leurs discours comme dans *La Dernière Bande* (1960) de S. Beckett et par se retrouver morcelés. Ionesco les métamorphose en rhinocéros, rendant insupportable la solitude du dernier homme ; Genet les pare de maquillages, de masques ou de costumes qui leur donnent une identité allégorique ou les phagocytent entièrement à la manière de Leïla dans *Les Paravents* ; Adamov les mutile et les écrase comme dans *La Grande et la Petite Manœuvre* (1950) ; Arrabal les enchaîne et les supplicie avec une violence sado-masochiste comme dans *Le Grand Cérémonial* (1963) ; Beckett encore les rend boiteux, aveugles, culs-de-jatte, les enfonce dans des poubelles (*Fin de partie*, 1957) ou les fait disparaître lentement dans le sable (*Oh les beaux jours !*, 1963).

L'exhaustivité des exemples, tant ils sont nombreux, reste ici impossible. Le personnage, dans l'expression du tragique contemporain, demeure, de manière obsessionnelle, un corps fragmenté et torturé. Il semble de cette façon signifier la difficulté de percevoir notre propre personnalité à la fois dans son enveloppe corporelle et hors d'elle. Le véritable sujet de la tragédie, qui concerne directement le spectateur, est désormais devenu « le rapport de l'homme à son corps, le combat dérisoire qui le diminue et le déchoît » (M.-C. Hubert, *Langage et corps fantasmé dans le théâtre des années 50, Beckett, Ionesco, Adamov*, Corti, 1987, p. 252).

Cette consomption du personnage miné de l'intérieur perdure et, par contagion, touche l'espace qui l'entoure devenant lui aussi indifférencié, lépreux, désolé. Non seulement l'espace scénique, mais le lieu théâtral dans son entier comme aux Bouffes du Nord par exemple. Le plateau vide de Copeau puis de Vilar n'a plus besoin d'un bâtiment spécial, une Cartoucherie non seulement suffit, mais offre tous les possibles à l'expansion dramatique. Au propre et au figuré, le lieu théâtral est devenu un terrain « vague ». L'espace se lit comme jadis le texte, tant il opère une médiation d'importance entre l'acteur, son personnage et les spectateurs.

Trois autres voies enfin sont encore explorées par le personnage en errance. Une première consiste à recourir à des arts qui s'expriment sans le langage, en particulier de faire appel à la musique, à la pantomime, et surtout à la danse dont les récurrences sont de plus en plus fortes dans l'écriture contemporaine depuis le théâtre des années 20. De Cocteau (*Les Mariés de la Tour Eiffel*, 1921) à Pina Bausch (*Lui la prend par la main et la conduit au château, les autres la suivent*, 1978), tout tend à mêler l'art du mouvement au verbe pour exprimer le tragique et la cruauté de notre condition. Le corps y devient l'instrument d'une syntaxe subtile où l'ineffable et l'émotion, sans le secours des mots, tiennent la meilleure part.

Une deuxième voie demande à l'acteur, en prolongement de l'expérience de Stanislavski, de porter en lui, dans une longue ascèse monacale, le tragique de l'existence et de souffrir. Dans un théâtre qui se veut de laboratoire et qui pratique le dénuement, les fins ultimes, dans une perspective d'ordre anthropologique, que ce soit celle d'un Grotowski (*Le Prince Constant* de Slowacki, dernière version en 1968) ou celle d'E. Barba dans son Théâtre Laboratoire (voir *Le Canoë de papier*, Bouffonneries, 28/29, 1993), conduisent à l'oblation de la souffrance de l'artiste à un spectateur choisi, communiant avec lui dans la nudité d'une vérité exemplaire.

Enfin, au lieu de rassembler l'énergie vitale du personnage dans la personnalité intime d'un acteur, quelques dramaturges contemporains, dans le prolongement du morcellement du personnage entrepris par la dramaturgie épique, font éclater sa fragile enveloppe pour projeter ses *membra disjecta* hors de portée les uns des autres. Le personnage pulvérisé comme un astre éclaté semble ne plus pouvoir retrouver ni un semblant d'identité ni même une apparente cohérence dans les visées d'un théâtre épique au bout de ses limites découvrant les exigences de l'esthétique du « rhapsode » telle que la définit J.-P. Sarrazac dans *L'Avenir du drame*.

Le refus de la personnalité du personnage déconstruit aussi l'histoire à raconter et désorganise les dialogues, les semblants de répliques ou leur absence, en fonction d'une logique propre au seul montage. « Vous ne vous attendiez tout de même pas à une histoire », entend-on dans *Outrage au public* (1966) de P. Handke ou : « Nous faisons du théâtre parce que nous parlons sur une scène » dans *Le Pupille veut être tuteur* (1969) du même auteur. D'une façon similaire, dans *La Chevauchée sur le lac de Constance* (1970) ou *Les Gens déraisonnables sont en voie de disparition* (1973), Handke poursuit la même expérience qui démontre l'impossibilité du langage à construire le personnage. En conséquence, on ne demande plus à l'acteur d'imaginer un personnage ou d'être une entité discursive, mais un simple support physique, un « passeur » de mots (Cl. Régy qui a monté P. Handke), ce qui conduit inévitablement à dissocier, dans le rythme, les images scéniques du texte dit. Chez certains auteurs, l'identité des personnages est parfois réduite à une initiale, une lettre, voire un simple tiret : H1 et H2, par exemple, dans *Pour un oui pour un non* de Nathalie Sarraute. Quelquefois même, comme chez V. Novarina, le mot semble avoir entièrement phagocyté le personnage, puisque le dialogue, en simulacre de l'identité perdue, énumère des listes de noms pris dans les annuaires (*Le Drame de la vie*, 1984).

❒ ***Vers une résurrection possible du personnage.*** On ne peut pour autant conclure, dans ce théâtre de l'épuisement de l'être et de son désir de communiquer (voir B. Strauss, *Les Hypocondriaques*, 1972) à la disparition du personnage, à son absence, ni même à sa mort sans résurrection possible. Au théâtre, quoi que l'on fasse, l'être de « papier » des créations de l'imaginaire reste de chair par la seule présence de l'acteur. Ionesco explique bien que ce qui précisément le « gênait au théâtre, c'était la présence sur le plateau des personnages en chair et en os » car « leur présence matérielle détruisait la fiction » (*Notes et contre-notes*, Gallimard, 1962, p. 4).

Une fois la contradiction assumée, on peut croire alors à une reviviscence. Mais comme dans tout phénomène de ce genre, la nature de l'ensemble ne sera plus la même qu'auparavant ainsi qu'on peut l'entrevoir dans la manière dont A. Mnouchkine tente de réconcilier le metteur en scène, l'acteur, le personnage, l'auteur et le spectateur en souhaitant les faire co-auteurs. Avec *1789* (1970), *1793* (1973) et à un degré moindre *L'Histoire terrible mais inachevée du prince Norodom Sihanouk* (avec H. Cixous, 1985), elle entreprend en somme, en une tentative désespérée, d'apparier les formes et les langages anciens et nouveaux pour exprimer leur commune substance vitale, pour ne pas figer notre vision poétique et politique, mais rendre la précarité de notre condition d'homme, sans le seul secours du personnage, par l'ampleur à la fois dramatique et tragique de l'Histoire représentée.

Le conflit tragique touche ainsi, en dehors même de l'aire théâtrale, spectateurs et écrivains (la haine du théâtre chez T. Bernhardt). Entre un personnage conçu traditionnellement comme une entité cohérente et un langage qui ne le désigne plus ou le subvertit, s'étend désormais un territoire sans limites où spectateurs et personnages errent encore sans toujours se croiser ni se reconnaître. Après avoir abandonné les impedimenta de l'illusion réaliste, et ceux qui faisaient de lui un caractère, le personnage dans sa déréliction retrouve un peu l'état qui était le sien dans la tragédie grecque, avant l'héroïcisation héritée du psychologisme. Moins caractérisé par son langage que par son action, ainsi que le souhaitait Aristote (*Art poétique*, 1450 *a*), le personnage, par son dénuement et son engagement dans le jeu des fins dernières, semble en fait reprendre à son compte la forme originelle de l'ignorance tragique. Le mépris de la fiction et des illusions ont ainsi conduit ensemble personnage et spectateur, comme Œdipe, à un carrefour désertique où désormais tout peut arriver...

La « tragédie du langage »

La formule – « tragédie du langage » – est de Ionesco dans *Notes et contre-notes* (Gallimard, 1962, p.155) ; elle résume à elle seule le transfert de la nature du tragique qui s'est opéré dans le théâtre contemporain du personnage à l'écriture. Bien avant les dramaturges des années 50 qui ont systématisé cette translation, elle apparaît chez Alfred Jarry avec *Ubu roi* (1896), avec le « merdre initial » de la pièce, dans le même temps où se trouve glorifiée la puissance mythique de l'alexandrin dans le *Cyrano de Bergerac* d'Edmond Rostand et où le torrentiel charroyage de mots auquel se livre Claudel participe du même désir d'éprouver et d'épuiser la substance des mots. Le surréalisme puis le freudisme accentueront encore ce mouvement en lui apportant l'un l'aspect ludique, l'autre le dévoilement des incommensurables coulisses de notre psyché.

L'ensemble des genres dramatiques antérieurs se voient ainsi parodiés à l'extrême, et se trouve alors démontrée par l'absurde l'inanité de leur prétendue puissance sur le public. Le langage scénique, comme le langage verbal, se trouvent atteints par la gangrène universelle et salvatrice d'un apparent non-sens. Le théâtre va dès lors chercher son sens ailleurs que dans les mots.

Avec Jarry puis les surréalistes, il va rentrer dans une ère où la confusion portée au cœur de la langue conteste jusqu'à la certitude jusque-là intangible du théâtre : le sens intelligible des dialogues et des événements. La notion de genre, en conséquence inutile et désormais obsolète, disparaît. Il n'y pas de catégories dans le non-sens affiché. La mort, tragique et bouffonne à la fois, déambule partout, comme chez Ghelderode, avec les derniers oripeaux du magasin des accessoires. C'est ainsi qu'on la voit par exemple dans *Le Cavalier bizarre*, où elle terrorise les vieillards avant d'emporter un nouveau-né, ou dans *La Balade du Grand Macabre* (1934) avec le personnage de Nékrozotar. La tragédie d'inspiration classique y perd sa dernière dignité puisque la souffrance est montrée comme ignoble et ridicule. Quant au langage, dans sa verdeur, son inventivité, il donne à cette longue méditation sur la mort l'allure d'un délire sacrilège. Comme l'annonce le personnage de Videbolle avant l'arrivée de « l'ordonnateur du grand raffut [...], de "l'équarisseur" : À minuit le théâtre flambera, explosera, et rien ne sera plus grandiose » (Troisième tableau, premier intermède).

La prédiction était juste et Artaud, fondateur avec Roger Vitrac et Robert Aron du Théâtre Alfred-Jarry, aurait pu la faire, lui qui, en allant plus loin encore, récusa totalement les pouvoirs du texte avec lequel il voulait aussi « en finir », comme avec les chefs-d'œuvre. Lorsqu'il prônait un « Théâtre de la cruauté » qui cesserait d'être un simulacre pour devenir un sacrifice, une « thérapeutique de l'âme », il souhaitait *in fine* que l'on puisse enfin considérer le langage sous la forme de l'*Incantation* (*La Mise en scène et la métaphysique*, 1931).

Le théâtre des années 1950 considérera aussi les pratiques langagières comme une tragique aliénation et fera la plupart du temps reposer sur elles la traduction poignante d'un monde incohérent où les mots vidés de leur substance sonnent le creux. L'incommunicable sera précisément un thème ressassé, dans l'œuvre de S. Beckett par exemple. Ainsi dans *En attendant Godot* (1953) où la même conversation rabâche les mêmes questions et revient sur ses traces pour creuser des sillons inutiles. Mais au-delà de ce grinçant rabâchage clownesque, c'est bien un sens que cherchent Vladimir et Estragon et qu'ils attendent en vain. Avec *Fin de partie*, cette quête se fait encore plus pathétique en ressemblant à une lente et pénible agonie. Comme dans *Oh les beaux jours !* (1963), les mots et le dialogue, avec cette fois un mari muet, sont le signe fragile du maintien d'une vie folliculaire s'enlisant dans le sable et le dérisoire procès-verbal d'un monologue, jusqu'à ce que « cela finisse ». Comme si la parole et le langage étaient devenus les derniers signes extérieurs de la vie, l'ultime reste et l'ultime enjeu du tragique.

Cette méditation sur le langage, Beckett l'avait déjà poussée dans ses derniers retranchements dans le long monologue de *L'Innommable* où s'effacent les frontières entre roman et théâtre. L'être tragique ne peut tenter de s'y définir que par une manière d'incessante incontinence verbale, comme encore dans *Pas moi* (1975) où la voix seule sort d'une énorme bouche occupant toute la scène. Le corps et la voix en arrivent même à se séparer pour exister l'un sans l'autre (*Pas*, 1975 ; *Berceuse*, 1981). La même voix parfois se fractionne pour retracer les étapes d'un passé (*Cette fois*, 1974). Définitivement débarrassé de son corps, le personnage trouve aussi son terrain dans des pièces radiophoniques (*Cendres*, 1959 ; *Cascando*, 1962).

C'est un souci du même ordre que l'on rencontre à peu près à la même époque avec Ionesco chez qui, d'emblée, dans *La Cantatrice chauve* (1950), le vide des mots tend à construire un « théâtre abstrait », un « drame pur » où il suffit d'« un léger coup de pouce, un glissement imperceptible et l'on se retrouve dans le tragique » (*Notes et contre-notes*, p. 161). On perçoit la même démarche dans *Les Chaises* (1952) où la parole s'évanouit dans « l'irréalité du monde, le vide métaphysique [...], le rien » (Lettres de Ionesco à S. Dhomme, *Spectacles*, juillet 1956). Dans *Le roi se meurt* (1962), Marie rappelle ainsi au Roi : « Exister, c'est un mot, mourir est un mot, des formules, des idées que l'on se fait ». À divers titres, l'expérimentation linguistique devient le véhicule privilégié de l'angoisse et la métaphorisation d'êtres livrés à la solitude devant la mort. Sans concordance entre le monde et les mots qui le disent, le sens reste indécidable voire insondable.

Les expérimentations alors abondent : le « genousien » de René de Obaldia par exemple, qui déstructure le langage pour réaffirmer que le « pire malentendu vient peut-être de ce que nous parlons la même langue » (*Genousie*, 1960). Dans *Le Damné*, le même auteur montre symboliquement le méchant condamné à rechercher un sens dans une forêt de mots n'ayant d'autres rapports entre eux que phonétique ou alphabétique. Les expérimentations se sont poursuivies avec R. Dubillard et ses dialogues drolatiques, avec A. Adamov et *Le Professeur Taranne* où l'aspect terne du langage renvoie à l'inconsistance de personnages ayant abandonné toute individualité, avec J. Vauthier où la frénésie verbale paraît une torture qui permet à l'être d'exister comme une « novation prodigieuse » (*Les Prodiges*, Séquence XXXV).

L'expression tragique ainsi se circonscrit à une crise et « un procès du langage » qui *de facto* conduit à une disparition définitive des catégories habituelles du tragique et du comique. On ne peut même plus considérer qu'il y a juxtaposition, mais plutôt refonte dans la même dérision et la même déraison des extrêmes de l'un et de l'autre, de l'intolérable et du sarcasme. C'est un peu comme si ce tragique, comme le relève J.-M. Domenach (*Le Retour du tragique*, Seuil, 1967), naissait de « l'impossibilité même du tragique » et de l'universelle confusion des valeurs. La corrosion des mots, lâchés comme des déjections, et la langue disloquée, comme le personnage de Marc dans *Les Prodiges* (1971) de J. Vauthier, voudraient pouvoir atteindre « l'insurmontable et l'indescriptible », mais renvoient la plupart du temps au pourrissement du monde et au désordre de la pensée.

❐ ***Le monologue, expression du tragique contemporain.*** Au bout de cet itinéraire, c'est souvent le monologue seul, ou ses combinatoires par juxtapositions ou assemblages gigognes, qui s'imposera comme une des formes récurrentes de l'expression du tragique contemporain. L'acte seul de répéter ou d'ânonner devient la métaphore de l'acte théâtral et le monologue sa contradiction, la vivante démonstration de l'impossibilité de communiquer. L'autre côté du langage découvre l'autre côté du miroir, et toute parole s'impose comme parodie de notre propre vie, de nos échanges faussés. Le cloisonnement des monologues construit des labyrinthes qui nous font entrer de plain-pied dans l'antichambre de la mort. C'est l'impression que donnent par exemple des pièces comme *Chambres* (1986) de Ph. Minyana ou *Les Inséparables* (1989) de J.-P. Sarrazac.

❐ ***La part du silence.*** Enfin, au bout de ces monologues croisés, c'est le silence qui impose la marque ultime du tragique comme c'était déjà le cas dans *Actes sans paroles* I et II (1956 et 1959) et dans *Va-et-vient* (1965) de S. Beckett. Non pas le silence expressif des intervalles entre les dialogues, mais le mutisme absolu d'une prostration tragique, l'apothéose mortifère d'une impossibilité de dire dont J.-P. Sarrazac rappelle, en commentant le théâtre de M. Vinaver (postface à *Théâtre de chambre*, L'Arche, 1978), qu'elle sera peut-être « la découverte primordiale du théâtre dans ce vingtième siècle ».

❐ ***Le texte didascalique.*** D'autres possibilités semblent toutefois encore ouvertes à l'expression dramatique pour laquelle Ionesco souhaitait toujours « une virginité nouvelle de l'esprit » (*op. cit.* p. 13). On constate, dans ces constructions dramatiques heurtées, l'importance accrue prise par l'écriture didascalique qui fait lentement dériver le texte de théâtre vers les champs du romanesque. En effet, le diagnostic désespéré porté sur le langage, et la part faite au silence dans cette dramaturgie, n'a pas annihilé chez les auteurs le goût de l'écriture « littéraire ». Celle-ci perdure semble-t-il dans le texte didascalique, écriture parallèle inscrite dans les marges. S. Beckett, un des premiers, avait montré la voie dans *Actes sans paroles* où les didascalies avaient entièrement phagocyté le texte dialogué. Comme chez Beckett, le texte didascalique offre aujourd'hui chez les auteurs contemporains autant de sommations pour le metteur en scène qu'il dégage en fait d'itinéraires possibles pour l'interprétation de l'œuvre. D'autre part, par la complexité et l'aspect composite de leur texture, les didoscalies exercent même, parfois, la fonction de lieu de refuge de l'écriture contre l'aléatoire du spectacle qu'elles sont censé servir, ramenant à nouveau le théâtre du côté de la littérature et du lecteur.

Ces procédés se retrouvent chez un dramaturge comme V. Novarina dont le souci est de pousser la langue de théâtre dans ses derniers retranchements. L'écriture didascalique et les dialogues paraissent souvent, dans ses œuvres, de nature identique et interchangeables. Il s'agit en effet, pour Novarina, de brouiller encore les frontières pour faire de cette confusion l'objet même du tragique. Le projet consiste en somme à mettre en œuvre le programme qu'Adamov, par la voix de Pierre, retraçait dans *L'Invasion* : « Ce qu'il me faut ce n'est pas le sens des mots, c'est leur volume et leur corps mouvant. » Cette démarche tourne à l'obsession chez Novarina qui intitule son journal *Le Drame de la langue française*, avec le désir avoué de « sortir la scène qu'il y a derrière la langue » et de « montrer la scène qu'il y a dedans » (cité par J.-P. Ryngaert, *Lire le théâtre*, Dunod, 1993, p. 136).

La langue devient chez lui un personnage à part entière. Tout y est prétexte à dislocations, à énumérations, à éventrations de mots, avalanches de lapsus et de barbarismes, entassements hétéroclites de patois et d'argots, harcèlements vocaux. Ainsi dans *Le Babil des classes dangereuses* (1978), *La Lutte des morts* (1979), *Le Discours des animaux* (1987).

Ces textes dramatiques, comme ceux de nombreux dramaturges contemporains, dont « la forme relève [...] du "montage" [où] les éléments thématiques et énonciatifs en partie hétérogènes et décalés les uns par rapport aux autres permettent des changements parfois brusques de ton et d'humeur » (Ph. Henry, « Innovation et théâtralités professionnelles, 1985-1990 », *Cultures du XX*e siècle, vol. 1989, éd. du Regard, 1995), malgré leur aspect composite et leur refus d'obéir à des théories organisées, trouvent leur unité et leur force en donnant à la fois l'illusion de leur propre négation tout en suivant les exigences sévères de l'expérimentation poétique. C'est par exemple le cas pour les disruptions violentes et musicalisées de l'écriture d'un D. Lemahieu (*Viols*, 1978 ; *Usinage*, 1984), les « croisements qui eux-mêmes se chevauchent » d'un M. Vinaver (*Écrits sur le théâtre*, 1982 ; *La Demande d'emploi*, 1972 ; *Nina, c'est autre chose*, 1978) ; les stratégies langagières amples et minutieuses d'un B.-M. Koltès (*Dans la solitude des champs de coton*, 1986). Quant à l'espace montré, les indices qui le déterminent tendent à disparaître et il pourrait bien se confondre avec celui de toutes nos projections mentales, images d'un monde instable et sans repères où la mise à distance du tragique dans le chaos de la matière et des formes semble peut-être le moyen de l'exalter tout en le maintenant captif.

Comme le précise M. Corvin : « Une nouvelle théâtralité naît, paradoxale, de la tension entre un texte qui se réinvente au contact du récit et d'un jeu qui prend le risque de confier au seul comédien, pour un résultat éblouissant ou calamiteux, la métamorphose de l'écrit en objet scénique » (« Une écriture plurielle », *in* : *Le Théâtre en France*, A. Colin, 1989, II, p. 449). En conséquence, ce déplacement du conflit tragique d'un personnage peu à peu changé en ectoplasme vers un langage devenu matière conduit l'acteur à supporter tout le poids du spectacle, en ayant, selon le mot de Novarina dans sa *Lettre aux acteurs*, son « orifice » de paroles pour « centre ». Cette déshumanisation apparente a pu susciter, chez beaucoup, de légitimes craintes sur l'avenir du théâtre, et en particulier de l'inspiration tragique. C'est méconnaître que ce théâtre de la voix où l'acteur qui parle se dissocie du personnage et où le seul fait de dire est un acte de douleur, redevient proche, ne serait-ce que par le souffle de la profération, de la tragédie grecque. Peut-être faudrait-il alors entendre, dans cette *vox clamans in deserto*, non point l'annonce d'une fin prochaine mais, dans l'attente d'une parousie, les prémices d'un commencement.

TEXTES

■ La vision de l'intérieur

Antérieur à celui du spectateur qui n'intervient qu'au moment de la représentation, le regard du créateur sur une œuvre révèle souvent d'autres perspectives sur les forces qui travaillent les formes de l'intérieur. À l'heure où il ouvre le Vieux-Colombier et lance des séries d'Appels, J. Copeau, qui défendra sur cette scène la nécessité du « tréteau nu » pour donner à l'acte théâtral un espace à sa mesure, dévoile dans sa définition l'intime imbrication, au-delà des ambiguïtés du vocabulaire, du drame et de la tragédie.

L'atmosphère même du drame, c'est *le silence*. Plus ce silence est puissant, plus il est rebelle, plus intense est l'accent dramatique qui l'attaque et le déchire. Le drame commence par le silence, aussi bien qu'il finit par lui. Il en sort, pour y rentrer. Il est comme une rupture, un fugitif réveil, comme une exclamation discordante entre deux marges de silence. Au commencement, il n'y avait encore *rien de dit*. À la fin, il n'y a *plus rien à dire*. Tout est consommé, tout est accompli, *par l'action*. Tel est le sens de la « purgation » tragique. Il n'y a pas d'accomplissement par la parole. Et je lis une grave leçon dans ce silence sans appel, dans ce silence de la mort que les grands tragiques font planer sur la scène, à l'heure du *dénoûment*...

Jacques Copeau, *Registres 1, Appels*, Gallimard,
Coll. « Pratique du théâtre », Gallimard, 1974, p. 162.

■ Vers une renaissance de la tragédie ?

*Camus, qui considérait la pratique du théâtre comme un ultime prolongement de l'humanisme, et avec beaucoup d'autres de sa génération, recevait Copeau comme « seul maître », retrace dans une conférence donnée à Athènes, les évolutions parallèles dans l'Histoire du drame et de la tragédie avant de constater en conclusion « qu'il existe aujourd'hui dans l'art dramatique français (*il parle en 1955*) une sorte de nébuleuse tragique à l'intérieur de laquelle des noyaux de coagulation se préparent ».*

Qu'est-ce donc qui pourrait faire espérer une renaissance de la tragédie parmi nous ? Si notre hypothèse est valable, notre seule raison d'espoir est que l'individualisme se transforme visiblement aujourd'hui et que, sous la pression de l'histoire, l'individu reconnaît peu à peu ses limites. Le monde que l'individu du XVIIIe croyait pouvoir soumettre et modeler par la raison et la science a pris une forme en effet, mais une forme monstrueuse. Rationnel et démesuré à la fois, il est le monde de l'histoire. Mais à ce degré de démesure, l'histoire a pris la face du destin. L'homme doute de pouvoir la dominer, il peut seulement y lutter. Paradoxe curieux, l'humanité par les mêmes armes avec lesquelles elle avait rejeté la fatalité s'est retaillé un destin hostile. Après avoir fait un dieu du règne humain, l'homme se retourne à nouveau contre ce dieu. Il est en contestation, à la fois combattant et dérouté, partagé entre l'espoir absolu et le doute définitif. Il vit donc dans un climat tragique. Ceci explique peut-être que la tragédie veuille renaître. L'homme d'aujourd'hui qui crie sa révolte en sachant que cette révolte a des limites, qui exige la liberté et subit la nécessité, cet homme contradictoire, déchiré, désormais conscient de l'ambiguïté de l'homme et de son histoire, cet homme est l'homme tragique par excellence. Il marche peut-être vers la formulation de sa propre tragédie qui sera obtenue le jour du *Tout est bien.*

A. Camus, « Conférence prononcée à Athènes sur l'avenir de la tragédie »,
in : *Théâtre, Récits, nouvelles*, Bibliothèque de la Pléiade, 1962, p. 1699-1709.

Conclusion : un tragique sans nom

Aristote, dans sa *Poétique*, au détour d'un raisonnement dans lequel il vient de parler de la crainte, de la pitié et des coups du hasard (1452 *a* 8 à 10) raconte, pour illustrer son propos, l'épisode de « la statue de Mitys à Argos qui tua l'homme coupable de la mort de Mitys en tombant sur lui au moment où il regardait un spectacle ». Aristote considère que, grâce à ces hasards qui n'en paraissent pas, « les histoires de ce genre sont nécessairement les plus belles » (*ibid.*). Glosant, au début de ce siècle, ce passage de la *Poétique*, Gustave Lanson, dans son *Esquisse d'une histoire de la tragédie française* (Paris, Champion, 1954, p. 4), développe l'argument et se sert de l'épisode pour définir les catégories du « pathétique », du « dramatique » et du « tragique ». Si la statue, explique-t-il, tombe sur un quidam et l'écrase, l'épisode est pathétique ; si elle tombe sur un quidam qui résiste à sa chute et ressent en luttant des alternances d'espoir et de désespoir, l'épisode est dramatique ; si enfin la statue qui représente Mitys écrase le meurtrier de Mitys, l'épisode est tragique.

L'on sent bien aujourd'hui combien ces éclaircissement didactiques, venus d'un maître de la critique, paraissent mécanistes et réducteurs. C'est qu'ils valaient pour un théâtre de la *mimésis* traditionnelle et qu'ils sont désormais recouverts par la violence déréglée de l'expression contemporaine du tragique. Cette dernière, dans son errance, est sorti du schéma dialectique habituel d'un théâtre qui, d'Aristote à Hegel, donnait des pièces où « portée par la volonté des personnages, l'action [...] progresse par la résolution de conflits successifs vers la synthèse ultime où les subjectivités seront réconciliées au sein d'une nouvelle réalité » (A.-F. Benhamou, art. « drame », *in* : *Dictionnaire encyclopédique du théâtre*, Bordas, 1991). C'est au bout de toutes ses dérives que le terme de « drame », devenu tellement lâche de texture, en est revenu à son sens étymologique, celui d'action dramatique. C'est ainsi que le mot tragédie ne renvoie plus à un genre précis ou à des batteries de règles, sauf dans les pratiques académiques ou les reprises d'œuvres du passé, mais aux simples malheurs du quotidien. Car, si les termes de « drame » et de « tragédie » sont devenus caducs, le sentiment du tragique demeure le même et il appartient au critique et à l'historien de rechercher d'autres points de repère.

En effet, les lignes de crête qui séparent drame et tragédie, d'une tectonique souvent rendue violente et contrastée par le regard de l'histoire traditionnelle et la violence des exclusions poétiques, s'ordonnent différemment si on les place sous d'autres éclairages. L'historiographie classe, ordonne et reconstruit toujours le passé selon l'ordre factice de ses présupposés idéologiques, esthétiques, en vue de nécessités pédagogiques, sans toujours tenir compte de l'illogisme et du désordre vital de la création. L'histoire de la littérature et du théâtre est souvent à la confusion des faits ce que la carte du Tendre est à l'amour : un maillage précis sur des territoires incertains.

À mieux y regarder ainsi, la poétique heurtée des dramaturges d'aujourd'hui invite l'historien à une réflexion d'ordre épistémologique, à poser un autre regard sur l'histoire conjugée du drame et de la tragédie. Cette écriture, en effet, nous a délivrés des oppositions formelles entre la terreur et la pitié de la tragédie, l'angoisse et l'espoir du drame et l'ultime dérision du rire. Elle a rendu futile la recherche de la forme tragique idéale menée pendant de longs siècles par théoriciens et créateurs avec l'ardeur d'alchimistes en quête de la pierre philosophale.

D'autre part, dans leur souci de mêler le tragique au rire et à la dérision, ces dramaturges ont révélé au grand jour une tendance générale de l'art théâtral que notre souci de segmentation et de taxinomie nous a interdit de voir : la promiscuité continuelle du tragique et du rire dans le déroulement historique. La tragédie grecque ne se jouait jamais isolée comme nous la donnons aujourd'hui, mais dans une tétralogie dont le dernier volet était un drame satyrique d'une bouffonnerie roborative, comme l'était l'*exodium* qui suivait la tragédie romaine. Au Moyen Âge, l'esprit farcesque irrigue les moralités les plus sérieuses et les mystères les plus solennels. De même avec les tragi-comédies, les pièces espagnoles, anglaises et françaises de la Renaissance ou avec les représentations théâtrales de l'époque classique qui juxtaposaient aussi farces, comédies et tragédies. La carrière et l'œuvre d'un Molière, vues sous cet angle, apparaissent particulièrement révélatrices. Il revint, en fait, au « drame bourgeois » de mêler théoriquement et dans la rigueur des formes ce qui l'était *de facto* dans les mœurs, et aux drames romantiques de faire se heurter les extrêmes du sublime et du grotesque dans une esthétique elle aussi voulue comme globalisante. Dans ce prolongement, les pièces modernes inversent les pôles en faisant sourdre le tragique de la dérision même. Le mélange des genres tourne en somme ici à leur confusion. Avec les flamboyances de son lyrisme, Genet, dans un texte didascalique qui accompagne le sixième tableau des *Paravents* (1966), semble donner le fin mot de cette évolution :

> Je crois que la tragédie peut être décrite comme ceci : un rire énorme que brise un sanglot qui renvoie au rire originel, c'est-à-dire à la pensée de la mort.

Au terme de cette histoire toutefois, sans que le temps ait encore assez fermement dégagé la nature du phénomène, ni que l'on puisse croire à un quelconque providentialisme, l'on garde l'impression qu'une lente maturation s'est opérée qui a procédé par des résections successives, et qu'au fond du creuset s'est finalement cristallisé un noyau tragique d'une nature inattendue.

En effet, en sortant de l'aire où le contraignaient les règles, le tragique, dans ses errances, a atteint le personnage puis, par ricochets, l'acteur et le langage. Le personnage tragique, sorti définitivement de la psychologie et de l'exercice des passions, après avoir été dieu, roi ou prince, marchand, enfin clochard ou infirme, se résorbe entièrement désormais pour n'être plus qu'une ombre ou une voix sur un espace indifférencié.

Le langage n'a pas toujours gardé un sens, et le dialogue a perdu celui de l'action pour se dissoudre souvent dans le mutisme ou la glossolalie. Ce tragique né de rien que Racine appelait de ses vœux semble étrangement présent sur nos scènes avec la nudité d'une angoisse. La « tristesse majestueuse » d'une tragédie nouvelle s'installe dans cet élan vers le silence et le néant. Au-delà de la querelle de genres et de leur hiérarchie, des appellations de drame et de tragédie qui ne signifient plus rien, s'expose sur scène l'expression brute d'un tragique sans nom.

Le spectateur aussi a quitté son état de voyeur, car le miroir sans tain du quatrième mur a volé en éclats. Il ne renvoie plus que des éclairs fugitifs, et sur scène s'entassent ses fragments hétéroclites. C'est comme si le spectacle souhaitait rendre à son tour le spectateur responsable de quelque chose, lui demander de trouver un sens à ce qui est montré en faisant peser sur lui le fardeau du tragique. Car, dans le dénuement de cette quête, une seule certitude demeure : la nécessité pour l'homme de mourir.

Toutefois, l'ordre intimé par une inspiration tragique toujours en survie lui demande encore de passer ce seuil, les yeux ouverts ou crevés, mais la tête haute.

Bibliographie sommaire

■ Ouvrages généraux et histoires du théâtre

BORIE Monique, ROUGEMONT Martine de, SCHÉRER Jacques, *Esthétique théâtrale, textes de Platon à Brecht*, Paris, S.E.D.E.S., 1982.

CORVIN Michel (sous la direction de), *Dictionnaire encyclopédique du théâtre*, Bordas, 1991.

JOMARON Jacqueline de (sous la direction de), *Le théâtre en France*, A. Colin, 1989 : vol. I, « Du Moyen Âge à 1789 » ; vol. II, « De la Révolution à nos jours ».

PAVIS Patrice, *Dictionnaire du théâtre*, Éd. sociales, 2e éd., 1987.

Le Théâtre, ouvrage publié sous la direction de D. Couty et A. Rey, Paris, Bordas, 1981.

Les Voies de la création théâtrale, Paris, Ed. du C.N.R.S., Vol. I à XVIII, 1970-1994.

■ Introduction

ARISTOTE, *Poétique*, traduction, introduction et annotations de Michel Magnien, Paris, « Le Livre de Poche classique », 1990. Les références à la *Poétique* d'Aristote citées dans l'ouvrage sont empruntées à cette édition.

ARISTOTE, *Poétique*, édition et traduction de R. Dupont-Roc et J. Lallot, Paris, Ed. du Seuil, 1980.

GOUHIER Henri, *L'Essence du théâtre*, Paris, Aubier Montaigne, 1968.

ROUBINE Jean-Jacques, *Introduction aux grandes théories du théâtre*, Paris, Bordas, 1990.

SZONDI Peter, *Théorie du drame moderne*, traduit de l'allemand par P. Pavis avec la collaboration de J. et M. Bollack, Lausanne, L'Âge d'homme, 1983.

■ Chapitre 1

BALDRY H.-C, *Le Théâtre tragique des Grecs*, préface de P. Vidal-Naquet, Paris, Maspéro, 1975.

FESTUGIÈRE A.-J., *De l'essence de la tragédie grecque*, Paris, Aubier, 1969.

RACHET Guy, *La Tragédie grecque*, Paris, Payot, 1973.

ROMILLY Jacqueline de, *La Tragédie grecque*, Paris, P.U.F., 1970.
Le Temps dans la tragédie grecque, Paris, J. Vrin, 1971.

SAÏD Simone, *La Faute tragique*, Paris, Maspero, 1978.

STEINER Georges, *Les Antigones*, Paris, 1986, Folio/Essai, Gallimard, 1992.

VERNANT Jean-Pierre et VIDAL-NAQUET Paul, *Mythe et tragédie en Grèce ancienne*, Paris, Maspero, vol I, 1972 ; La Découverte, vol. II, 1986.

■ Chapitre 2

DUPONT Florence, *L'Acteur-roi, Le Théâtre dans la Rome antique*, Paris, les Belles-Lettres. 1985.
Le Théâtre latin, Paris, A. Colin, 1988.
Les Tragédies de Sénèque et la Renaissance, sous la direction de J. Jacquot, Paris, Éd. du C.N.R.S., 1963.

■ Chapitre 3

COHEN Gustave, *Histoire de la mise en scène dans le théâtre religieux français du Moyen Âge*, Paris, Champion, 1926.
Le Théâtre en France au Moyen Âge, Paris, Rieder, 1928 et 1931, 2 vol.
FRANK G., *The Medieval French Drama*, Clarendon, Oxford, 1954.
KONIGSON Élie, *L'Espace théâtral médiéval*, Paris, C.N.R.S., 1975.
REY-FLAUD Henri, *Le Cercle magique. Essai sur le théâtre en rond à la fin du Moyen Âge*, Paris, Gallimard, 1973.

■ Chapitre 4

APOSTOLIDÈS Jean-Marie, *Le Roi-machine. Spectacle et politique au temps de Louis XIV*, Paris, Les Éditions de minuit, 1981.
AUBRUN C.-V. *La Comédie espagnole*, Paris, 1966.
DOUBROVSKY S., *Corneille et la dialectique du héros*, Paris, Gallimard, 1962 ; rééd. coll. « Tel », 1982.
GASCAR Pierre, *Le Boulevard du Crime*, Paris, Hachette/Massin, 1980.
GOLDMANN Lucien, *Le Dieu caché, étude sur la vision tragique dans* les Pensées *de Pascal et dans le théâtre de Racine*, Paris, Gallimard, 1955.
GUICHEMERRE Roger, *La Tragi-comédie*, Paris, P.U.F., coll. « Littératures modernes », 1981.
KOTT Jan, *Shakespeare notre contemporain*, Paris, Payot, 1978.
LAZARD Madeleine, *Le Théâtre en France au* XVIe siècle, Paris, P.U.F. 1980.
MOREL Jacques, *La Tragédie*, Paris, A. Colin, coll. U, 1964.
NIDERST Alain, *Racine et la tragédie classique*, Paris, P.U.F. « Que-sais-je ? », 1978.
SCHERER Jacques, *La Dramaturgie classique en France*, Paris, Nizet, 1950.
Racine et/ou la cérémonie, Paris, P.U.F., coll. « Littératures modernes », 1982.
TRUCHET Jacques, *La Tragédie classique en France*, Paris, P.U.F. coll. « Littératures modernes », 2e éd., 1989.
VIALA Alain, *Naissance de l'écrivain. Sociologie de l'écriture à l'âge classique*, Paris, Éd. de Minuit, 1985.

■ Chapitre 5

DESCOTES Maurice, *Le Drame romantique et ses grands créateurs (1827-1839)*. Paris, P.U.F., 1955.

FRANTZ Pierre, *Théorie et pratique du drame bourgeois*, thèse, Paris-III, 1994.
GAIFFE Félix, *Le Drame en France au XVIIIe siècle*, Paris, A. Colin, 1910, rééd. 1970.
LE HIR Marie-Pierre, *Le Romantisme aux enchères*, John Benjamins Publishing C°, Amsterdam/Philadelphie, 1992.
LIOURE Michel, *Le Drame de Diderot à Ionesco*, Paris, A. Colin, 1963.
MÉTAYER Léon, *La Représentation des rôles et des statuts de la femme dans le mélodrame en France et en Angleterre, de 1830 à 1870*, thèse, Reims, 1981 (micro-fiches).
ROUGEMONT Martine de, *La Vie théâtrale en France au* XVIIIe siècle, Genève, Champion / Slatkine, 1988.
PRZYBOŚ Julia, *L'Entreprise mélodramatique*, José Corti, 1974.
THOMASSEAU Jean-Marie, *Le Mélodrame*, Paris, P.U.F. coll. « Que sais-je ? », 1984.
UBERSFELD Anne, *Le Roi et le Bouffon. Étude sur le théâtre de Hugo de 1830 à 1839*, Paris, J. Corti, 1974.
Le Drame romantique, Paris, Belin, 1993.

■ Chapitre 6

ABIRACHED Robert, *La Crise du personnage dans le théâtre moderne*, Gallimard, « Tel », 1994.
BANU Georges, *Le Théâtre, sorties de secours*, Paris, Aubier, 1984.
CORVIN Michel, *Le Théâtre Nouveau en France*, Paris, P.U.F., « Que sais-je ? », n° 1072, 7e éd., 1995.
DESHOULIÈRES Christophe, *Le Théâtre au XXe* siècle, Bordas, 1989.
DORT Bernard, *Théâtre/Public, Théâtre réel, Théâtre en jeu* (1953-1978), 3 vol., Paris, Seuil, rééd. 1979.
GODARD Colette, *Le Théâtre depuis 1968*, J.-C. Lattès, 1980.
JACQUART Emmanuel, *Le Théâtre de dérision*, Paris, Gallimard, 1974.
OMESCO Ion, *La Métamorphose de la tragédie*, Paris, P.U.F., « littératures modernes », 1978.
ROUBINE Jean-Jacques, *Théâtre et mise en scène (1880-1980)*, Paris, P.U.F., 1980.
RYNGAERT Jean-Pierre, *Lire le Théâtre contemporain*, Paris, Dunod, 1993.
SARRAZAC Jean-Pierre, *l'Avenir du drame*, Lausanne, Éd. de l'Aire, 1981.
Théâtres intimes, Arles, Actes Sud, 1989.

■ Conclusion

DOMENACH Jean-Marie, *Le Retour du tragique*, Paris, Éd. du Seuil, 1967.
STEINER George, *La Mort de la tragédie*, Paris, Éd. du Seuil, 1965 ; Folio/Essais, Gallimard, 1993.

Table des matières

Table des textes

Achevé d'imprimer par Hérissey
Dépôt légal 9600/02/2001 – Collection 81 – Édition 02
14/4806/7